コンピュータ利用監査技法

CAATで粉飾・横領はこう見抜く

公認会計士
村井直志 著
Murai Tadashi

Excelによる不正発見法

Computer Assisted Audit Techniques

中央経済社

Microsoft®，Excel®は，米国 Microsoft Corporationの，米国およびその他の国における登録商標または商標です。そのほか，本書に記載されている会社名，製品名，サービス名は，一般に各開発メーカーおよびサービス提供元の登録商標または商標です。なお，本文中においてはTMおよび®マークは省略しています。

　本書は，「Excel2010」をもとに作成しており，意見にかかる部分は私見であることを申し添えます。

はじめに

　「異常点試査と統計的試査の２つが融合し，渾然一体となったとき，監査技法は一段の飛躍を遂げるはずであると思う」

　恩師・野々川幸雄先生が，著書『勘定科目別異常点監査の実務』（中央経済社刊，絶版）の中で，「数学に詳しい会計士として有名であった」と引き合いに出される佐藤弥太郎先生のこの金言を見て，ざわつくものがありました。
　それから何年も経ち，思いもかけないことを知人からいわれます。
　「CAATは，Excelでできるのではないだろうか」
　いわれてみれば，私たちが日頃取り扱う財務会計データは，数字と文字列の塊で，慣れ親しんでいるExcelとまったく同じ形式です。しかも，本書で取り扱うCAAT（Computer Assisted Audit Techniques，コンピュータ利用監査技法）は，それまで専用ツール等で行うのが当たり前でしたが，そもそもこのCAAT専用ツールは，表計算ソフトExcelの兄貴分であるAccessというデータベースソフトをもとに作成されていることに気づいたのです。
　もしも，野々川先生が提唱された"異常点監査技法"や，佐藤先生が推進しようとされた"異常点試査と統計的試査の融合"を，私たちが日常的に使用しているExcelで，CAATとして実践できるのであれば，もっと効率的・効果的に不正会計と対峙できるのではないか，もっと広くCAATのメリットを知っていただけるのではないか，そう思うようになりました。
　こうした思いが2013年第34回日本公認会計士協会研究大会『CAATで不正会計に対処する，Excelを用いた異常点監査技法』の発表につながります。
　本書では，この研究大会での発表内容をもとに，CAATへの基本的な理解を深めていただく狙いで，不正会計の発生メカニズム，痕跡，対峙法の基本論点を整理しています。実際に不正会計に遭遇したことのない方でも，不正会計

と対峙し，CAATを進めていただけるよう，典型的な不正会計事例をひもときながら，2大CAATツールを中心に説明し，勘定科目別と財務報告の局面で合わせて50以上のCAATシナリオもご紹介しています。

　他方，一部の大企業ですでに導入が進む，不正の兆候をリアルタイムでウォッチできる内部統制の仕組み"継続的監査（Continuous Audit）"を導入されたい方もいると思います。この実行自体はCAAT専用ツールをお勧めしますが，その導入にあたって，本書をご活用いただけると思います。

　一般的にITシステム投資にありがちな話ですが，CAAT専用ツールというIT導入だけでは，不正会計を予防・発見することは難しいものです。不正とCAATに対する理解がなければ，どんなに高価なCAAT専用ツールであってもうまく機能するはずがありません。なぜなら，各組織にそれぞれ固有のデータが存在し，CAAT専用ツールを導入するにしても，そうした構造や仕組みを理解していなければ，CAATをうまく活用できないからです。CAATを機能させるには，データをどのように引き出すかがポイントなのです。

　本書を通じ，不正会計とは何か，どのように発生するのか，予防・発見するにはどうすればよいか──こうした点も踏まえCAAT導入の視点を整理すれば，より効率的で効果的なCAAT構築の視点を持つことができるでしょう。CAAT専用ツールのスムーズな導入・移行をお考えの方にも，本書の視点は参考になると思います。

　今回，中央経済社編集部の奥田真史氏からの薦めで，Excelによる"現代版・異常点監査の実践手法"といえるCAATを，本書を通じご紹介させていただく機会を得られましたことは，監査人として望外の喜びです。この場を借りてお礼を申し上げます。

　本書が，不正会計と日々格闘されている皆さんの創意工夫の参考となれば幸いです。想像の翼を広げ，CAATを大いに活用してもらいたいと思います。

2014年12月

村井　直志

目　次

はじめに
【略　称】

第1章　コンピュータ利用監査技法"CAAT"の概要

1　不正のトライアングルと9類型／2
2　CAATの意義／6
3　CAATでできること／8
4　CAATの方法／9
5　CAATツールの種類と選び方／10
6　CAATの特徴／12
7　CAAT手続の流れ／13
8　CAATの適用場面／15
9　CAAT実施時の留意点／16
10　会計・監査ルールから見たCAAT／17

第2章　不正会計に対峙するCAATとの向き合い方

1　CAATと不正対応／20
2　CAATの実施に不可欠なPDCA／22
3　データ網羅性の検証／25
4　データの概念／26
5　不適切仕訳の特性とパラメータ／27
6　データ入手時の留意点／29
7　遠方の事業所等へのCAAT適用／30

8　潜在リスクとスクリーニング／33
9　CAATの限界と失敗／36
10　CAATで不正と対峙する5つの視点／40

第3章　Excelで実施するCAATプログラム

1　データ全体の傾向分析／46
　(1)　ベンフォード分析・46
　(2)　データ分布表・47
2　運用評価手続でのCAAT実践例／49
3　実証手続でのCAAT実践例／50
4　仕訳テストでのCAAT実践例／52
5　仕訳検証の目線／53
6　CAATプログラムの構築から運用／56
7　過去の失敗事例に学ぶ必要性／58
8　文書化の手続／59
9　情報の保存／62
10　情報の破棄／64

第4章　CAATで使用する基本のExcel機能

1　CAATに欠かせない10個のExcel機能／66
2　ピボットテーブル／68
　(1)　ピボットテーブルの作成・70
　(2)　フィールドリストの設定例・70
　(3)　ドリルダウン・72
　(4)　値フィールドの設定と集計方法の選択・73

　　　　(5)　グループ化による年月表示・74
　　3　VLOOKUP関数／75
　　　　(1)　VLOOKUP関数利用時の留意点・77
　　　　(2)　VLOOKUP関数の引数・77

第5章　不正会計と対峙するCAATの基本

　　1　データの取込み／80
　　2　データ入力の概況把握／86
　　3　ベンフォード分析／93
　　4　承認とCAAT／99
　　5　データ名寄せとデータ連携／103
　　6　飛番データの検証／110
　　7　複数部署との取引抽出／113
　　8　マスタデータとの突合／115
　　9　"9999"データの抽出／116
　　10　スライサーによる項目抽出／117

第6章　Excelで行う抽出・推計・予測

　　1　サンプリングでの「抽出」／122
　　　　(1)　無作為抽出法・122
　　　　(2)　系統的抽出法と金額単位抽出法・129
　　　　(3)　階層化・131
　　2　相関・回帰分析による「推計」／133
　　　　(1)　相関分析による異常値の抽出・133
　　　　(2)　最小二乗法と回帰分析・136
　　　　(3)　R^2という，当てはまりの度合い・139

(4)　近似曲線による推計・140

　　　(5)　複合散布図による異常値の抽出・143

　③　時系列分析による「予測」／145

　　　(1)　安定したデータの予測・145

　　　(2)　季節的変動のあるデータ予測・147

　　　(3)　相対誤差・150

第7章　勘定科目別"CAATシナリオ"

　①　売上高とCAAT／156

　　　(1)　販売単価の異常値・156

　　　(2)　未出荷売上・158

　　　(3)　循環取引・162

　　　(4)　目に見えない取引・166

　　　(5)　受注未確定と売上計上・170

　　　(6)　B2BとB2C・172

　　　(7)　ラッピング・173

　　　(8)　押込み販売・174

　　　(9)　架空売上等の兆候・176

　　　(10)　売上の自動計上・179

　②　在庫とCAAT／181

　　　(1)　架空在庫の兆候・181

　　　(2)　高額商品と実地棚卸・183

　　　(3)　リベートと不正会計・186

　　　(4)　原価が時価を上回る在庫・188

　　　(5)　入・出・残の在庫情報・189

　　　(6)　有効期限と滞留在庫・194

　　　(7)　監査日前後の払出取引・196

(8)　訂正取引と不正会計・197
　(9)　空白セルの検証・198
　(10)　有償支給と循環取引・201

③ キャッシュとCAAT／206
　(1)　横領の兆候・206
　(2)　不可解な一致とカイティング・207
　(3)　記帳されない着服とスキミング・210
　(4)　行動分析とラーセニー・212
　(5)　キセルとオーバーオールテスト・214
　(6)　不正な手形取引・217
　(7)　でんさいとCAAT・224
　(8)　異常な推移と曜日データ・227
　(9)　フリー・キャッシュ・フロー・233
　(10)　経常収支額計算表・235

④ 経費とCAAT／237
　(1)　架空の従業員・237
　(2)　過大な人件費・238
　(3)　裏金・預け金・プール金・240
　(4)　不正支出とキックバック・245
　(5)　異常な支払データ・247
　(6)　多重払いと消せるボールペン・248
　(7)　パス・スルーとペイ＆リターン・249
　(8)　相関分析による異常値の抽出・250
　(9)　非財務データとプロファイリング・251
　(10)　税務とCAAT・253

第8章 財務報告とCAAT

- 1 財務分析と異常点把握／258
  - (1) 構成比分析（垂直分析）と増減分析（水平分析）・259
  - (2) 比率分析・260
- 2 カットオフとアンレコ／264
  - (1) カットオフ・264
  - (2) アンレコ・265
- 3 子会社等不正の兆候把握／267
- 4 不正な財産評価／270
  - (1) 積極財産＝資産の評価に係る論点・270
  - (2) 消極財産＝負債の評価に係る論点・272
- 5 決算整理仕訳の通査／274
- 6 ビッグバスとフォレンジック／275
- 7 クッキージャーリザーブ／279
- 8 会計上の見積りと感応度分析／283
  - (1) 感応度分析・283
  - (2) データテーブル・284
- 9 重要な虚偽表示の兆候把握／287
- 10 異常点監査とCAAT／289

【主要参考文献】・292

索引・293

おわりに

【略　称】

監基報240	監査基準委員会報告書240『財務諸表監査における不正』
監基報330	監査基準委員会報告書330『評価したリスクに対応する監査人の手続』
IT 4 号	IT委員会実務指針第 4 号『公認会計士業務における情報セキュリティの指針』
IT 6 号	IT委員会実務指針第 6 号『ITを利用した情報システムに関する重要な虚偽表示リスクの識別と評価及び評価したリスクに対応する監査人の手続について』
IT28号	IT委員会研究報告第28号『「財務諸表監査における情報技術（IT）を利用した情報システムに関する統制リスクの評価」Q＆Aについて』
IT40号	IT委員会研究報告第40号『ITに対応した監査手続事例～事例で学ぶよくわかるITに対応した監査～』
IT53号	IT委員会研究報告第53号『IT委員会実務指針第 6 号「ITを利用した情報システムに関する重要な虚偽表示リスクの識別と評価及び評価したリスクに対応する監査人の手続について」に関するQ＆A』
IT43号	IT委員会研究報告第43号『電子的監査証拠～入手・利用・保存等に係る現状の留意点と展望～』
不正調査ガイドライン	経営研究調査会研究報告第51号『不正調査ガイドライン』
座談会	『座談会　不正リスク対応基準の公表をめぐって～基準設定の背景・基準の適用関係・今後の課題について～』（日本公認会計士協会機関誌『会計・監査ジャーナル』695号，2013年 6 月号，第一法規）

【Excelサンプルのダウンロードについて】

本書で紹介しているExcelサンプルの一部が，当社ホームページ（http://www.chuokeizai.co.jp/）より無料でダウンロードできます。

| BIBO 書籍検索 | 粉飾・横領 | 検索 |

本サンプルは，著者が執筆に際して作成したものです。サンプルのご利用によって何らかの損失・損害が発生した場合でも，当方は一切の責任を負いかねます。

以上をご理解のうえ，ご自身の責任のもとでご利用いただきますようお願いいたします。

第1章

コンピュータ利用監査技法 "CAAT"の概要

　財務諸表とも呼ばれる決算書の虚偽表示は，実態を表さない"うそ"を根本原因とします。この"うそ"が意図的でないものを「誤謬(ごびゅう)」，意図的なものを「不正」というように実務上区別しています。

　このうち「不正」は，不当または違法な利益を得るため他者・他社を欺く行為を含み，経営者をはじめ役職員や第三者による意図的な行為をいいます。

　この不正には大別して，①不正な財務報告（いわゆる粉飾）と，②資産の流用（いわゆる横領）の2種類があります。

　こうした"不正＝粉飾＋横領"の端緒をつかむために，身近にあるExcelを使ってみようというのが本書の主題です。

1 不正のトライアングルと9類型

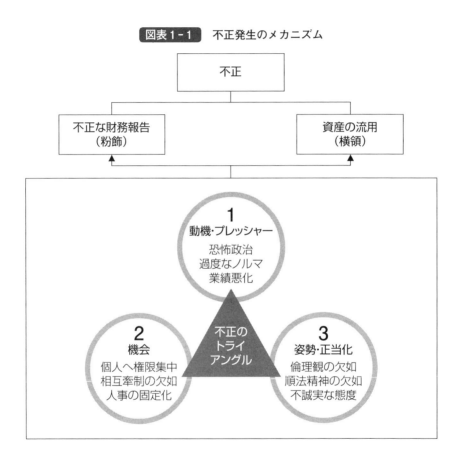

図表1-1 不正発生のメカニズム

そもそも不正はどのように発生するのかを，ここで簡単に整理します。

図表1-1のとおり**不正のトライアングル**が，粉飾や横領の根源であることがわかります。

例えば，ワンマン体制であったり，売上至上主義の上司がいたり，不正を実際に行う心理的なきっかけとなる①**動機・プレッシャー**が必ず存在します。

承認行為が欠如するなど，不正を行おうとすれば簡単にできてしまう環境が存在しており②**機会**が与えられているはずです。

「このぐらいならいいか……」という，倫理観や遵法精神に欠けた，自己の行為を正当化する③**姿勢・正当化**も不正を助長します。

こうした「不正のトライアングル」が，横領や粉飾といった不正会計が行われる根源にあるのです。

そこで，経営者は組織で不正が行われないように，「内部統制」と呼ばれる仕組みを備える必要があるわけです。この内部統制には，伝統的に「内部牽制」と「内部監査」の2つの意味があるとされています。

「内部牽制」とは，端的にいえば相互チェックです。回付される伝票の取引内容を検証し検印するのは，まさに内部牽制で不正に対峙しようとしている行為そのものです。しかし，経営者に近い者たちが悪知恵を働かせれば，不正防止の安全装置であるこの内部牽制が破壊され，不正実行者にとって都合の良い，不正に対して脆弱な組織となってしまうこともあるのです。

こうした事態を防ぐため，内部統制には「内部監査」というもう1つの仕組みが用意されています。内部監査とは，会社などの組織が合法的・合理的に経営活動を遂行しているか助言・勧告を行う機能をいい，監査論的にいえば，内部統制が有効に整備・運用されているかどうかを監査する仕組みです。

このような，内部牽制と内部監査の2つの機能を有する内部統制が十分に備わっていれば，不正に対峙することは可能なはずです。

しかし，現実に目を向ければ，内部統制が十分に機能せず，さまざまな組織で不正が行われている事実を目の当たりにします。

だからこそ，これまでと違った手立てを講ずる必要もあるのです。

しかも，"不正会計"と一言で片づけられるほど簡単なものでもありません。

図表1-2は，不正会計を9つのパターンに分けて示したものです。

縦軸は，経営に関与するレベルの高い順に上から，経営者・上位管理者・従業員としています。当然，経営者と従業員とでは，行われる不正の質や量も異なります。

横軸は，不正行為に及んだ実行者の共謀の有無により，単独・内部共謀・外部共謀に区分けしています。内部共謀とは不正が発覚した社内に複数の不正実行者がいる場合を指し，外部共謀とは協力会社などの不正実行者が存在する場合です。

このように不正会計の事例は，不正行為者の特性により，縦軸3×横軸3＝9パターンに分類できます。**図表1-2**を見れば感じていただけると思いますが，さまざまなことを想定し不正と対峙していく——こうした点が，重要な経営課題としてますます重視されていかなければならないのです。

光学機械メーカーO社の事件では，ファンドを使った複雑な仕組み（スキーム）により，20年以上の長期にわたり不正が隠蔽され続け，発覚した時には1,300億円というとてつもない影響額となって社会を震撼させました。

巨額粉飾事件で，当時の社長が収監されたLD社事件もそうであったように，近年発覚した不正会計の事例では，①手口の複雑化，②実行の長期化，③影響額の巨額化，という3つの傾向が顕著にみられるものが散見されます。

このような傾向をもつ事例の多くは，不正が単独ではなく共謀で行われています。共謀により手口が複雑化すると，単独の場合に比べ不正が発見されにくい傾向がありますが，こうした不正会計と対峙することが，喫緊の経営課題としてクローズアップされていることから目を背けてはいけません。

不正会計を発見できる端緒は，どこかにあるはずです。

「この端緒をつかむため，Excelを活用してみよう」

これが本書の狙いです。

1 不正のトライアングルと9類型　5

図表1-2 不正会計の9類型

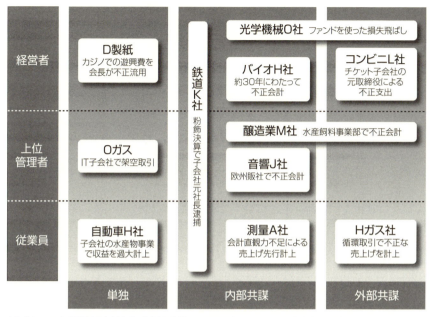

（出典）　日本公認会計士協会「上場会社の不正調査に関する公表事例の分析」を参考に加筆。

2 CAATの意義

CAAT(キャット)は，Computer Assisted Audit Techniquesの略称で，コンピュータ利用監査技法のことです。CAATs(キャッツ)と複数形で呼ぶ人もいます。

CAATは，監査手続の効率性と有効性を改善する電子鑑識(デジタル・フォレンジック)ツールの1つで，監査対象となる事業所等の情報システムから，電子データを抽出，当該データを利用・加工し，必要な監査手続を実施するための技法です。

例えば，2013年に日本公認会計士協会から公表された『不正調査ガイドライン』では，「一般的な財務分析とは異なる」と前置きしたうえで，CAAT事例が示されています。ある金額以上の経費支出で特別な承認が必要となるような場合，こうした「閾値(しきいち)」をやや下回る金額の支出が多く行われている可能性があるので，CAATを実施してみようと例示されています。また，売上や仕入に係る大量の財務データを対象に，日付・ユーザID・摘要欄のキーワード等のさまざまな条件で，取引の抽出・集計，取引件数の分析などのCAATを実施してみれば興味深い結果が出てくるという点も指摘されています。

CAATを使えば，こうした複雑な監査手続の適用も容易になるわけです。ここに，手作業の監査に比較したCAATの優位性があります。

この指摘は，何も公認会計士による財務諸表監査に限るものではありません。内部監査部門や，監査役(会)による監査にも通じる論点です。

そこで「三様監査(さんよう)」です。中央大学時代の恩師，監査論の檜田信男先生にご教示いただいた当時は，公認会計士と企業内部の取締役・監査役による監査の仕組みだと教わりました。最近は，公認会計士・監査役(会)・内部監査部門と世間では説明されることもあるようです。いずれにせよ，従来からあるこの三様監査という三つ巴の枠組みで，投資家等の利害関係者の保護という目的を，監査の根源に立ち返り，捉え直してみる必要があるのではないかと思います。なぜなら，外部監査人である公認会計士が財務諸表監査等を通じて得られる情報には，限界があるからです。

以前，不正会計に巻き込まれたある公認会計士の回顧録的なセミナーを受講したことがあります。いわく，「現在，某企業の監査役をしている。公認会計士の財務諸表監査で得られるデータと，企業内部で得られるデータの質や量に，これほど差があるとは思わなかった」。当事者にしか知り得ない内部(インサイダー)情報の質的・量的な優位性を指摘していた点は，大変印象的でした。

　こうしたことも踏まえれば，企業集団の財務諸表監査は三様監査のあり方を考慮しなければならず，インサイダー情報を持ち合わせている，あるいは，そうした情報にたやすくアクセスできるところが主体となって，今以上に協力体制を構築しCAATを行うのが理に適っていると思うのです。

　この件に関し，内部監査と外部監査のつなぎ目部分には留意が必要です。「どちらかが，担当するはず」という錯覚に陥り，結局どちらも監査していない——こうしたことがあれば不正会計の発生確率が高まってしまうからです。本書で取り上げるCAATシナリオの中にも内部監査が担当するのか，外部監査の守備範囲なのか，その判断の分かれるものもあるので，どちらが担当するか仕切る必要もあるでしょう。

　2014年6月成立の改正会社法の影響も見逃せません。従来，「親会社の取締役には原則，子会社監督の責任はない」という判例があり，これが実質的なルールになっていました。一方，改正会社法では，①親会社株主が子会社役員の責任を追及できるとし，②会社法施行規則で現行規定している子会社の内部統制を構築する義務規定を会社法そのものに格上げしています。つまり，判例とは正反対で，親会社の子会社監督責任が強化されたのです。"子会社の不正は，親会社とは別物"という考えは，今後は通用しなくなります。

　このように，不正会社と対峙しなければならない対象範囲は，親会社のみならず，子会社にまで拡大する必要性があります。効率的・効果的に監査する仕組み作りが，ますます必要になってきます。こうした動きに対応できるツールがCAATなのです。

　CAATの知識は，外部監査人である公認会計士のみならず，組織内部者も持ち合わせておくべきといえます。

③ CAATでできること

　CAATは，分析者に，実にさまざまな視点を与えてくれます。
　例えば，一定の数値との比較で，次のような異常点を含む対象取引が比較的簡単に抽出可能となります。

【CAATでできる異常点把握の事例】

- 通例でない取引の査閲（上位者が入力，下位者が承認した仕訳入力など）
- 通例でないタイミングのデータ入力（休日・深夜の仕訳入力など）
- 類似データの抽出（摘要欄の説明が不十分な期末や締切後の仕訳入力，0000や9999など同じ数字が並ぶ数値を含んだ仕訳入力など）

　このように抽出されたデータを，次のように統計的に分析することで，さらなる異常点の洗い出しが可能となる，という点もCAATならではでしょう。

【CAATでできる統計的分析】

- ベンフォード分析（傾向の全体把握）
- 相関分析（相関関係の把握）
- 散布図分布（取引分布の把握）　など

　こうした手続は，これまでの手作業による監査手続等では実施することが困難だったのですが，CAATを活用すれば比較的簡単に実施できるという特徴があります。
　しかも，実施済みテストは，次回以降の監査等で利用可能となります。手続の効率性や対象範囲拡大の容易性といった点でも，手作業に比べて優位性があるのです。

④ CAATの方法

CAATには，大別して次の3つの方法があります。

IT42号『IT委員会実務指針第6号「ITを利用した情報システムに関する重要な虚偽表示リスクの識別と評価及び評価したリスクに対応する監査人の手続について」に関するQ＆A』A9を参考に，整理してみましょう。

---

(1) 組込みモジュール監査技法

　被監査会社の汎用コンピュータに，監査人が作成した汎用監査プログラムを組み込み，CAATする方法

(2) データダウンロード（DDL）監査技法

　被監査会社の電子記録データを入手し，監査人の管理下にあるパソコン等を用いて，CAATする方法

(3) データベース利用監査技法

　被監査会社より貸与されたクライアントPC等からネットワークを介して，SQL（データベース検索言語の一種）を活用し，データベースにアクセスして，CAATする方法

過去においては，一部大手企業でホストコンピュータを使いCAATが行われていたため，(1)組込みモジュール監査技法が主流でしたが，近年の急速なIT化で，現在は，(2)データダウンロード（DDL）監査技法や，(3)データベース利用監査技法が主流となっています。

本書で取り扱うCAATは，パソコンによるExcelを使った(2)の方法です。比較的小さな事業規模から大きな規模まで，幅広く活用できる点が魅力です。

5 CAATツールの種類と選び方

　CAATというと，なんだか取っつきにくいかもしれません。

　しかし，本書を読み進めるうちに「要は，パソコンを使った監査や調査の手続は，すべてCAATである」ということをわかると思います。CAAT専用ソフトだけではなく，本書で取り扱うExcelに代表される表計算ソフト，Accessに代表されるデータベースソフトなどを使った手続も，立派なCAATであり，これらはCAATツールだということが理解できると思います。

　そもそもCAAT専用ツールを購入すればわかりますが，いずれもExcelやAccessをベースに開発されたもので，CAATしやすいようにプログラムされているとイメージしていただくとわかりやすいかもしれません。

　これらのCAATツールには，それぞれに特徴があります。

　読者の大部分がこれまでCAATを利用したことがないということを考えれば，手始めにExcelを用いたCAATを活用されるとよいでしょう。なぜなら，Excelであれば概ねどのパソコンにも導入済みで，比較的容易にCAATを体験できるというメリットがあるからです。まずはCAATを体験することが不正会計と対峙するために欠かせません。

　一歩進んだCAATである「継続的監査（Continuous Audit）」の仕組みも，内部統制活動の１つとして考案されています。システム自体に監査の機能を組み込み，監査人が設定した一定の条件に該当する取引や仕訳等をシステム上で自動的に記録，これを監査人が検証し，不正の有無などをリアルタイムで把握する，まさに理想的なCAATです。Excelを使ったCAATでも，SQLサーバなどを使えばこうした継続的監査も可能ではありますが，現時点ではなかなかハードルが高いといわざるを得ません。

　この継続的監査の概念は，IT43号で取り上げられ，一部大企業ではCAAT専用ツールの導入を通じ，すでに採用されています。自動化された手続ですので，リアルタイムな検証や，通信を利用した遠隔地のモニタリング実施も可能

というように，監査の深度や効率性の観点からメリットがあると期待されています。近い将来，大企業を中心にCAATによる継続的監査の導入が進む可能性はあるでしょう。

ただし，CAATを効率的・効果的に行うには各組織がCAATプログラムとして落とし込む必要があります。継続的監査の機能をオプションで備えるCAAT専用ツールを導入すればすべてがうまくいく，というように簡単に事が運ぶものではないことは，これまで多くのIT投資を見てきた皆さんであれば，理解できると思います。通信利用時のセキュリティ確保が不可欠である点など，継続的監査の導入には多くの課題が残されています。

こうした点を踏まえれば，本書でご紹介しているExcelによるCAATで，まずは皆さんの組織における監査等の業務との親和性を検証し，CAATとどのように向き合うかという感触をつかむことが先決です。ノウハウを蓄積してから本格的にCAAT専用ツールに移行するという考え方もあると思います。

CAATをはじめITをビジネスに上手に活かすポイントは，ハードやソフトの導入ではなく，ノウハウにこそあります。

図表1-3　CAATツールの種類

ツール	具体例	特　徴
表計算ソフト	Excel®	• 日常業務で利用されているソフトであるため，CAATでも利用しやすい • データ量に制限がある
データベースソフト	Access®	• データ処理速度は表計算ソフトに比べて速い • 操作できる人材が不足
CAAT専用ソフト	ACL® IDEA®	• ベンフォード分析やサンプリング機能などのCAAT機能が充実 • 履歴が残り，再現可能性がある • 操作は比較的容易な半面，マニュアルが一部日本語化されていない難点 • 導入コストがかかる

（注）　Excel®・Access®はMicrosoft Corporation，ACL®はACL Services Ltd.，IDEA®はCaseWare International Inc.，各社の登録商標です。

6 CAATの特徴

従来の手作業による監査手続とCAATは，**図表1-4**のように比較できます。

図表1-4 CAATの特徴

内　容	手作業の場合	CAATの場合
データの形態	帳票	電子記録
処理可能データ量	少ない	多い
入手データの加工の容易さ	限界あり	容易
複雑な監査手続の適用	限界あり	容易

（出典）　IT42号。

　従来の手作業による監査手続の場合，データの形態は帳票という紙ベースですが，CAATの場合は電子記録です。当然ですが，処理できるデータ量は，紙ベースよりも電子記録のほうが断然多くなります。入手したデータを加工することを考えても，手作業による場合，帳票という紙ベースであるため限界があります。処理速度の面でも，手作業には限界がありますが，CAATならば非常にスムーズにできるわけです。

　電子記録であれば，後にご紹介する〔ピボットテーブル〕などにより，データをさまざまな形に加工することもできます。これを，私たちは「データをスライスする」と呼んだりします。縦に並んでいるものを横に並べ替えるなど，さまざまな角度からデータをスライスしてみることで，同じデータが万華鏡のようにいろいろな側面を見せてくれ，データが語り出してくれるようになるのです。この点が紙ベースと電子記録の大きな違いです。

　一方，データ入手の面では，手作業の場合は比較的容易ですが，CAATの場合，特に初回のデータ入手は容易でないことが多いという点には留意してください。なお，仕訳テストで依頼すべき具体的なデータ項目の内容は，第5章の**図表5-1**のとおりです。

7 CAAT手続の流れ

CAATを実施するには，一般的に7つのステップを踏むことになります。

【ステップ①】　CAAT実施のメリット，デメリットを判断する

CAATは，あくまでも監査や調査の手続の1つであり，技法にすぎません。

しかも，ここでご紹介しているように，CAAT実施となれば各ステップを踏む必要があり，実施するまでに相当の時間も必要となるわけです。

CAATを実施することが目的ではありません。

効率的・効果的に期待される結果を得られるのであれば，従来どおりの手作業による手続でも構わないということを念頭に置きつつ，CAAT実施の必要性を検討しなければなりません。

【ステップ②】　被監査組織との間で，CAATの実施について合意する

CAATという聞きなれない手続を実施するには，実施される側の被監査組織との間で，CAAT実施の合意を取り付ける必要があります。

【ステップ③】　被監査組織の情報システムの概要を調査する

そもそもCAATを行う大前提として，デジタルデータの入手が必要となります。そのためには，あらかじめデータがどのように組成されるのか，その大元にある情報システムの概要を把握する必要があります。

【ステップ④】　監査や調査に欠かせない対象ファイルを決定する

【ステップ③】で情報システムの概要を把握することにより，どのようなデータに接しアクセスできるのかがわかります。その上で，どのようなデータが必要か，必要項目や対象期間など，対象ファイルを決定することになります。なお，仕訳テストで必要なデータ項目は，第5章の**図表5-1**のとおりです。

【ステップ⑤】 CAATを実施する

データを入手し，CAATプログラムを実行し，検索条件（パラメータ）に沿ったデータを抽出します。

なお，ここで抽出された「グレーなデータ」は，あくまで不正会計の可能性のあるデータにすぎません。抽出されたデータが，すべて不正会計に直結するわけではないことを理解しておく必要があります。

【ステップ⑥】 抽出したグレーなデータを判断する

CAATにより抽出した「グレーなデータ」に対し，不正会計のデータであるか詳細な監査手続を実施し，プロフェッショナルとしての判断を行います。

こうした判断には，懐疑心を持つ必要があります。1つ留意していただきたいことは，懐疑心の裏には「疑いの目」を誰かに向けなければならない，ということがある点です。

疑われるということは，決して気持ちのよいものではありません。疑いの目を向けられた本人が，どれだけ辛い思いをするかということを頭の片隅に置いて，不正会計と対峙する必要もあります。

懐疑心を持つ，疑いの目を向ける，ということは覚悟が必要なのです。

CAATを上手に活用し，証拠を積み上げる必要があるわけです。

【ステップ⑦】 各過程，結果を文書化する

次回以降のCAAT実施の際の省力化，責任の所在の明確化等のためにも，文書化は不可欠です。

8 CAATの適用場面

CAATは，実にさまざまな場面で適用することが可能なツールです。

本書の中心課題である，不正会計と対峙する意味でのCAATのほかにも，代表的なCAAT事例として**図表1-5**のような適用場面が想定されます。

図表1-5　CAATの適用事例

適用段階	目　的	CAAT事例
総括	仕訳テスト	異常仕訳の抽出
	分析的手続	売上等の月次推移分析
運用状況の評価	サンプリング	運用テスト時のサンプリング
	IT業務処理統制の評価	滞留債権リストの評価
	該当データの抽出	売上先マスタに登録されていない得意先への売上が存在しないことの検証
実証手続	サンプリング	残高確認の実施先選定
	データ突合	売上データと出荷データの突合
	分析的手続	減価償却費のオーバーオールテスト
	該当データの抽出	期末売掛金のマイナス残高抽出
	継続的監査	取引データや会計伝票データを常時チェック，異常データをメールで監査部等に自動報告（リアルタイム監査）

9　CAAT実施時の留意点

CAATを実施する際，7で示したようにCAATのメリット・デメリットを比較すること，CAATはグレーなデータを抽出するツールにすぎないということのほか，次のような点に留意するとよいでしょう。

- **CAAT実施目的を明確化する**
　例えば，ピボットテーブルを使ったCAATには，後述するようにさまざまな利用方法があり，目的があります。単にピボットテーブルを用いてCAATを行うというのではなく，何を目的に，何を明らかにするためにCAATを行うのかを明確にすることが肝要です。
- **CAAT実施時期を検討する**
　被監査組織の都合なども考慮し，監査手続を実施することが基本です。
- **CAAT対象となる事業所等のリスクを把握する**
　リスクが顕在化したとき，どこのデータにどのように反映されるのかといった点を踏まえ，どのようなCAATを実施すればよいのかを検討する必要があります。
- **データと不正や誤謬による重要な虚偽表示リスクの関係を把握する**
　イレギュラーな取引・仕訳の識別に，CAATは有効です。
- **監査手続の効率性と有効性の改善を検討する姿勢でCAAT実施に臨む**
　会社の業務・内部統制・データフロー・システム構造等の把握が，有効なCAAT実施の大前提です。

こうした点を念頭に置きつつ，CAATを上手に活用したいものです。

10　会計・監査ルールから見たCAAT

　不正会計撲滅のための期待のホープであるCAATは，私たち公認会計士が拠り所としている会計・監査ルールの中で，現行16の報告書等に登場します（図表1-6）。この中から重要かつ実務で役立つ内容を厳選するとともに，過去の不正会計事例をひもとき，現場での経験も織り交ぜつつ，本書を通じてCAAT実践法をご紹介します。

コラム　仕事と作業

　以前，CAATを長年やっているという方にお話を聞く機会があり，びっくりしたことがあります。「何年もやっていてCAATで不正を見つけたことは一度もない」というのです。よくよく聞いてみると，その人は確かにCAATツールの操作には長けているようでしたが，CAATを1つの作業として捉えているように見受けました。確かに，CAATを使えば作業として流すこともできますが，これでは何も出てきません。想像力を働かせてCAATを使わなければ，データが語り始めることはないですし，何も生み出してくれません。

　「仕事を"作業"にしない」。これは，有名な鰻屋，野田岩の店主，金本兼次郎さんの名言です。どんな仕事にも意味がある，その意義を理解せずに淡々と進めれば機械と変わらない作業になってしまいます。仕事の意義を自分なりに考え，創意工夫を凝らすことが大切なのです。このように，万人の舌を満足させる鰻職人は多くの示唆を与えてくれますが，私たちも仕事の意義を考え，常に探求心を持ち合わせる必要があります。

　CAATを不正対峙ツールとして使いこなすには，不正を見抜く異常点の視点に加え，これまでにない監査手続等を生み出す創造力も必要です。この辺がCAATの妙味ともいえます。

図表1-6 会計・監査ルールから見たCAAT

	報告書等名称	報告書等番号
1	財務諸表監査における不正	監査基準委員会報告書240
2	監査計画	監査基準委員会報告書300
3	企業及び企業環境の理解を通じた重要な虚偽表示リスクの識別と評価	監査基準委員会報告書315
4	評価したリスクに対応する監査人の手続	監査基準委員会報告書330
5	監査人のためのIT教育カリキュラム	IT委員会研究報告第27号
6	「財務諸表監査における情報技術（IT）を利用した情報システムに関する統制リスクの評価」Q＆Aについて	IT委員会研究報告第28号
7	e-文書法への対応と監査上の留意点	IT委員会研究報告第30号
8	「IT委員会実務指針第4号『公認会計士業務における情報セキュリティの指針』Q&A」について	IT委員会研究報告第34号
9	ITに対応した監査手続事例～事例で学ぶよくわかるITに対応した監査～	IT委員会研究報告第40号
10	IT委員会実務指針第6号「ITを利用した情報システムに関する重要な虚偽表示リスクの識別と評価及び評価したリスクに対応する監査人の手続について」に関するQ&A	IT委員会研究報告第53号
11	電子的監査証拠～入手・利用・保存等に係る現状の留意点と展望～	IT委員会研究報告第43号
12	ITを利用した情報システムに関する重要な虚偽表示リスクの識別と評価及び評価したリスクに対応する監査人の手続について	IT委員会実務指針第6号
13	銀行等金融機関のデリバティブ取引の監査手続に関する実務指針	銀行等監査特別委員会報告第3号
14	不正調査ガイドライン	経営研究調査会研究報告第51号
15	データ・ダウンロード監査技法	情報システム委員会研究報告第13号
16	共同センターを利用している場合の情報システムの監査について	情報システム委員会研究報告第17号

（注） 2014年11月1日現在。

第2章

不正会計に対峙する CAATとの向き合い方

　CAATが有効に機能する局面を想像してみてください。
　販売，購買，経費，人件費，設備調達，仕訳テスト，贈収賄……。
　デジタルデータさえあれば，実にさまざまな取引を対象に，CAATを通じて不正の兆候把握ができるということを，おわかりいただけると思います。
　しかも，同じような組織で同じような不正の兆候を，比較的容易に把握するといった局面で，CAATは大いに効果を発揮します。CAATプログラムをいったん作成すれば，使いまわすことが可能であるからです。
　皆さんも，CAATを大いに活用してください。

1　CAATと不正対応

　CAATのメリットを享受するには，何よりも"シナリオづくり"が大事です。

　設備調達取引の事例で，不正と対峙するために注目すべき4点を整理します。

【注目点①】　職務分掌

　依頼・調達・検収を同一の担当者が行っている設備調達取引などは，典型的な"自己承認"データといえ，留意が必要です。

　ただし，実務的には，依頼者・調達者・検収者が適切に分離されているにもかかわらず，システムの設計上，同一人物がシステム登録されていることもあります。このような場合は内部統制上の問題として，システム改修などを検討することも必要でしょう。

【注目点②】　日付

　通常，調達伝票の発行日→物品の受入日→物品の検収日となります。この日付間が短期の場合，留意が必要です。物品が実際に納品されず，会社が調達先に支払後，調達先からキックバック・資金還流してもらう，いわゆる「カラ検収」等の兆候として表れる場合があるからです。

【注目点③】　ラウンド数字

　伝票日付，仕入先，依頼者が同一の調達取引データで，合計すると例えば1,000万円ちょうどというような丸い数字＝ラウンド数字のデータは，留意が必要です。調達見積があいまいで，調達先と担当者の間で貸し借りが生じ「キックバック」等の不正の温床につながる可能性があるからです。

【注目点④】 決算粉飾

　3月決算の場合，4月の5営業日程度までは，決算整理が行われ決算仕訳が作成されます。この決算仕訳を対象に，Excelのピボットテーブルを用いて仕訳入力日・伝票件数・仕訳合計金額を集計し，仕訳データ全体の傾向を分析します。

　例えば，4月5日が他の日付よりも入力件数・金額ともに多い場合，その日が何の締日であるのかを把握することが大事です。なぜなら，特に何の締日でもなく，特別なイベントでもない限り，異常値と判断できるからです。

　また，件数は少ないものの，1件当たりの金額が大きなデータがあれば，その内容を把握することで不正会計の端緒をつかめる可能性があります。特に，決算仕訳の中で多額の売上計上や経費の減額などの取引データがあれば，いずれも増益要因となることから，より詳細な実証手続を踏む必要があると考えられます。

　これら4つの注目点以外にも，過去の不正事例をひもとけば，実にさまざまな不正の兆候が読み取れます。一般的な傾向として，同一業種・同一業態の場合，大体同じような不正の兆候があるものです。

　こうした点も踏まえ，まずCAATを試してみることが大事です。

　その際，いきなり大量のデータを対象にすると，プログラムの実行に時間がかかってしまうことがあります。まずは"試行テスト"で試してください。CAAT実施に際しての処理条件の設定誤りや，プログラム（スクリプト）の構成誤りがないことを検証するため，入手データの一部をサンプルとして，試行テストすることがポイントです。

　「着眼大局，着手小局」

　まずは小さくCAATを始めるという思考（試行）が大事です。

2　CAATの実施に不可欠なPDCA

　CAATを行うには，いわゆる"仮説検証プログラム"にみられるPDCAサイクルに従った4つのステップで考えるとわかりやすいと思います。
　というのも，不正会計との対峙の仕方は「不正会計を行っている可能性がある」という仮説を立て，検証していくプロセスに他ならないからです。

【Plan】　CAATの実施計画の策定が大事

　CAAT実施の計画策定には，被監査組織のシステムと業務フローを理解し，リスクを特定することが第一歩となります。これは，通常の監査と何ら変わりがありません。どこにリスクがあるのか，通常ならばどのようなデータが得られるのかといった点を十分理解したうえで，CAATにより異常値をはじき出すための準備が必要となるわけです。
　要は，"シナリオづくり"が必要なのです。
　そのためには，どのような観点からCAATを実施するのか，目的・目標を明確にして，入手すべきデータ内容を決定することになります。
　このとき，CAATありきで実施計画を策定することは慎むべきです。というのは，CAAT実施が不合理となることもあるからです。
　繰り返しになりますが，これまで私たちは手作業で監査を実施してきました。手作業でできることをあえてCAATに置き換える必要はないのです。あくまでもCAATはツールです。手作業では不効率，パソコンを使ったほうが効率的・効果的に監査等を実施できる場合，CAATを利用すべきです。

【Do】　実際にCAATプログラムを実行する場面を考える

　監査や調査を行うには，データを入手しなければ始まりません。
　従来型の紙ベースでの監査等の手続を考えてみればわかると思いますが，伝票のような紙のデータを会社に依頼しなければ，伝票通査に代表される手続を

行えません。

　CAATも同様です。実施の前提となるデータを，被監査組織に依頼する必要があります。

　「○○というデータがほしいので，いただけませんか」というように，監査人が必要とするデータを被監査組織に説明しなければならないわけです。なお，仕訳テストを行う際に必要なデータ項目は，第5章の**図表5-1**のとおりです。

　データを入手したら，データが網羅的であるかを検証する必要もあります。不正会計を隠す意図があれば，データを改ざんすることもあるでしょうし，意図せざるデータ過不足も発生することがあるからです。それゆえ，入手したデータが，CAATプログラムを実行するだけの網羅性を兼ね備えているかを検証する必要もあります。

　この点は，従来の手作業による監査でも同様のことをしていました。例えば，伝票通査を行う際，伝票を1枚ずつ電卓等で集計計算し，試算表などと合致していることを確かめ，伝票がすべて揃っていることを検証していました。

　こうした伝票積み上げ計算と同様に，CAATの場合もデータが過不足なく存在するか，入手したデータの網羅性を検証する作業が必要となります（データの網羅性の具体的な検証ステップについては，本章3で後述します）。

【Check】　抽出されたデータの検証

　当初策定したCAATの実施計画に基づく目的・目標を意識しながら，必要なデータを抽出することが肝要です（勘定科目ごとの具体的なExcelでの作業については，第7章で後述します）。

【Action】　実施結果のとりまとめ

　Plan計画から，Do実行，Check検証までも含め，CAATの実施結果については，Action行動の一環として，経営者をはじめとするマネジメントあるいは関係部署に報告する必要があります。

　その際，実施した内容のほかに改善案があれば取りまとめます。また，必要

に応じ，関係部署との協議も行います。次回以降の監査等の計画へ反映することも検討しなければなりません。

このように見ていくと，CAATは従来の手作業による監査等と何ら変わることがありません。対象とするデータが紙ベースなのか，電子記録なのかといった違いしかないわけです。

しかし，こうした違いによりもたらされる効果は大きく異なる部分もあるので，CAATがにわかに注目されているのだろうと思います。

コラム　不正会計の8つの手口

実にさまざまな手口で粉飾や横領といった不正会計は行われています。

これを会計的に見てみると「不正会計の8つの手口」としてまとめることができます。

① 売上を前倒しにする
② 売上を架空計上する
③ 費用を先送りにする
④ 費用を計上しない
⑤ 資産を評価替えする
⑥ 資産を架空計上する
⑦ 負債を評価替えする
⑧ 負債を計上しない

こうした点にも留意し，CAATを実施することがポイントです。

③ データ網羅性の検証

本章②で述べたように、入手したデータの網羅性を検証する必要があります。このデータの網羅性の検証には3つのステップがあります。

【ステップ①】 日付の検証を行う

対象とする会計期間外のデータが含まれていないことを検証します。

一般的に財務会計データの場合、取引発生日・取引計上日・元帳転記日のように同じ「日付」というデータでも、意味合いが異なることがあります。どのデータが何を示しているかを確かめておくことは必須です。

【ステップ②】 貸借一致の検証を行う

不完全な仕訳の状態でのデータが含まれていないかを検証します。

不正会計の直接・間接の担当者により、隠蔽工作を図る目的でデータが改ざんされた場合など、不完全な仕訳データが組成されることも想定されます。あるいは、入力担当者が仕訳区分を誤って認識している場合もあるでしょう。このような場合、抽出結果が貸借不一致となることがあります。

仕訳単位ごとに借方合計、貸方合計を算出し、貸借一致を検証することも大事です。

なお、借方データを正(プラス)、貸方データを負(マイナス)としておくと後のデータ抽出などの際に便利です。

【ステップ③】 データの網羅性を評価する

入手したデータが残高試算表や特定の勘定科目の合計と一致していることを検証し、データの網羅性を評価します。

4 データの概念

　そもそもデータとは、アウトプットすることを目的に保存されているものを想定しています。裏を返せば、データが保存されている限り、データ入手は可能、つまりデータが入手できないことはない、といえるわけです。もちろん、入手したデータは、本章3のように網羅性を検証する必要があることは、いうまでもありません。

　こうした当たり前のことをあえて申し上げるのは、当たり前のことができずに発覚した不正会計事件があったからです。

　広告代理業M社の事例では、会計監査人が業務システムの売掛金残高表と会計システムの売掛金残高表を要求したところ、M社はシステムを不正改造し、当該資料の出力機能がないことを主張、閲覧を拒んだというのです。常識的に考えれば、出力機能がないこともそうですが、そもそも不正改造することなどありえません。

　しかし、こうした「ありえない」ことが時として起きる、それが不正会計なのです。

　私たち監査に携わる者は、常識で物事を考えることが大事です。

　こうしたことも踏まえ、データを入手する努力が、CAATを効率的・効果的に行うために必要となります。

　監査や調査の対象となる事業所等に対し、「○○を調査するにあたり、□□のようなデータが必要なので協力してほしい」というように、私たち監査人がCAATを実施するうえで必要なデータに関し、被監査組織に対してデータ入手の必要性を説明することも欠かせません。場合によっては、データ入手にあたり、ベンダ（システム開発会社）への依頼が必要となることもあるでしょう。そうなれば、システム改修コストがかかることは不可避です。

　したがって、実務上、不正リスク対応の観点から、監査役等の担当上席を絡ませて対応するということも考慮しておかれるほうがよいでしょう。

5 不適切仕訳の特性とパラメータ

"不適切な仕訳"をどのようにCAATプログラムで定義するかは，各組織によって違ってくると思います。

1ついえることは，常識的に考えてありえない仕訳は異常点として抽出する，こうした姿勢が大事だという点です。自社あるいは他社で起こった過去の不正会計事例を参考にするのも効率的・効果的でしょう。

図表2-1は，仕訳テストを行う場合の基本的な考え方をまとめています。各テスト項目の抽出条件（パラメータ）の「XX」には，実情に合わせ，回数などを設定することになります。

コラム 粉飾発生の3つのシグナル

次のような兆候がみられた場合，粉飾を疑ってみてください。
① 異常値の発生（記録の異常値だけではなく，事実の異常値にも留意）
　取引根拠の資料を担当者に依頼してもなかなか出てこない，コピーでしか示されない（証憑偽造の疑い）など
② 不誠実な態度（人間性が会計に現れる）
　相見積もりをとるべき取引にもかかわらず，いつも単独の業者から調達している（業者から賄賂を収受している可能性）など
③ うますぎる話（常識外れには要注意）
　非現実的な業績期待を口外する（不正隠蔽の口実の可能性），異常な好条件で取引を勧める（不正関与の可能性）など
「ありえない！」と感じることが，不正会計と向き合う第一歩です。

図表2-1 不適切な仕訳入力の特性と対応するパラメータ

監査基準委員会報告書240のⅢ適用指針6.(5)に例示されている不適切な仕訳入力やその他の修正がもつ特性	仕訳テストツールの抽出条件（抽出パラメータ）の例（下記のxxの部分は監査人が決定する）
取引とは無関係な，またはほとんど使用されない勘定を利用した仕訳入力	抽出条件1：検証対象会計期間中に，xx回以下の使用頻度の勘定科目を使用した仕訳を抽出する。 抽出条件2：仕訳の中で金額上位xx位までの仕訳を抽出する。 抽出条件3：当該勘定科目の仕訳金額の平均値からxxの標準偏差だけ上回った仕訳を抽出する。
入力担当者以外によって入力された仕訳	抽出条件4：検証対象会計期間中に，仕訳入力をxx回以下しか行っていない担当者の仕訳を抽出する。 抽出条件5：ユーザマスターに登録されていないユーザによって登録された仕訳を抽出する。
期末，または締切後の仕訳入力のうち摘要欄の説明が不十分な仕訳入力	抽出条件6：締め日（xx日）より後に入力された仕訳を抽出し，そのうち摘要欄の文字数がxx文字以下の仕訳を抽出する。 抽出条件7：摘要にxxの言葉を含む仕訳を抽出する（例えば，監査，不正，逆，隠，削除，修正，誤，訂正，調整など）。 抽出条件8：仕訳入力日と仕訳計上日（取引日）がxx日数以上離れている仕訳を抽出する。 抽出条件9：入力項目に欠陥のある仕訳を抽出する（例えば，仕訳入力金額，仕訳入力日，担当者，摘要などの記載がないもの）。 抽出条件10：1つの仕訳番号にxx行以上の行項目をもつ複雑な仕訳を抽出する。
未登録の勘定科目を用いて行われる仕訳入力	抽出条件11：勘定科目コードマスターに登録されていない勘定科目を利用した仕訳を抽出する。
同じ数字が並ぶ数値を含んでいる仕訳入力（例えば，0000や9999）	抽出条件12：xx桁繰り返し同じ数値で終わる仕訳を抽出する。 抽出条件13：勘定科目と金額が重複している仕訳のうち，金額上位xx位までの仕訳を抽出する。 抽出条件14：ベンフォード分析を実施する（第5章**3**）。

（出典） 研究報告「CAAT（コンピュータ利用監査技法）を用いた監査手続事例と事業会社での活用について」，日本公認会計士協会東京会コンピュータ委員会編をもとに一部加筆修正。

6 データ入手時の留意点

CAATデータ入手の際，次のような点に留意するとよいでしょう。

- **入手予定のデータ構造や含まれる情報の理解**

    フィールド名・データ型・サイズ・データ内容などの情報が記載された「データ定義書」，「項目レイアウト」を入手します。

- **入手依頼するデータ範囲と項目の決定**

    誤ったデータ処理の実施を回避するため，データ内容などで不明な点は担当者に質問します。

- **入手するファイルデータの区分と形式の決定**

    入手すべきデータは分割されることがありますので，データの網羅性に留意し，分割方法を把握します。当然，CAATが実施可能なデータ形式であることは不可欠です。

- **データの入手とレイアウトの確認**

    依頼したデータが，認識していたフォーマットで網羅的であるかを検証します。また，入手データのレコードタイプやフラグを仕様書などで把握・検証することも必要です。特に，借方・貸方といった片仕訳の計上可否，仕訳番号の複数回の利用可否，手動・自動仕訳の識別方法，手動で自動仕訳の外観を装うことの計上可否等について，あらかじめ質問等で確かめておくことはポイントです。なお，監査ツールでそのまま利用できないデータ形式の場合，適宜データ変換が必要になる点も念頭に置いておいてください。

- **データ範囲の適切性の検証**

    対象外のデータが含まれていないこと，貸借が一致することなど，ピボットテーブルなどの機能により検証します。

- **入手データの網羅性を検証**

    仕訳テストの場合，入手データと残高試算表等との一致を，ピボットテーブルなどで検証する必要もあります。

7 遠方の事業所等へのCAAT適用

　CAATを使えば，効率的・効果的に監査等を行うことができるでしょう。

　海外子会社や遠方の事業所・営業所などが保有するデータを対象にCAATを実施することで，異常点を把握し，往査選定の基準として活用すること等が考えられます。

　従来型の監査等の場合，監査人の経験や勘，ローテーションなどを考慮して往査場所を選定していました。また，内部統制報告制度，いわゆるJ-SOX導入以降は『財務報告に係る内部統制の評価及び監査に関する実施基準』を拠り所として，売上高の3分の2を占める重要な事業拠点以外は内部統制の評価対象外とする傾向が少なからずあります。

　しかし実際に不正が起こるのは，こうした往査対象外のノンコア事業部・支店・子会社等の組織だったりするものです。監査人の経験や勘による選定の対象外となる事業所，ローテーションの谷間にある事業所，全体売上高の3分の1以下の事業所といったブラックボックスになりやすい組織で不正が起こることが多いのが実情です。

　この点，日本公認会計士協会のある理事は，不正リスク対応基準導入時の座談会で，次のように発言しています。

　「効率的な監査，限られた時間の中での監査ということ，内部統制監査においても重要な事業拠点は売上等の3分の2をカバーすればよいというところで，どうしてもメインのビジネスを私たちは監査しようとしていたのですが，不正事例をよくみていくと，メインで起きたものでないものもあります。つまり，子会社，海外子会社，新規事業，マイナーな事業部といったところが発端となり，気が付いたら大きくなっていたということもあります」

　単に規模が小さな組織だから，メインのビジネスではないから，といった監査の効率性を考えるだけでは，みすみす不正会計を見逃す機会を不正実行者に

提供しているようなものだといえるでしょう。効率性だけを追求する現状の監査は危うく、組織全体を対象とした広範なモニタリング体制の構築が急務です。

一方、グローバル化が進む現在、海外子会社を抱える企業は増えています。こうした企業で、全拠点を対象に定期的に監査等を実施することは、これまでの人海戦術を伴う手作業の手法では困難を極め、遠く離れた地理的要因なども理由に、事実上不可能ともいえる状況です。

しかも、海外子会社をはじめとする、遠方の事業所や営業所などの多くは、小規模な組織であることを理由に、人事異動（ジョブローテーション）が行われないなど、「不正のトライアングル」が醸成される素地が揃っています。

さらに、日本との文化の違い、現地ならではの非公式なネットワークの存在などを理由に、不当な販売促進費・リベート・価格対策費の事例も散見されます。

そこで、CAATを活用してみようという考えが出てきます。

CAATは、データさえ入手できれば異常点を抽出することが可能です。つまり、往査せず＝人の移動を伴わずに当たりをつけられるという点が従来型の監査等と比べ大きなメリットです。

例えば、仕訳テストを考えてみた場合、仕訳データ全体を母集団として検証できます。しかも、仕訳データに限らず電子データであればCAATは行えますので、海外子会社監査等の事前調査として、販売や購買、給与や在庫、固定資産等のデータを入手・分析することで、現場に往査せずとも居ながらにして異常点を抽出できるという点は、これまでにないメリットといえるでしょう。

多数の海外拠点や国内の事業所を抱える組織の場合、限られた内部・外部の監査人で網羅的に監査することは困難であることを考えると、CAATを上手に活用することが、不正会計と対峙するために欠かせないといえそうです。

ただ、CAATはグレーなデータを抽出するにすぎないツールです。現場往査に代替するものではありません。この点を忘れずにCAATを活用していただきたいと思います。

ここで留意したいのは、現場に往査せずにCAATを実施している点です。

換言すれば，データの網羅性をどのように確保するか，という点が課題です。

悪意を持った不正の実行者がデータを改ざんし，内部監査室に対象データを送信してくる可能性もあります。異常点を抽出できないようにデータを加工している場合もあるわけです。こうした点を検証するために，現地往査時には，あらかじめ内部監査室に送信されてきたデータと，現地でのデータを突合し，真実のデータが網羅されているか検証することも必要でしょう。

ある企業では，子会社等に知られることなく自動的にデータを吸い上げる仕組みもあります。

さまざまな仕組みを通じて，真実なデータの網羅性を確保することが，CAATで異常点を把握するための大事なポイントです。

海外子会社等の場合，特に留意したいのは言語の問題です。なかでも現地語の使用が広範に及ぶデータの場合，異常点の抽出が困難を伴うこともあります。そこで，データ入力の際にどこまで現地語を認めるか，できればすべて英語など汎用性のある言語を使うことを社内ルールとして規定しておくなどの工夫も必要でしょう。

細かな論点としては，日付データの取扱いがあります。日本では，20XX年XX月XX日のように「年月日」の順番で表記することが多いと思いますが，海外の場合「月日年」，「日月年」という具合に，日付データの取扱いに差がある場合もあります。Excelで日付データを取り込む際，留意してください。

8 潜在リスクとスクリーニング

　CAATは，データさえ入手できれば，組織の所在地にかかわらず実施可能であるというメリットがあります。ぜひ，いろいろなアイデアを出して，CAATを活用していただきたいと思います。

　その際，CAATを不正会計データの優先順位の付与（スクリーニング）ツールとして用いる，という方法があります。これは内部監査で実施されることを想定しています。①不正リスクから調査対象を選定，②不正兆候の有無を把握，という2段階で不正会計と対峙しようという方法です。

【手順①】　不正リスクから調査対象を選定

　不正リスクから調査対象を選定する際，不正リスクを把握するため，アンケートやインタビューを実行します。例えば，「不正が行われたということを聞いたことがあるか」という問いに対し，「ない：0」，「ある：1」というように数値化し集計することで，リスク項目を洗い出すのです。

　このように，0と1というデジタル（バイナリ）形式の回答もあれば，1点から5点のように点数で評価する場合もあります。いずれの場合も，質問に対する回答が，リスクの高いものほど高得点になるように（あるいは得点が低くなるように）数値に置き換えて集計することがポイントです。そのうえで，リスクの大きな拠点を対象に，調査対象を選定します。

　このような調査を「ヒートマップ」と呼びます。ヒートマップとは，体温の高いところ，低いところを赤外線センサーで見分ける方法を想像してもらうとわかりやすいと思います。アンケート等の結果を数値化し，色分けする，あるいはグラフ化することで，その組織が不正に対し，どの程度強靭または脆弱であるか，グラフィカルに示すことで，弱点のあるところを補強しよう，という考えに基づく調査手法です。

　この不正リスクの把握は，アンケートの内容次第というところもあります。

公的なウェブサイトから参考となる書式を利用する，公認会計士や弁護士などの専門家にアンケート内容の項目出しを依頼するなど，適宜ご検討いただければと思います。

　このヒートマップをExcelで作成しようとする場合，便利なのが〔条件付き書式〕という機能です。条件付き書式とは，条件に合った数値がある場合，指定した書式に変更できる機能です。

　不正リスクを把握するためのアンケートを考えた場合，項目ごとに集計された点数を色分けできると判別しやすいわけです。そこで，0点から10点までのセルは青，11点から20点までは黄，21点以上は赤，といった具合にセルを色別に表示することで，早急に対応しなければならない"潜在的リスク"を識別可能とし，このリスクに優先順位を付与する，といった点を条件付き書式は手助けしてくれます。

　色付け以外にも，矢印等を表示できるなど，条件付き書式には，大別して**図表2-2**の＊1から＊5のような機能があります。こうした機能は，財務分析など，異常点を把握する際にも活用できるので，工夫してみてください。

　このように，アンケートやインタビューなどの調査対象となる組織の情報をもとに，潜在的なリスクを特定し，不正リスクの高い項目をヒートマップのようなツールで洗い出します。アンケート等の出来次第では，不正のリスクが高い業務プロセスや取引先を特定し，社内の関与者や不正の手口などを特定することも可能となります。なお，アンケート等の精度を高めるため更新作業が必要であるという点に留意してください。

【手順②】　不正兆候の有無を把握

　仕訳テストを想定した場合，仕訳データを入手・分析し，グレーなデータを抽出します。抽出したデータの妥当性を検証するため，請求書や領収書，契約書などの証憑等を入手・閲覧・分析し，必要に応じ，質問し回答を得て，不正兆候の有無を把握し不正会計と対峙することになります。この点は，本書の中でさまざまな機会を通じ，CAATの基本動作として説明しています。

図表2-2 条件付き書式

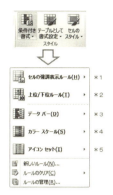

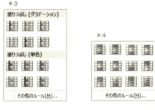
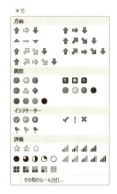

9 CAATの限界と失敗

　CAATは，条件に合致するデータを抽出するツールにすぎません。
　一般に「ITを導入したから大丈夫」，「システムが自動的に判断してくれる」というように，ITに過大な期待を寄せる経営者やマネジメントが多いものですが，これは危険であり，誤りであるということを強調しておきます。
　確かに，ITは経営判断の一助になります。
　しかし，ITそれ自体が何かを判断してくれるという過大な期待は，現時点において禁物です。もちろん，将来的にAI（人工知能）の技術革新が進めば，正確な判断をITで行いうる時代が来るかもしれません。しかし，現状，まだその域には達していません。
　この点については，CAATも同様であると考えておく必要があります。つまり，CAATツールにより抽出された結果に対し，不正会計の証拠を示すかどうかは，人間による検証作業を別途実施しなければならず，詳細な手続を通じて判断・解釈する必要もあるのです。
　そもそも，CAATツールによる抽出結果がすべて不正会計であるということはありません。
　会計監査人であれ，内部監査人であれ，CAAT実施者自ら，もしくは支援者により，CAATの抽出結果を判断・解釈するという手続が別途必要だという点を理解しておく必要があります。こうしたことから，CAAT実施の目的・目標の明確化や，実施範囲等の計画の策定が重要となるのです。
　また，アクセスコントロールに不備がある場合，データそのものの信憑性や信頼性が問われ，CAATが実施できないということにも留意が必要です。
　データそのものがもつ質量が少ない場合も，CAATの有効性の制約条件となります。例えば，入力者や入力時間などのデータ項目がない場合，データの質量が少なくなって，予定している本来の目的を達成できないこともあります。
　いわゆる「諸口取引」が多い場合も同様です。営業所の現金取引のように，

日々の現金出納の取引データは紙ベースの現金出納帳で別管理し，月末に1カ月分の仕訳を，いわゆる1行仕訳で行う場合には諸口仕訳となり，CAATでは有効な分析ができないこともあります。

　CAATプログラムの設定にも，留意が必要です。組織にどのようなデータがあり，どのように活用できるかを検討することも大事です。ITシステム投資にみられる傾向として，開発業者（システムベンダ）にすべて丸投げして，結果として無意味なITシステムができ上がるというのは，世の常です。

　要するに，CAATを有効ならしめる前提に，データ入力のあり方や取扱い方が問われるわけです。データ入力がその後のCAATを想定して行われ，活用できるデータの存在を把握していれば，仕訳テスト等のCAATの実効性を飛躍的に向上させることができるでしょう。

　そもそもCAATの実施にあたっては，テスト項目とパラメータの設定が重要です。間違った設定を行うと，当然ですが正しい結果を導くことができません。

　また，想定した結果と大きく異なるCAAT結果が得られた場合，テスト項目の不備，スクリプト設定時の論理的な不備，項目の前提となるヒアリング漏れ等の存在を疑う必要があることにも留意してください。

　ここで，実際に起こりうるCAAT失敗事例をご紹介します。

【失敗事例①】　パラメータの誤り

　テスト項目として「金額10千円以上の仕訳データを抽出する」ということを計画・設定していたとします。しかし，実際の分析実行時，誤って100千円以上と設定してしまうことがあります。そうすれば，対象データ（母集団）に誤りが生じ，本来得られる抽出結果と異なる結果が導かれてしまうことになります。

【失敗事例②】　論理的誤り

　滞留在庫把握のテスト項目として「移動日から180日経過している在庫デー

タを抽出する」と計画・設定していたとします。しかし，入庫データの取扱いに誤りがあり，入庫されると移動があったものとしてデータが取り扱われてしまえば，出庫実績がなく180日経過した在庫データを抽出できないことになります。

　例えば，期首100，入庫100，出庫0，期末200という事例で，180日経過の判定日をX3年3月31日とした場合において，たまたま返品等の受入れがあり，最終入庫がX3年1月15日にあったとしたときには，最終出庫（X1年11月11日）から180日以上経過しているにもかかわらず，滞留在庫として把握されないことになります。

【失敗事例③】　調査母集団の誤り
　仕訳テストを行う場合，不正の可能性が高い手入力での仕訳の調査を行うべきところ，データ項目の読み間違いにより，自動仕訳を対象に調査対象としてしまえば，まったく無意味なCAATとなってしまいます。

【失敗事例④】　データレイアウトの解釈誤り
　例えば，仕訳入力日（データ項目名：shiwake_I_date）と仕訳更新日（shiwake_U_date）のデータ項目の表記が似ていたことから，双方を取り違えてしまえば，まったく無意味なCAATとなってしまいます。

【失敗事例⑤】　不正事案の共有化欠如
　これはCAAT特有の事項ではありませんが，不正の手口は伝承されることを想定しておかなければなりません。不正の手口が，担当者から別の担当者へ伝承され，あるいは営業所から他の営業所へ，本社担当部門から子会社へ，それぞれ伝承されることがあります。
　こうした不正の手口を全社で共有し，CAATに適用する必要があるわけです。
　ところが，伝承された先で過去の不正事例が生かされることなく，監査等が

失敗する事例があります。例えば，請求書の偽造，キックバック，在庫横領，低品質材料等の購入，知的財産の窃盗，贈収賄など，調達取引を用いた不正事案では，過去の手口が代々受け継がれていることがあります。

CAATプログラムを作成する際，過去の事例を踏まえる必要もある点に留意してください。

ここでは，代表的なCAAT失敗事例をご紹介しましたが，こうした論点も踏まえ，CAATの限界を理解し，電子データと対峙する必要があります。

繰り返しますが，そもそもCAATをはじめITは万能ではありません。

現時点では，最終的に人による判断・解釈が欠かせません。

10 CAATで不正と対峙する5つの視点

　CAATを使えば、これまで見逃していた不正会計の兆候を発見することが可能です。例えば、仕訳テストを考えれば、すべての仕訳データを対象にCAATを実施することで、不正会計の影響額がより小さい、より初期の段階で、不正会計の兆候発見に貢献することが期待できます。

　従来の手作業、しかも試査（サンプリング）による監査や調査に比べれば、CAATを使うことで格段に精度の高い作業を行いうることが期待できます。

　こうしたことから、CAATを上手に活用すれば、不正会計と対峙することがある程度可能だといえます。

　ただ、それはあくまで"ある程度"です。CAATも不正会計に対して、現時点では万全ではありません。CAATを使っても、すべての不正会計を撲滅することは現時点では不可能であり、どうしても小さな不正会計を見落とす可能性があるからです。

　こうしたCAATと不正会計の関係を理解したうえで、CAATで異常点をつかみ、精度の高い作業を行うには準備が必要となります。その際、次の5つの視点に留意していただくと異常点をつかみやすくなり、不正会計と対峙できるでしょう。

【異常点をつかむ5つの視点】

> ① 「既出の不正事例」を洗い出す
> ② 「P×Q」を常に意識する
> ③ 「仕訳入力を見直し」、CAATを的確に行いうるように工夫する
> ④ 「非財務データ」を上手に活用する
> ⑤ 「着眼大局、着手小局」でCAATを実践する

【視点①】「既出の不正事例」を洗い出す

　効率的で効果的なCAATを実施するには，皆さんの組織における過去の不正会計の事例を洗い出してみることが大事です。それは「不正会計の手口は伝承される」といわれるからです。

　多かれ少なかれ，すでに不正会計が起きたことがあるのであれば，そうした過去に起こった不正会計をひもとき，手口や背景などを今一度洗い出してみましょう。同様の手口による不正会計に対して，効率的・効果的に対峙することができるようになるからです。具体的には，不正会計の仕訳パターンや，関係した帳簿，記録，システムなどを把握します。こうした点から，皆さんの所属する組織で，CAATを行うためのパラメータの設定を的確に行うことが可能となるでしょう。

　もう1つは，同業他社で行われた不正会計の事例をひもといて，皆さんの組織でCAATを行う際に必要なパラメータを設定するという点です。

　不正会計はどの組織でも起こりうるものですし，同業他社の事例は皆さんの組織においていつ起きてもおかしくないといえます。このように考えれば，「人の振り見てわが振り直す」，つまり同業他社の不正会計の事例を皆さんの組織におけるCAATの参考とすることで，効率的・効果的に不正会計と対峙することができるようになる可能性が高まります。

【視点②】「P×Q」を常に意識する

　売上高という勘定科目は，「売上単価×売上数量」と表現できます。光熱費は，「消費単価×消費数量」に分解できます。

　つまり，ほとんどの勘定科目の金額は，「Price単価×Quantity数量」で表現できるわけです。

　このようにP×Qで表現できることを常に意識することが，不正会計と対峙するために必要です。P×Qで表現されていない勘定科目の金額データがあれば異常点として抽出するという姿勢が大事です。

　具体的に，雑勘定科目を想定してみてください。例えば，雑収入という勘定

科目がありますが，これは読んで字のごとく，雑多な理由により生じた収入ということです。本業ではない，金額的重要性もない，ということで雑収入に計上されるものがほとんどですが，中には仕訳の帳尻を合わせるために雑収入に計上されているものもありますので，雑勘定科目には留意が必要です。

　以前遭遇した事例で，金額的重要性がない雑収入への計上額をCAATでひもとくと，30行からなる，実に複雑な仕訳として抽出できたことがあります。

　担当者にその仕訳の意味を問うと，「実は，帳尻が合わなくなって仕訳した」というのです。要は，何だかわからない勘定科目が沢山あることに気づき，これを不明残高の処理として雑収入に計上した，ということが30行にも及ぶ仕訳の真相でした。

　このような仕訳を抽出することで，その仕訳の背後にある事実を把握し，適切に問題点を指摘し，改善方法を指導する──こうしたことも私たちの仕事の１つだと思います。

　このとき用いたCAATは，「摘要欄に不備のある項目を抽出する」というものでした。具体的には，摘要欄の文字数が５文字以内のデータを不備のあるデータと"仮定"し，Excelの〔LEN関数〕を用いて該当データを抽出しました。LEN関数とは，文字数をカウントする関数で，LENGTH＝長さという意味から来ているようです。ちなみに，摘要欄の文字数が５文字以内のデータを不備としたのには，特に意味があるわけではありません。これを例えば，10文字以内を不備とするというのであれば，そうすればよいわけです。ただしこの場合，５文字以内とするよりも対象範囲が拡大しますので，その分だけ対象データ抽出後の検証手続が増加することになります。

　CAATを行うにあたって，検証過程における費用対効果も念頭に置きつつ，トライ・アンド・エラーの中で，それぞれの組織に合ったパラメータ設定が必要になる──こうしたことを意識していただきたいと思います。

　なお，一般的な仕訳データでは，摘要欄の見た目は空白でも，「スペース」という文字列が含まれている場合があります。このような場合，〔TRIM関数〕を使って摘要欄の文字列データから無駄な「スペース」を削除した後，LEN

関数で文字数をカウントするとよいでしょう。ちなみにTRIMとは、犬・猫などペットの理容師「トリマー」という職業があるように、「手入れをする、刈り詰める」という意味です。Excelでは、無駄なスペース（空白）を「刈り詰める、削除する」際にTRIM関数を用います。

図表2-3　LEN関数とTRIM関数の用法

	A	B	C
1	摘要	5	セルB1に「=len(A1)」と入力した結果、「セルA1は、5文字ある」との結果が得られた。
2			セルA1には「摘要」という2文字しかないように見える
3			しかし、実際には「スペース」が3文字分あり、「摘要」という2文字と合わせて、文字列は5文字となっているのである。
4			このような場合、「=len(trim(A1))」とすることで不要な文字列である「スペース」を削除でき、正答「2」を得ることができる。
5			

【視点③】「仕訳入力を見直し」、CAATを的確に行いうるように工夫する

仕訳データの入力時、以下のようなことができるようになると、CAATの精度を格段に引き上げられます。

- 諸口取引は、極力避ける
- 売上高の入力は、売掛金を相手勘定とする
- 入力と承認の項目を設け、日付と担当者を確実に入力する
- システムアクセスのログを、日時で把握できるようにする

伝票番号を連番で管理する、パスワードの使い回しはしないといった基本的なことができていない会社もありますが、これではCAAT以前に不正会計をみすみす容認しているのも同然といえます。

基本動作を確認することこそが、不正会計と対峙するための第一歩です。

【視点④】「非財務データ」を上手に活用する

不正"会計"というと、売上高や利益率などの財務データに目が奪われがちです。もちろん、これも重要であることに異論はありません。

しかし、不正実行者の立場で考えれば、財務データは監査・調査対象になることは百も承知なわけです。ですから、財務データを用いたCAATの実施のみならず、人数や生産量、天候などの非財務データに着目することも重視してもらいたいと思います。

この点は，公認会計士による外部監査よりも，内部監査のほうが質・量ともにより多くのデータ，特に非財務データに接する機会があると思います。

ただ，内部監査の場合には，着任早々で不正会計に知見がないという担当者も含まれるでしょう。

そこで，不正会計に知見を有する外部監査人である公認会計士等の専門家も活用しながら不正会計と対峙する――こうした姿勢が今後ますます不可欠になると思います。

【視点⑤】 「着眼大局，着手小局」でCAATを実践する

新しいものを取り入れる際，いきなり大風呂敷を広げたがる人がいますが，これはいただけません。まずは，皆さんの部署や事業部，小さな営業所や子会社などでCAATを導入してみて，知見を得るように努めてください。

特に，本書が提案しているExcelを用いたCAATでは，大量のデータを扱う場合，Excelゆえにパソコンが固まってしまう，というようにデータ処理に時間がかかってしまうこともあります。

こうしたことも踏まえ，まずは小さな単位でCAATを実践し，徐々にCAATプログラムを精緻化することをお勧めします。

CAATにある程度慣れた時点で，一気に全体にCAATを適用すれば，より効果的・効率的なCAATを実践できるようになるでしょう。

なお，大量のデータを用いてCAATをする場合，CAAT専用のパソコンがあると，パソコンが固まっている間に別の作業ができ，大変便利です。

第3章

Excelで実施する
CAATプログラム

　監査であれ，調査であれ，無計画に作業を行うべきではありません。これは，CAATツールを用いる場面でも同様です。したがって，CAATプログラムをいきなり作らないということが肝要です。なにごとも，「段取り8割，実行2割」がポイントです。

1 データ全体の傾向分析

まずは，データ全体の傾向分析を「鳥の目」で行うことが大切です。

データを概観するために「魚の目」で，できれば過去5年ほどのデータ，最低でも前期比較を行い，異常な推移がないかを見たうえで，異常点があれば「虫の目」で詳細分析してみる——こうした姿勢が不正会計と対峙する心構えとして不可欠でしょう。

例えば，ERP（Enterprise Resource Planning，統合型・横断型業務ソフト）の場合，複数のシステムを連携・統合しますが，このとき，「どのシステムからのデータであるか」がわかるよう目印が付されます。この論理システムのフラグ（目印）を用い，「自動仕訳」と「手入力」の識別をしてみるというのも一考です。

両者のうち，不正リスクが高いのは「手入力」の仕訳です。なぜなら自動仕訳は，決められたルールに則って，システム側で仕訳データを組成するからです。自動仕訳については，別途，IT業務処理統制の観点から，その組成過程を検証すれば，不備の有無，つまり不正会計のリスクを検証できます。

こうした点を踏まえると「自動仕訳」ではなく「手入力」された仕訳データを中心に分析すれば，効率的・効果的に不正会計と対峙できるといえます。

ここでは，データ全体の傾向分析を行う「鳥の目」の代表的な2つの方法，ベンフォード分析とデータ分布表をご紹介します。

(1) ベンフォード分析

自然界にある，大量でランダムに構成される数値データの最初の桁，例えば「12,345」では「1」が最初の桁に該当しますが，この「1」のような最初の桁に使用される数字の頻度は"ベンフォードの法則に従う"という経験則があるといわれています。

ちなみに，最初の桁に「0」はきません。最初の桁にくるのは，1～9まで

のいずれかです。

　この1～9までの数字がくる頻度を統計的に処理したところ，9分の1ずつ均一に出現することはなく，1が最も高い頻度で現れ，次いで2，3…のような順になる，というのが「ベンフォードの法則」です。この法則を，不正会計の1つの物差しとして活用して異常点を抽出してみよう，というのが**ベンフォード分析**です。

　ただ，ベンフォード分析の前提として，自然界に存在する「ランダムなデータ」である必要があるため，電話番号や会員番号のような規則性があるものには使用できません。

　他方，仕訳データのようなものは，意図されたものでない限りランダムであることが通常です。意図的に多くの少額な不正データを作成すれば，ベンフォードの法則に近似しないことをもって異常点ありとし，不正発見の端緒となる可能性があるといわれています。

　このように，ベンフォード分析は大量の，ランダムなデータの中から，異常傾向値を把握するために利用できるわけです。実際にやってみると興味深い結果に直面することもあります（具体的な方法については，第5章3をご参照ください）。

　ただし，業界特性を踏まえる必要がある点には留意が必要です。

　例えば，100円ショップでは，税抜売上高100円，200円，300円といったものがほとんどで，こうしたデータにベンフォード分析を行えば，当然，一般的なデータと比較し，異常値が現れます。こうした業界特性のあるデータであっても，例えば数期間にわたる同様のデータを入手・分析し，「魚の目」で時系列比較を行えば，異常点を把握できることがあります。

(2)　データ分布表

　〔ピボットテーブル〕や〔散布図〕などのExcel機能を用いてCAATを実施すれば，さまざまなデータ項目（レコードタイプ・金額・科目・仕訳起票者・仕訳入力日時など）で，いろいろなデータ分布表を作成することができます。

作成したデータ分布表から，想定していたデータ内容からの乖離の認識や，これまでに把握していなかったリスク等の識別が可能となることがあります。

例えば，以下のような事例がありました。

対象事業所の口頭説明では，売上高の計上パターンは2種類とのことでしたが，売上高データをCAATで分析してみたところ，補助科目コードが3種類あったのです。そこで，対象事業所が認識していなかった売上高の補助科目の取引についてリスクが高いと判断，別途追加の手続を実施したことがあります。

この事例のように，まず担当者に業務フローなどを質問（ヒアリング）し，対象事業所が認識している事項を把握したうえで，データから把握できる事項との相違点を異常点として把握し，わからないことがあればさらに質問する，こうした一連の流れで懐疑心を持てば，不正会計と対峙できるようになるのです。

6大監査ネットワーク（BDO，デロイト，アーンスト・アンド・ヤング，グラント・ソントン，KPMG，プライスウォーターハウスクーパース）で構成される，国際公共政策委員会の基準ワーキング・グループが取りまとめた『監査人の職業的懐疑心を高めること』によれば，懐疑心（skepticism）は，ギリシャ語の探究的（skeptikos）という言葉に由来し，この探究的（inquiring）の語源は，尋ねる（to inquire）にあるそうです。

つまり，「懐疑心を持つ」ということは，「質問すること」と同義なのです。

まず質問し，そのうえでCAATを実施し，それぞれの結果を照らし合わせ，わからないことや異常点があればさらに質問する——このような姿勢が，不正会計に対峙するうえで欠かせません。

2 運用評価手続でのCAAT実践例

　重要な虚偽表示を防止または発見・是正するため，内部統制を整備するとともに，この内部統制の運用状況が有効であるかについて，サンプルを抽出し評価する必要があります。IT53号Q28は，このサンプリングの方法に，CAATを想定した無作為抽出法や系統的抽出法のようなものがあることを示しています（具体的なサンプリングに係るCAAT手続は，第6章 1 (1)(2)）。

　また，限られた時間と費用の中で効率的・効果的に監査等を行うには工夫する必要があります。この点IT53号は，項目特性のバラツキを抑え，サンプリングリスクを高めることなくサンプル数を減少させるため，CAATを用いて母集団の階層化を行うことがある（第6章 1 (3)），と指摘しています。

　さらに，運用評価手続の局面におけるCAATの実践例として，再実施や再計算の手法として用いられることもある，とも指摘しています。

　このように，CAATは運用評価手続においてもさまざまに利用することが可能なツールとして位置づけられているのです。

　ちなみにIT53号Q12は，得意先マスタファイルに登録されていない得意先が受注データファイルに存在していないことを確かめる，というCAAT事例を紹介しています。この事例の前提として，受注入力は得意先マスタファイルに登録された得意先からの注文のみ入力可，という内部統制が想定されていますが，そうであればこのCAATは不要かもしれません。

　なぜなら，得意先マスタファイルにない得意先からの注文入力はそもそもできない，これをIT統制の検証過程で把握したうえで，IT53号Q12が例示したCAATをすると，同じ目的のために違った手続を実施し，重複した検証作業になってしまうからです。この場合，ITで自動化された内部統制機能の1つであるエディット・バリデーション・チェックという，実際の入力内容と予定している入力内容の整合性を検証できれば十分でしょう。二重目的で行える手続を活用する，こうした姿勢で監査等に臨むべきです。

③ 実証手続でのCAAT実践例

　監基報330A16の前段で示されるように，CAATを用いれば，電子的な取引ファイルと勘定ファイルに対し，より広範な手続の実施が可能となります。

　同・後段で示されているように，CAATを用いれば，重要な電子的ファイルからのサンプル抽出や，特性に基づく取引の並べ替え（ソート），統計的処理による母集団全体の検討など，さまざまなことができるようになります。

　一方，IT6号は，CAATを利用した実証手続として，総勘定元帳や補助元帳等の再計算や集計の再実施，あるいは電子ファイル間の突合実施，という事例を示しています。

　さらに，CAAT利用のメリットとして，製品別の回転期間分析や拠点別の収益性分析，あるいは顧客別売上高推移比較等の分析的手続などにCAATを利用すれば，効率的・効果的に手続を実施できるという点も示しています。

　他方，IT53号Q28は，CAATが効果を発揮する局面として，実証手続でのサンプル抽出，分析的手続や計算突合などを挙げています。例えば，売掛金期末残高の中にマイナス残高があるとすればマイナス残高の発生理由を被監査会社による発生理由調査結果と照らし合わせる，という事例です。売掛金データベースから期末残高がマイナスのものだけを抽出すれば，不正会計の端緒をつかむ可能性も高まります。

　また，売掛金データの一項目である回収予定日をもとに，期末日時点で180日経過しているものを滞留売掛金として抽出し，滞留発生の理由調査結果と照らし合わせるというCAAT事例も紹介されています。

　その他，固定資産の減価償却費の再計算事例として，固定資産データベースから取得価額・取得日・耐用年数などのデータ項目を抽出し，これらの項目からあるべき減価償却費を再計算して，固定資産データベース上の減価償却費との一致を確かめる，というCAAT事例も取り上げています。

　ただ，こうしたCAAT事例は，いわゆる"資産性"の議論をするための手

続事例にすぎません。

2013年に新設された不正リスク対応基準の公表をめぐる座談会では，次のような発言がありました。

「回収可能性，資産性は大丈夫かという議論ばかりを事務所（筆者注，監査法人）全体でしていたのではないか」

こうした指摘も踏まえると，不正会計と対峙するという意味でCAATを活用しようというのであれば，資産性や回収可能性を検証するためだけにCAATを用いるのは，不十分だといえるでしょう。

もっと幅広くCAATを活用していく工夫こそが，不正会計と向き合うために必要です。例えば，第7章以降の勘定科目別等のCAATシナリオを念頭に置き，CAATを実施することも必要でしょう。

4 仕訳テストでのCAAT実践例

　IT42号Q10によれば,「仕訳テスト」は財務諸表作成プロセスにおける重要な仕訳入力および修正について検証する手続であるとされます。

　この仕訳テストは,従来からある「仕訳通査」と一体何が違うのでしょう。あくまで私見ですが,伝票を手でめくる手続を「仕訳通査」,電子の目で仕訳を検証する手続を「仕訳テスト」と区別しているのではないか,そういう印象があります。いずれにせよ,CAATで仕訳テストを行えば,従来の仕訳通査にはないメリットを得られるので,これを行わない手はありません。

　IT53号Q27で例示されているように,仕訳テストを通じ,不正や誤謬による重要な虚偽表示リスクが相対的に高い項目を対象として,より深度のある手続を実施できるなど,いわゆるビッグデータを対象とすることで,より効率的・効果的に手続を実施できる場合もあります。

　こうしたメリットが強調されるCAATを用い,仕訳テストのような手続を実施するか否か,CAATを用いるメリット・デメリットを検討するには,次のような事項を勘案する必要があるとIT53号Q27は示しています。

【CAATによる仕訳テスト実施の判断基準】

- 「不正のトライアングル」(**図表1-1参照**) と呼ばれるリスク要因
- 仕訳データの量
- 仕訳入力権限を持つユーザ数
- 仕訳パターンの種類
- 自動仕訳生成機能の複雑さ

　したがって,不正リスクが高いとされる組織,例えば過去に不正会計が行われた組織や不正の兆候がみられた組織,取引量や取引額が大きな組織などは,CAATを用いた仕訳テストを行うべきといえます。

5 仕訳検証の目線

　そもそも，CAATによる「仕訳テスト」が必要なのはIT42号A10：2が明示するように，不正や誤謬による重要な虚偽表示リスクが相対的に高い項目に対し，より深度のある，より効率的な手続実施が可能となるからに他なりません。ですから，よほど小規模な企業や地域の自治会等でない限り，CAATを積極的に用いることが，不正会計と対峙するために有効な手段といえるでしょう。

　大量の仕訳データ，多数のユーザ，多種の仕訳パターン，自動仕訳の生成──こうした状況下で情報システムを用いる組織では，電子データを対象にしたCAATのほうが，紙媒体の伝票などを対象とする「仕訳通査」よりも好都合だからです。瞬時に異常点のある仕訳を抽出可能という点で，電子データを対象にCAATを実施する「仕訳テスト」のほうが優位性があるからです。

　このCAATによる仕訳テストが目指すところは，伝統的な仕訳通査と何ら変わりません。従来からそうであるように，仕訳を見て異常点を探すという目的はまったく変わらないのです。一般的な簿記の概念からは想定しづらいパターンの仕訳であれば，当該仕訳を異常なものとして抽出し，検証することになるわけです。

　例えば売上計上は，通常，次の①のような仕訳になるはずです。

① 　（借方）売掛金　　（貸方）売上高

　これが，下記②のようだと違和感を覚えるでしょう。

② 　（借方）買掛金　　（貸方）売上高

　②のような仕訳を異常値として検証する必要があるのは，仕訳通査もCAATによる仕訳テストも変わりません。

　架空売上の計上で①のように売掛金が計上されれば，当該売掛金は回収可能

性のまったくない売上債権として，貸借対照表に残置することになります。そうなれば，回収期間分析などを通じ，早晩，悪事が判明することになってしまいます。こうした事態を不正実行者が想定すれば，売上高の相手科目に"売掛金"のような勘定科目を使うことは避ける必要があるでしょう。

　そこで②のような，一般的とはいえない"異常"な仕訳を抽出し，検証する必要性が生じるのです。

　この点，従来は「仕訳通査」という監査技法で行ってきました。しかし，これは大変困難を伴うものです。なぜなら，大企業になるほど仕訳量は膨大だからです。すべての仕訳に目を通すのは，物理的にも難しく，膨大な仕訳の中から異常な仕訳を抽出するには，根気と労力を要するからです。

　仮に，"異常"な仕訳を無事抽出できたとしても，そこから先の作業，つまり，本当に異常な取引記録であるのかを検証するには，さらなる時間がかかることになります。

　そこで，電子記録のデータを用いたCAATの発想が登場するわけです。

　電子データであれば，条件（パラメータ）さえ整えてあげることで，瞬時に条件に合致したデータを抽出することができます。抽出にかかる時間を節約できる分，抽出した仕訳データを細かく分析する時間を得られることになります。

　例えば，日頃行っている仕訳テストの1つに，**図表3-1**のような方法があります。これは，〔ピボットテーブル〕で売上高計上に伴う相手勘定科目を一覧表にまとめる，という方法です。shiwake.csvというデータをピボットテーブルで分析してみると，売上高の相手勘定科目は「売掛金」だけであることがわかります。

図表3-1 売上高計上に伴う相手勘定科目の一覧表

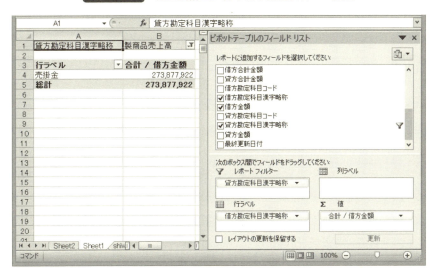

　上述のように、売上高の相手勘定科目は、通常、"売掛金"とする会社が多いと思います。つまり、売掛金以外の勘定科目を相手科目として売上高を計上しているとすれば、その理由を検証する必要があるわけです。もちろん、売上高の相手勘定科目は売掛金だけではなく、現金売上であれば"現金"や手形売上であれば"受取手形"などもあるでしょうし、売上値引や返品などを伴う場合もあるはずです。こうした点を踏まえ、会社の経理規定と照らし合わせる、あるいは経理課員へ質問する等、通常の売上高計上のパターンを把握し、異常な仕訳があればこれを検証することで異常点を把握できるでしょう。

6 CAATプログラムの構築から運用

　CAAT実施計画やデータ全体の傾向分析の結果を踏まえ，CAATの処理条件や出力項目などを策定することになります。
　その際，不正に関与していると思われる人物が明らかな場合など，特定ユーザが計上した仕訳データ抽出に便利なのが〔ピボットテーブル〕です。これにより，特定ユーザによる仕訳データのような不正や誤謬による重要な虚偽表示リスクが相対的に高い項目を，大量のデータの中から瞬時に効率的に抽出でき，より深度のある手続を実施できることが期待できます。
　このピボットテーブルを使いさまざまな視点でデータをスライスすれば，データの分析者である監査人に，さまざまな視点を与えてくれるでしょう。
　例えば，仕訳データにピボットテーブルを使い，仕訳データの件数を月次推移分析したり，仕訳ユーザから入力権限の状況を把握したり，売上計上仕訳などの相手勘定を分析することで，仕訳パターンを識別できるようになります。
　このように，さまざまな視点でデータを瞬時に分析できるのがピボットテーブルの特徴です。リスク・アプローチを勘案し，ピボットテーブルを用いて，不正仕訳が介入しやすい非経常的で通例でない手入力の仕訳を対象に分析することで，不正会計と対峙できる可能性が高まります。
　Excelを用いたCAATには，ピボットテーブルのほかにも，手作業とは比べ物にならないメリットがあり，CAATを活用してみる意義が高いといえます。
　例えば，〔RIGHT関数〕を用いれば，通常は使わない特殊コードとして用いられることの多い0000や9999データの抽出が簡単にできたり，〔LEFT関数〕を用いれば，ベンフォード分析にも役立ちます。〔VLOOKUP関数〕を用いれば，販売単価と単価マスタの比較が可能になるなど，ExcelをCAATツールとして活用することで，実にさまざまなことができるようになるのです。
　ただ，留意したい点もあります。データ容量が大きくなるほど，スクリプト（プログラム）実施に時間がかかることになります。このような場合，処理条

件の設定誤りやスクリプトの構成誤りがないことを検証するために，試しにCAATを行うという"試行テスト"が有効なこともあるという点は頭に入れておいてください。

　また，CAATはコンピュータに適切な指示をしてあげればそのとおり実施してくれるものですが，指示の誤りによって想定した結果が得られない場合もあります。どの作業でもそうですが，CAAT実施にあたっても，必ず実施内容を検証することが必要です。対象としたExcelシートや，使用した関数が正しいかどうか——こうした点を検証することも必須です。

　そのうえで，CAATの実行結果を検証する必要もあります。想定抽出件数と実行結果を比較し，明らかな差異が生じている場合，差異が生じた原因が手続の有効性・効率性に重要な影響を及ぼさないか否かを検討する必要もあります。

　勘違いしないでいただきたいのは「CAATで抽出されるのは，グレーなデータにすぎない」という点です。抽出結果に対する監査人の判断が不可欠だという点は忘れないでください。

　一方，CAATプログラムは，データ形式に変更がなければ，あるいは似たような形式であれば，次年度以降も同様のCAATプログラムを実行でき，監査や調査の効率化に貢献できます。

　ちなみに，次年度のための情報保存と入手データの破棄に関するルールを決めておくことも重要なポイントです。例えば，次年度も同じCAATによる作業を行うため，データ依頼やデータ入手に関する情報を記録することは有用でしょう。なお，対象事業部等によるデータ改ざんのリスクが低いと判断された場合，入手データは破棄できます。

　こうした点を踏まえ，CAATプログラムを構築し，運用することが，不正会計と対峙するためには不可欠です。

7 過去の失敗事例に学ぶ必要性

　監査を効率的・効果的に行う方法の1つに，過去の失敗事例に学ぶという方法があります。

　自社あるいはグループで行われたことのある不正会計のパターンに基づきCAATを行うことは，特に有意義なことだと考えられます。なぜなら，不正の方法は不正発生の部署から他の部署へ，不正発生の営業所から他の営業所へ，という具合に伝承されることがあるからです。

　実際，ある上場会社では過去の失敗をもとにした不正会計のパターンを100種類以上のCAATプログラムとして組み込み，日常的にこれらのパターンに当てはまるデータを識別することで不正会計と対峙しています。

　こうした作業は，実践される組織にとって大変つらいことかもしれません。なぜなら，過去の失敗事例を自らが認めることで初めて成り立つからです。

　しかし，自らの失敗を認め，この失敗のパターンに基づいて，さらなる失敗を犯さないようにするという姿勢は見習うべきでしょう。

　「学ぶ」の語源は「まねぶ」です。

　自社の失敗に学び，他社の事例を真似る——こうした取り組みが不正会計に対峙するうえでは不可欠だと思います。

　温故知新——まずは過去に自社あるいはグループ等で行われた不正のパターンを再認識し，CAATプログラムに組み込む方策を考えてみることが不正会計と対峙するための大事なステップであるといえます。加えて，他社事例を参考にCAATプログラムを構築する，こうした工夫が不正会計と対峙するには欠かせません。

8 文書化の手続

すべての仕事は，その成否にかかわらず結果が求められます。

CAATを用いた監査等では，結果の1つの形態として「調書」という形式で文書化する必要があります。

この文書化プロセスに関し，IT53号Q29では監査調書の作成方法とCAATで用いたデータファイルの整理の必要性に触れています。これは内部監査の場合も同様に必要な視点です。実情に照らし，工夫していただきたいと思います。

IT53号Q29では，計画・実施・結論の3段階で作成される3つの調書と3つのデータファイルが示されています。これらはあくまで例示で，実情に合った文書化と保存が望まれます。

【文書化①】 計画

CAAT計画を示す調書に「CAAT実施計画書」があります。以下の9点を，プロセス単位あるいは勘定科目単位で明示・作成します。

- 実施対象プロセス
- 実施目的
- 対象システム
- データ入手依頼先
- 実施予定時期
- 想定されるデータ件数
- 会社へ依頼したデータの概要（会社へ依頼するデータ項目の内容は第5章の**図表5-1**のとおり。会社へ提出した「データ依頼書」の控を含む）
- 会社より入手したデータの概要（会社へ提出した「データ受領書」の控を含む）
- 実施する監査手続の内容

このうち，データ依頼書に基づき「会社から入手したデータファイル」が受領され，これがCAATの対象となります。いずれも計画時に必要とされるものですので，変更発生の都度，変更内容や変更根拠等をCAAT実施計画書に随時更新するという点に留意してください。

【文書化②】　実施

　計画を受けて，CAAT実施段階に移行します。この時点で「CAAT手続書」を作成し，CAATの具体的な実施手順が記載され，監査手続の実施目的や手続の詳細が記述されます。ここで示したCAAT実施手続が「会社から入手したデータファイル」に適用され，さまざまな検証過程を経ることになり，この過程で一時的に作成されるのが「作業用ファイル」です。

【文書化③】　結論

　CAAT実施後の最終的な結論を取りまとめます。ここでは，CAATツールで作成されたテーブル等のデータファイルである「結果ファイル」と，これを記録文書として取りまとめた「実施結果の文書ファイル」が作成されます。

　このように，CAATの計画・実施・結論の３段階で作成される調書とデータファイルがIT53号Q29で例示されていますが，すべて保存が必要なわけではありません。３つの調書「CAAT実施計画書」，「CAAT手続書」，「実施結果の文書ファイル」と１つのデータファイル「結果ファイル」は保存すべきとされています。一方，「会社から入手したデータファイル」，「作業用ファイル」の２つのデータファイルは，必要がないと判断した場合には保存不要という位置づけです。

　なお，CAAT手続の文書化に際して，次のように２つの区分に分けて考えるとよいでしょう。

(ア) CAAT対象データの概要を文書化する
- 実施予定時期（まず，計画を立てる）
- 実施時期（実際のCAAT実施時を明確にする）
- 実施者（必要に応じて，IT専門家を活用する）
- CAAT対象項目（仕訳テストであれば，仕訳）
- 対象データ（どのシステムから，何のデータを対象としたか明示）
- データの入手先（例えば，経理部〇〇課長）
- データ対象期間（データの網羅性に留意する）
- その他

(イ) CAATの計画から結果を示す添付資料を文書化する
- CAAT実施計画書（【文書化①】参照）
- データ依頼書（依頼するデータ項目の内容は**図表5－1**を参照）
- CAAT手続書（【文書化②】参照）
- 次回以降の参考となる事項（CAATでは，次回以降も対象データを入れ替えるだけで，比較的簡単に手続を実行できる。このため，次回以降の手続実施の参考となる事項についてメモを残すことは，実務上マニュアルとして活用でき有用。後述⑨参照）
- その他

また，文書化する際，次の監基報230『監査調書』の論点も踏まえます。

- 監査調書作成者以外の者が，監査の実施過程を十分に理解できるか（第三者の理解可能性）
- 同様の監査手続を再現できるように，必要かつ十分な監査手続の内容が文書化されているか（第三者による再現性）

STAP細胞をめぐる問題でも話題となったように，文書化のポイントは第三者の理解可能性と再現性にあります。

9 情報の保存

　CAATのメリットの1つは，デジタルデータさえ入手できれば，比較的簡単にデータを加工でき，期待される結果を得られる可能性がある点です。こうしたメリットを享受することで，次年度以降のCAAT実施が効率化され，ひいては監査・調査全体を効果的・効率的に行いうることにもつながります。

　そこで，本章8でも取り上げたように，「データ依頼書」を文書化しておく必要があるわけです。なぜなら，次年度以降も同様のCAATを行う際，便利だからです。

　ただ，システム変更等が行われるとデータの形式が異なってしまうこともあり，CAATを正しく実施できない場合もあります。そこで，データの同質性を検証する必要も出てきます。例えば，仕訳テストに用いる仕訳データのような場合，データ構造（レイアウト。図表5-1参照），データの分類法（レコードタイプ），データの処理法，といった点を検証し，変更のないことを確かめられれば，過去実施したCAATプログラムをそのまま利用することが可能となります。このようなデータ内容に関する情報を保存することも，CAAT実施上必要です。

　また，紙ベースの証憑類と違い，電子データの保存をどうするか，という論点もあります。この点，IT43号『電子的監査証拠』のⅣ4.(1)で，閲覧した画面の「スクリーンショット」を入手する方法が提案されています。スクリーンショット（あるいはスクリーンキャプチャ）とは，コンピュータに表示された画面（スクリーン）の内容を静止画像として記録（ショット）し，画像データとして保存することをいいます。

　スクリーンショットの方法は，パソコンの機種によって多少違いがあります。デスクトップパソコンの場合，キーボード右上の「Print Screen」というキーを押し，「Ctrl」を押しながら「V」のキーを押し（またはマウスを右クリックし「貼り付け（P）」をクリック。以下，同様），画像をワークシートに貼り

⑨ 情報の保存 63

付けるだけです。
　ノートパソコンの場合，キーボードの配列の関係で「Print Screen」というキーが PrtSc のように表示されていることもあります。このときはキーボード左下の Fn （ファンクションキー，プリントスクリーンのような機能を呼び出すためのボタン）を押しながら PrtSc を押し，ワープロソフトなどを立ち上げ，「Ctrl」を押しながら「V」のキーを押せば，画像を貼り付けることができます。
　ここでもう1つ，「アクティブウィンドウのスクリーンショット」という便利な機能をご紹介しましょう。
　パソコンで作業をしていると，いくつものウィンドウ（窓のような作業画面）を開くことがあります。「このウィンドウだけ，画像として残したい」ということもあるはずです。その場合，残したいウィンドウを選択後（これを「アクティブウィンドウ」といいます），「Alt」キーを押しながら上記の作業を行います。
　ノートパソコンの場合，「Alt」キーと Fn を一緒に押しながら PrtSc を押すと，該当するウィンドウの画像だけをコピーできます（**図表3-2**参照）。あとは上記のとおり「Ctrl」を押しながら「V」のキーを押せば，アクティブウィンドウだけをワープロソフトなどに画像として貼り付けられます。

図表3-2　アクティブウィンドウのスクリーンショット

10 情報の破棄

　CAATで扱うデータは，秘匿性の高い情報を含みます。

　このため，各自のパソコンにデータをそのまま保管しておくことが可能であるか，何をどこまで保存し返却あるいは廃棄するか等について，あらかじめCAAT実施のために入手するデータの取扱いを決めておく必要があります。

　この点，IT4号『公認会計士業務における情報セキュリティの指針』が参考になります。このルールは公認会計士業務に要求されるものですが，一般の方々にも有用と思われるので参考にしてみてください。

　ちなみに，IT4号は次のような留意点を挙げています。

【データ取扱いのポイント】

- 情報漏洩防止のため，分類に応じた管理方法や保管期限の明確化を考慮
- 情報の重要度は変化するので，分類管理の定期的な見直しを考慮
- 情報の重要度は，クライアント等の状況や時間の経過などを考慮

　情報の取扱いに関して，こうした点に留意し，適切な情報管理を心掛けたいものです。

第4章

CAATで使用する基本のExcel機能

　Excelには，実にさまざまな機能が搭載されています。
　しかし，CAATツールとして利用する際に欠かせないExcel機能は，ごくわずかです。

1 CAATに欠かせない10個のExcel機能

図表4-1に示す，たった10個のExcel機能を理解するだけで，不正会計への感度を数段上げることが期待できます。

しっかりマスターし，大いに活用していただきたいと思います。

図表4-1　CAATに欠かせないExcel機能

```
(1)  ピボットテーブル（データをスライスする）
(2)  VLOOKUP関数（データを抽出する）
(3)  RIGHT関数（右側の文字列を表示する）
(4)  LEFT関数（左側の文字列を表示する）
(5)  IF関数（データを場合分けする）
(6)  ＆関数（データを結合する）
(7)  TEXT関数（データをテキスト化する）
(8)  TRIM関数（データの空白値を取り除く）
(9)  SUMIF関数（条件に合ったデータを足し合わせる）
(10) COUNTIF関数（条件に合ったデータ個数を数える）
```

(1)**ピボットテーブル**は，データをいろいろな角度から分析（スライス）する機能です。

(2)**VLOOKUP関数**は，ある条件下に合致したデータを抽出する機能です。

個人的には，この"**２大CAATツール**"をマスターすれば，CAATの代表的手法の１つである仕訳テストで，絶大な効果を発揮すると考えています。

なぜなら，異常点をつかむには，データをスライスし，さまざまな角度から分析する必要があるからです。ピボットテーブルでデータをスライスし，かつ，VLOOKUP関数で異常点のありそうなデータに当たりをつけることで不正会計と対峙できると考えられます。

この２つ以外に覚えておいていただきたいExcel機能もいくつかあります。

(3)**RIGHT関数**は，右側の文字列，下の桁を表示する機能です。例えば，「12,345」というデータがあった場合，「345」という末尾３桁だけを表示した

い場合に便利な機能がRIGHT関数です。

　このRIGHT関数と対になるのが(4)**LEFT関数**です。これは,「12,345」というデータの頭2桁,「12」というような数字を表示する機能です。

　これらを使うことで,監基報240『財務諸表監査における不正』で定義される「不適切な仕訳入力やその他の修正がもつ特性」の1つを抽出できるようになります。具体的には,同・A41に例示される「同じ数字が並ぶ数値を含んでいる仕訳入力(例えば,0000や9999)」といったものを,RIGHT関数やLEFT関数を使うことで抽出可能となります。

　また,Excelを日常的に使っていれば必ず活用することになる関数の1つに,(5)**IF関数**というものがあります。このIF関数は,データをケース・バイ・ケースで場合分けする際,およびデータをふるい分けする際に利用する大変便利な関数です。

　(6)**&関数**も知っておくと便利な機能です。これは,データを結合する際に用います。例えば,9月5日という日付データとして「905」というデータがあり,品番コードとして「100」というデータがあったとします。これを&関数を使い結合することで,日付と品番の性格を有した「905100」という,新たなデータを組成することができるようになります。

　(7)**TEXT関数**も覚えておいて損はありません。TEXT関数は,データをテキスト化,つまり文字列化するために用います。

　このほか,データの空白値を取り除く(8)**TRIM関数**や,条件に合ったデータの数字を足し合わせる(9)**SUMIF関数**,条件に合ったデータの個数を数える(10)**COUNTIF関数**など,業務で使えるExcelの機能を適宜理解しておくと,より高度なCAATを行うことができるようになります。

　不正会計と日々格闘している皆さんには,まず**図表4-1**の10個の基本的なExcel知識を身につけていただきたいと思います。Excel機能の具体的な利用方法については,第5章以降の適用事例の中でご紹介します。

2 ピボットテーブル

不正会計と日々格闘するために特に重要と思われるExcelの機能が，前述した〔ピボットテーブル〕と〔VLOOKUP関数〕です。この2つの機能を使いこなせるようになるだけで，異常点監査技法の幅がグンと広がります。

図表4-2が，ピボットテーブルの画面です。ここでは，sales.xlsxの「出荷データ」をピボットテーブルした状態を表しています。

右側の〔ピボットテーブルのフィールドリスト〕に注目すると，「出荷日付」から「区分」までの5項目が見えます。この中から表示したい項目を選択し，出荷日付別や得意先コード別などさまざまな角度からデータの切り口を変えて分析しよう，これがピボットテーブルの機能です。

バスケットボールというスポーツを少しでもかじったことがある人であれば耳にしたことがあると思いますが，"ピボット"とは"回転"という意味です。

図表4-2 ピボットテーブル

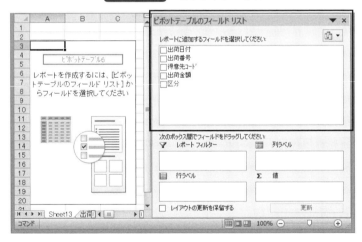

図表4-3で示される出荷データのような場合，日付順にデータ（レコード）が1行ごとに上から下に並ぶのが普通です。そして，それぞれのデータ項目は，左から順に出荷日付・出荷番号・得意先コード・出荷金額・区分というように，横1行が1組のデータとなっているでしょう。

同様に，仕訳テストで用いる仕訳データも，左から順に伝票番号・計上日・計上箇所・取引先名・借方科目・借方金額・貸方科目・貸方金額・摘要というように，横1行が1組の仕訳データとなっているのが一般的です。

こうしたデータを，日付順や伝票番号順のみならず計上箇所や取引先名のようにさまざまな角度で切り出し，同じデータを新たな視点で眺める――これがピボットテーブルの特徴です。

しかも数式を使いません。「Excelは関数が難しい」という方も多いと思いますが，マウス操作だけで瞬時に新たな視点を生み出せることがピボットテーブルの魅力です。手元のデータでいろいろとピボットしてみてください。きっと新たな発見を体験できるはずです。

図表4-3　ピボットテーブルの作成

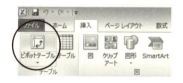

⑴ ピボットテーブルの作成

　sales.xlsxの「出荷データ」を開き，図表4-3の上図にある〔挿入〕タブ→〔テーブル〕グループ→〔ピボットテーブル〕を選択すると，図表4-3の下図にある〔ピボットテーブルの作成〕画面が表示されます。対象データが正しく設定されているかを確かめ，ピボットテーブルの作成場所として新規または既存のワークシートのいずれかに指定します。〔OK〕をクリックすると，図表4-2のピボットテーブルが現れます。

　ここまでのピボットテーブル作成作業の後，図表4-2の〔ピボットテーブルのフィールドリスト〕の設定次第で，同じデータから，さまざまな切り口を見ることができるようになります。

⑵ フィールドリストの設定例

　例えば，この出荷データから「区分」ごとの「出荷金額」を集計したいと考えた場合，ピボットテーブルの〔行ラベル〕に「区分」，〔Σ値〕に「出荷金額」を，それぞれ「ドラッグ＆ドロップ」します（図表4-4参照）。

　ドラッグ＆ドロップとは，フィールドリストの中にある項目，例えば「区分」をクリックして選択した後，左クリックしながらこの「区分」をつまんで〔行ラベル〕に放り込む作業をいいます。この作業に代えて〔ピボットテーブルのフィールドリスト〕で☑するという方法もあります。

　一連の作業で，区分別の出荷金額，つまりセグメント別業績を表示できます。

　なお，ピボットテーブルの初期状態では，B列「合計／出荷金額」の数字はセルB4の「7500000」という具合に3桁区切りがされていません。会計データは「7,500,000」のように3桁区切りが原則ですので，目視しやすいよう〔ホーム〕タブから〔,〕を選択し，3桁区切りに設定するとよいでしょう。

図表4-4 セグメント別業績

(3)　ドリルダウン

図表4-4のセルB5を見ると，「区分」の「外商」という項目の合計値は「18,746,645」です。

この内訳を見たければ「ドリルダウン」してみましょう。ダブルクリック（左クリックを2回続けて実施）し，集計されているデータを掘り下げて見るドリルダウン機能により「18,746,645」の詳細データを**図表4-5**のように表示できます。

このように，ピボットテーブルを使えば「鳥の目」でデータの概観を把握でき，「虫の目」で詳細を見ることもできるのです。

図表4-5　ドリルダウン

	出荷日付	出荷番号	得意先コード	出荷金額	区分
2	2014/3/29	188150	50198962	73380	外商
3	2014/3/27	188147	50165701	458500	外商
4	2013/4/2	187536	50198962	134400	外商
5	2014/3/26	188145	50028010	16000	外商
6	2014/3/16	188126	50165701	358500	外商
7	2014/3/8	188111	50470096	78000	外商
8	2014/3/3	188101	50153954	369600	外商
9	2014/2/27	188091	51154311	627255	外商
10	2014/2/26	188090	51154311	337595	外商
11	2014/2/19	188083	51154311	627255	外商
12	2014/2/18	188082	51154311	337595	外商
13	2014/2/12	188075	50027010	590433	外商
14	2014/2/3	188057	50741577	266000	外商
15	2014/2/2	188055	50570105	104000	外商
16	2013/4/11	187546	50570105	104000	外商
17	2013/4/13	187547	50741577	166000	外商
18	2014/1/28	188046	50009248	600000	外商
19	2014/1/25	188039	50144438	92400	外商
20	2014/1/24	188038	50165547	483600	外商

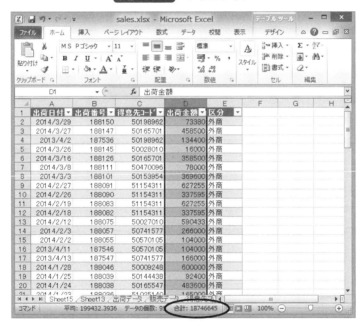

D列を選択した結果，合計「18746645」，つまりドリルダウンして表示されたこのデータが（図表4-4）のセルB5の詳細データであることがわかります。

(4) 値フィールドの設定と集計方法の選択

ピボットテーブルには，まだたくさんの機能があります。

図表4-4の〔ピボットテーブルのフィールドリスト〕内，〔Σ値〕にある〔合計／出荷金額〕の▼を左クリックすると**図表4-6**の①のような画面が現れます。ここで〔値フィールドの設定（N）〕を左クリックすると，**図表4-6**の②で示される〔値フィールドの設定〕画面が現れます。

この〔値フィールドの設定〕で，〔集計方法〕タブの中から適宜選択することで，「出荷金額」の〔合計〕以外にも，〔平均〕，〔最大値〕，〔最小値〕，〔積〕，〔標準偏差〕などを表示できます。データの概況把握をするため，〔データの個数〕などを選択し数期間の推移比較をすれば，異常値の検出に効果大です。

図表4-4で示される「外商」の〔合計／出荷金額〕は「18,746,645」でしたが，このデータは**図表4-6**の③で示されるように〔データの個数〕として「94」のデータから構成されていることが，ピボットテーブルで集計し直した結果として示されています。

図表4-6 値フィールドの設定

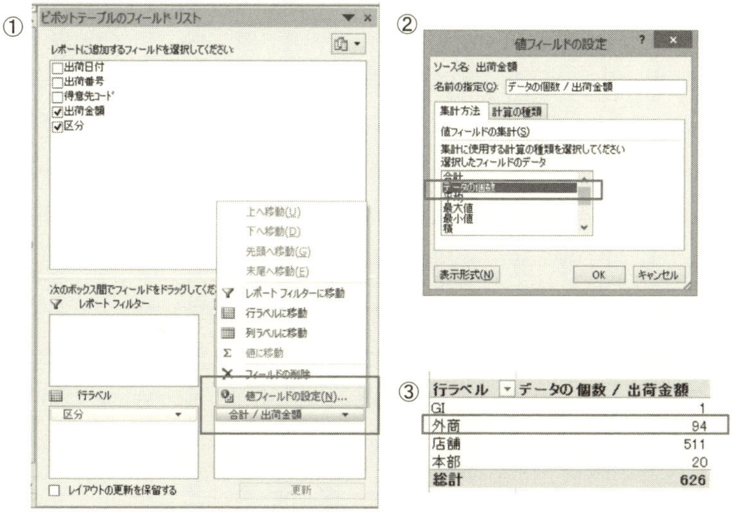

(5) グループ化による年月表示

ピボットテーブルで月次推移表のようなものを作成しようとする際，意外につまずきやすいのが，年月の表示です。日付データを月次ベースで表示しようとするとデータが1月から順番に並んでしまい，例えば2014年の1月から3月までのデータが2013年の4月の前に表示されてしまうことがあります。

こうした表示の混乱を避けるには，〔グループ化〕を行う必要があります。

〔行ラベル〕にある「1月」「4/1」などの日付データ上で右クリック→〔グループ化（G）〕→**図表4-7**の〔グループ化〕の設定画面が現れます。ここで，「年」「月」をクリックし青く反転させ〔OK〕をクリックすれば，〔ピボットテーブルのフィールドリスト〕に新たに「年」という区分ができ，2013年4月から2014年3月の月次推移表が作成できるようになります。

図表4-7 ピボットテーブルのグループ化

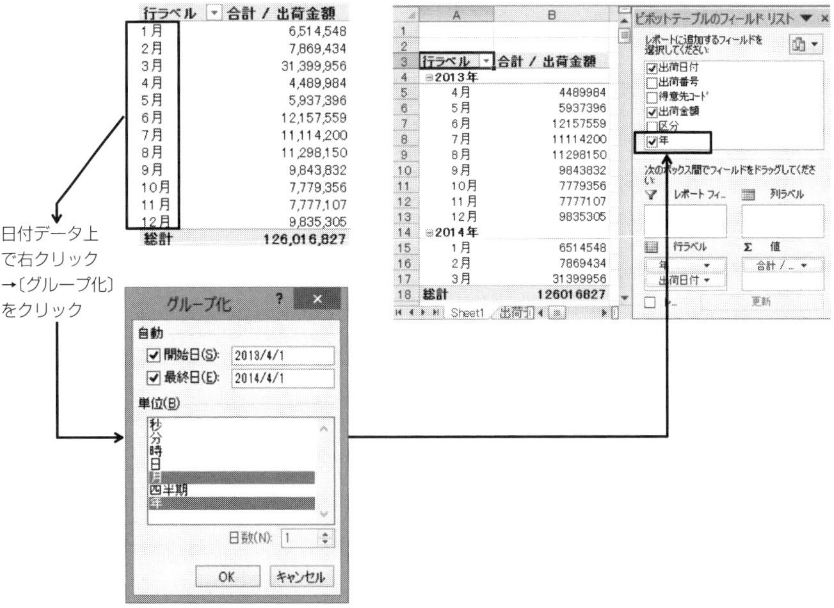

③ VLOOKUP関数

　不正会計と日々格闘するために不可欠なExcel機能の1つが，VLOOKUP関数というデータ検索の関数です。VLOOKUP関数は，大量のデータの中から同じものを見つけ出し，事例のように「得意先コード」から「得意先名」という具合に，違った名前に変換する際に便利な機能です。棚卸資産の滞留在庫を把握する際，「商品コード」から「商品名」に変換するような場合にも用いることができます。

　関数ゆえ，**図表4-8**のように「検索値，範囲，列番号，検索の型」を**引数**（ひきすう・いんすう）として設定する必要があります。この点は，②ピボットテーブルとの大きな相違点です。

　ピボットテーブルがマウス操作だけでデータを加工できるのと違い，VLOOKUP関数をはじめとするExcel機能のほとんどは，"引数"と呼ばれる条件設定を行う必要があります。

　VLOOKUP関数は，引数を用いるので少々難解なところもありますが，これも慣れの問題です。ぜひ，マスターしてください。

　詳細は，Excelのヘルプ画面などを見ていただければよいのですが，VLOOKUP関数での引数設定上のポイントはただ1つです。不正会計と日々格闘する私たちが扱う**財務データの場合，検索の型は〔FALSE（完全一致）〕とする必要がある**，という1点だけを理解していただければ十分です。このように検索の型を〔FALSE（完全一致）〕と指定することで，検索値に完全に一致するデータのみを検索できるようになります。

図表4-8 VLOOKUP関数

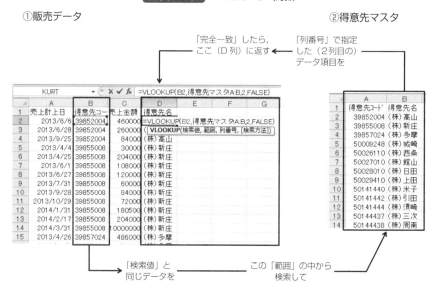

また、似たような関数にHLOOKUP関数があります。VLOOKUP関数との違いは、V（vertical、垂直）が縦、H（horizontal、水平）が横に検索する、という点です。仕訳データを想定すればわかるように、私たちが日常的に扱う財務データは、日付順や伝票番号順という具合に、上から順番にデータが並ぶ構造になっていることがほとんどです。したがって、縦に検索するVLOOKUP関数についてだけ知識として持ち合わせておけば十分です。

さまざまなことができるExcelですが、まずは私たちの業務に身近な機能、不正会計と日々格闘するために必要な機能について、適宜理解を深めてほしいと思います。

ここで、VLOOKUP関数について理解を深めていくため、先ほどのsales.xlsxという販売管理データを使い、操作方法をご紹介します。

(1) VLOOKUP関数利用時の留意点

図表4-8で「得意先コード」はB列にありますが、「得意先名」がない場合、VLOOKUP関数を用いsales.xlxsの「販売データ」のD列に「得意先名」を表示することを考えてみます。

通常、「得意先コード」と「得意先名」を紐づけた資料（ここでは「得意先マスタ」）が存在するので、これを使ってVLOOKUP関数で紐づければよいわけです。

VLOOKUP関数を適用するため、まずは対象となる項目（ここでは「得意先コード」があるB列）を**昇順**に**「並べ替え」**して、連続したデータとして表示する必要があります。この並べ替えは、VLOOKUP関数を実行する際の約束事です。このとき、元のシートをコピーしておくか、任意の列にあらかじめ連番を付しておくと、元のデータに再現できて便利です。

図表4-9 データ昇順による並べ替え

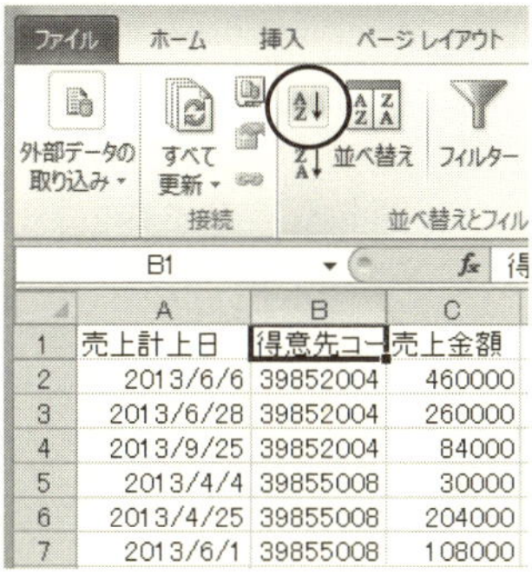

(2) VLOOKUP関数の引数

任意のセルに「得意先コード」から紐づけた「得意先名」が表示できるようにします。

VLOOKUP関数では、例えばセルD2「=VLOOKUP（①B2,②得意先マス

タ!A:B,③2,④FALSE)」のように，①から④の4項目を指定する必要があります。この4項目を「引数（ひきすう・いんすう）」と呼びます。

【VLOOKUP関数の"引数"の意味】

- 「得意先コード」が記載された「検索値」セル（引数①「B2」）を参照。
- これと同じものを「範囲」として指定したデータ項目の中から選び出します。事例では，**図表4-8**の右図の「得意先マスタ」のA列，B列です（引数②「得意先マスタ!A:B」）。
- ここがポイントです。引数①「検索値」が突合するデータを，必ず引数②「範囲」の一番左の列（「得意先マスタ」のA列）に設定しなければなりません。VLOOKUP関数は，「範囲」の中から「検索値」と同じものを見つけ，「列番号」で指定された列（ここでは，引数③の「2」列目）のデータ項目を，"見つけ出したい項目"（「得意先マスタ」の左から2列目のB列）として返すからです。「範囲」は「検索値」と突合される列から1列目，右に進むにつれ2列目，3列目…と数えます。したがって，「検索値」と突合される列よりも左のデータでは，"マイナス1列目"になってしまい，VLOOKUP関数で指定できません。そこで"見つけ出したい項目"は，必ず「検索値」と突合される列を含む右側に「範囲」を設定する必要があるのです。
- この検索方法には〔近似一致（TRUE）〕と〔完全一致（FALSE）〕の2種類あります。今回は財務会計なので「完全一致」（引数④「FALSE」）となる値だけを抽出します。

第5章

不正会計と対峙する CAATの基本

　不正会計と対峙するカギは，十分かつ適切な証拠を，効果的かつ効率的に入手することにあります。

　本章では，CAAT実施の前提となるデータの取込み方から，証拠入手ツールとしてCAATを活用する際の実施方法をご紹介します。

1 データの取込み

　CAATを実際の業務で使うイメージを膨らませていただくため，CAATが効果を発揮する場面の1つである「仕訳テスト」を例に，必要なデータ項目についてご説明します。

　そもそも，Excelへのデータ取込みは，Excelで読み込めるファイル形式でなければなりません。一般的に「CSV」というデータ形式でExcelにデータを取り込むことになるので，会社の情報システム担当者等にその旨依頼する必要

図表5-1　CAATで仕訳テストを行う際に必要なデータ項目

No.	フィールド名	内容
1	会計年度	仕訳が転記された会計年度
2	仕訳番号	仕訳番号
3	仕訳行番号	仕訳の明細
4	勘定科目CD	勘定科目コード
5	勘定科目名称	総勘定元帳コードの名称又は説明
6	仕訳種別	仕訳発生元，発生種別（自動仕訳と手入力仕訳の峻別がポイント）
7	入力日	仕訳がシステムへ入力された日付
8	転記日	転記日
9	貸借区分	借方/貸方の識別コード（英語ではDr/Cr，独語ではS/H，表記の違いに留意）
10	金額	金額
11	入力ユーザID	仕訳を入力したユーザの識別番号
12	摘要	仕訳の内容説明
13	論理システム	（「FI」財務会計，「HR」人事，など略称の把握）

（出典）　IT53号を一部加筆修正。
（注）　（　）内は，CAAT実施の準備に必要な確認事項を表しています。

があります。ちなみにCSVとは，Comma Separated Valueの略称で，Excelなどの各データ項目をカンマで区切った文字列のみで構成されるデータ（テキストファイル）をいいます。

なお，財務諸表監査で仕訳テストを実施するために必要とされるデータ項目の内容は，IT53号付録2が例示する「CAAT依頼書」で示されています。具体的には**図表5-1**のようなデータ項目を備えた仕訳データを依頼し，入手する必要があります。

依頼したデータを入手したら，パソコンに取り込みます。

ちなみにCSV形式のデータファイルは，ダブルクリックでもパソコンに取り込むことができ，Excelで開くことができます。しかし，時として意図しない形式，例えば日付列が文字列として認識され，Excelに読み込まれてしまうこともあります。これでは，後のデータ分析に支障をきたすこともありますので，そうならないためにも**図表5-2**のような4つのステップに従い，データ

図表5-2　CSV形式データのExcelへの取込み手順

ステップ1	［データ］-［外部データの取込み］-［テキストファイル］をクリック，取込み対象のデータファイルを選択，［インポート(M)］をクリック。
ステップ2	取込み対象のデータファイルを選択すると［テキストファイルウィザード-1/3］が立ち上がるので，必要な指定を行う。 「,」という文字により区切られている場合，［元のデータの形式］では［カンマやタブなどの区切り文字によってフィールドごとに区切られたデータ（D）］を選択，［次へ（N）］をクリック。
ステップ3	［テキストファイルウィザード-2/3］が立ち上がるので，必要な指定を行う。 「,」という文字により区切られている場合，［区切り文字］は［カンマ（C）］を選択，［次へ（N）］をクリック。
ステップ4	［テキストファイルウィザード-3/3］が立ち上がるので，［列のデータ形式］で各フィールドのデータ形式に合わせて，必要な指定を行う。

ファイルをExcelに取り込むことを心掛けていただきたいと思います。

なお，ステップ1の〔インポート〕とは，データを取り込むということです。取込み対象のデータファイルを選択し，〔インポート〕をクリックするとステップ2からステップ4の〔テキストファイルウィザード〕というデータを取り込むための設定画面が1/3から3/3の合計3ページ立ち上がりますので，Excelの指示に従い所定の項目を入力します。

具体的なデータ取込み手順のイメージは，次のとおりです。

ステップ1　〔データ〕タブ→〔外部データの取込み〕グループ→〔テキストファイル〕と書かれたアイコンをクリックすると〔テキストファイルのインポート〕画面が出てきます。ここで，取込み対象となるテキストファイルを選択します。事例では，sales_data.csvのデータ取込み（インポート）を実施するので，当該データを選択後，〔インポート（M）〕をクリックします。

図表5-3　ステップ1　テキストファイルのインポート

1 データの取込み　83

ステップ2　続いて〔テキストファイルウィザード-1/3〕が立ち上がります。全部で3つの項目がありますので，それぞれ次のように指定します。

〔元のデータの形式〕は，〔カンマやタブなどの区切り文字によってフィールドごとに区切られたデータ（D）〕を選択します。

〔取込み開始行（R）〕では通常，そのまま「1」とします。

〔元のファイル（O）〕も，通常はそのまま「932：日本語（シフトJIS）」とします。

上記設定後，〔次へ（N）〕をクリックします。

図表5-4　ステップ2　テキストファイルウィザード-1/3

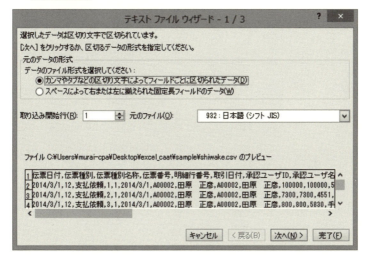

ステップ3　続いて〔テキストファイルウィザード-2/3〕で〔区切り文字〕を選択します。通常は〔カンマ（C）〕に☑しますが，データ形式に合わせて項目を選択してください。また，〔連続した区切り文字は1文字として扱う（R）〕は，通常チェックせずそのままで結構です。〔文字列の引用符（Q）〕は，例えば，「"」（ダブルクオテーションマーク）を選択します。これらの設定で，正しくデータが表示されているか，〔データのプレビュー（P）〕で形式を確認し，

問題がなければ〔次へ（N）〕をクリックします。

なお，摘要欄等に引用符と同じ記号，例えば「"」が使われている場合は，「"」の前後で複数のデータとして認識される可能性があるので留意してください。

図表5-5　ステップ3　テキストファイルウィザード-2/3

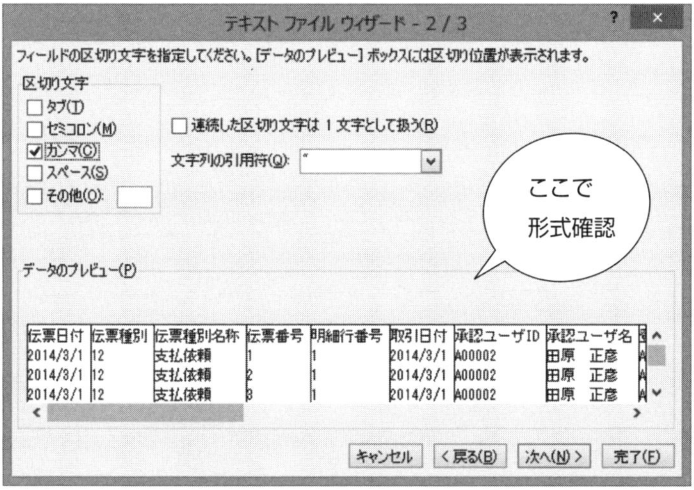

ステップ4　さらに，〔テキストファイルウィザード-3/3〕で〔列のデータ形式〕の選択をします。

通常，日付と金額以外の識別番号のようなデータは文字列として設定することを推奨します。なお，日付データの形式に留意してください。日本では「YMD」（Y年，M月，D日），欧米は「MDY」，「DMY」が，日付データの形式として主流だからです。

すべて設定し終えたら，〔データのプレビュー（P）〕で形式を確認，問題がなければ，〔完了（E）〕をクリックします。

1 データの取込み　85

図表5-6　ステップ4　テキストファイルウィザード-3/3

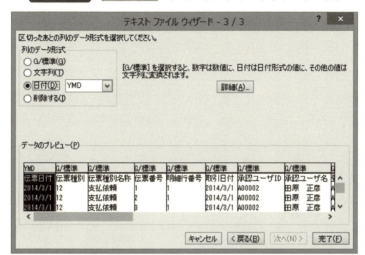

続いて，**図表5-7**の左図の〔データ取込み〕画面が現れます。通常はこのまま〔OK〕をクリックします。

データ取込みの完了イメージは**図表5-7**の右図のとおりです。取り込んだ直後はファイル名が「Book1」のようになっていますので，適宜ファイル名を変更し保存してください。

図表5-7　CSVデータの取込みイメージ

2　データ入力の概況把握

　データと向き合うには、「鳥の目」、「虫の目」、「魚の目」を上手に使い分ける必要があります。
　財務諸表のようなものを広い大地や大空に見立て「鳥の目」で全体像をイメージして問題点を見つけ、地を這う「虫の目」で必要に応じ細部に目を凝らし、「魚の目」で流れを追い、経営課題の本質を探る――こうした目線が不正会計との対峙に不可欠です。
　そこで、データ全体の傾向を分析し、概況を把握する、つまり「鳥の目」でデータを見てみようという発想が出てきます。例えば、仕訳テストの場合、金額や科目、仕訳の起票者やレコードタイプなどの項目ごとに、仕訳データを「鳥の目」で眺めてみるのです。すると、想定していないデータの傾向を把握できることがあり、これまでに認識していなかったリスクの識別、想定していたデータ内容からの乖離を認識できることがあります。
　もしも「鳥の目」で異常点を把握できたならば、実施計画を早期に見直すことで、今度は「虫の目」で異常点をさらに深掘りし、不正会計と適切に対峙できるでしょう。その際、「魚の目」で異常点のある項目の推移を見ることも大切なポイントです。
　具体的な「鳥の目」、データの概況把握法には、①ユーザ別に仕訳の起票や入力の状況を集計する、②仕訳由来のサブシステムからの転記状況を集計する、③ベンフォード分析などがあります。ここでは①②について説明します。③ベンフォード分析は、本章 3 でExcelでの設定方法なども含めて説明します。

【データの概況把握①】　ユーザ別の入力概況
　そもそも不正が仕訳データにどのような痕跡として現れるかに着目する場合、仕訳してはならない人が仕訳を入力している、あってはならない仕訳が入力されている、こうした観点から概観を捉える必要があります。これが、従来から

紙ベース，伝票ベースで行われてきた「仕訳通査」の視点です。「通査」とは，scanning（スキャニング）ともいわれ，会計伝票や契約書のような証憑類を，異常点監査の視点を持って査閲する監査手続です。

一方，データを使う「仕訳テスト」では，ユーザ別に仕訳の起票や入力の状況を集計し，仕訳を通査します。入力者ごとに入力金額の合計とその最大値や最小値，入力件数の合計などをピボットテーブルで集計し，入力金額の合計を入力件数の合計で割り算することで1件当たりの入力金額を算出するなどします。

通常，仕訳の起票や入力は，現業に近い階層にいる担当者（例えば新入社員）ほど起票数・入力数が多くなり，現業から遠い階層，言い換えれば職位の高い階層（例えば社長）ほど少なくなる傾向が想像できます。

もしも，社長が入力した仕訳があれば，"怪しい"と感じることができるでしょう。なぜなら，社長は部下からデータ報告を受けることはあっても，自らデータを作成したり，入力したりすることは，通常ないからです。

もしも，経理部長が1億円の仕訳を1件だけ入力している，あるいは，通常は経理部が入力している仕訳を営業部長が数件で合わせて数千万円入力をしているといった場合も"怪しい"と感じられるでしょう。通常，役職者はデータ入力を部下に任せますので，普段仕訳を入力しない人の多額な入力や，入力することのない部署の仕訳データは，普通ではないからです。

こうした仕訳を対象に「虫の目」で取引の詳細を検証すれば，不正会計の端緒をつかめる可能性が高まります。

なかでも，通常関わることのない勘定科目に特定の人物が関わっている場合，特に留意が必要です。例えば，出納担当者は売上高や売掛金といった勘定科目に接することは少ないはずです。営業担当者であれば，経費や買掛金という勘定科目に接することは少ないでしょう。こうした点を踏まえ，問題のない仕訳データであるかどうかを把握することがポイントです。そのため，各人の業務範囲を定めた「職務分掌規程」などとデータを照らし合わせる必要もあります。

このようなデータ入力の概況分析は，一期間だけで済ませるのではなく，期

間比較をすることも有効です。経理の入力担当者の場合，入力金額の合計や入力件数は他の人に比べて多くなるのは当たり前ですが，これも平時と比べて異常に増加しているということであれば，異常点として抽出してみる価値はあります。過去のトレンドから見て，明らかに仕訳数が増減しているということであれば，組織改編でもない限り異常値と判断できるからです。こうした仕訳数の集計分析は，担当者別のみならず，部署別の集計も有効でしょう。

　なお，入力者コードが「admin」，「（空白）」のデータは要注意です。いわゆる「特権ID」で入力された，特殊なデータの可能性があるからです。実際，経理システムが更新されたある会社で，「admin」や「（空白）」での入力データが判明したことがあります。内容を検証したところシステム移行時のテストデータであることがわかり，決算までに取消しのための逆仕訳を行い，訂正報告など大事には至らなかったこともありました。

　こうした入力概況把握では，次のような点にも留意し，異常があれば「虫の目」で詳細を把握してみる姿勢が必要です。

　紙ベースの時代からそうであるように，「最大値」と摘要欄に着目してみてください。多額の仕訳金額で摘要欄が不備なデータは，不正実行者が慌てて仕訳入力している可能性があるからです。

　逆に，1件当たりの金額は少額でも，他の入力状況と比較し明らかに大量な「入力件数」ならば，異常値として抽出する必要もあるでしょう。不正実行者は不正を隠蔽したがっていますが，1件当たりの金額が多額であるデータは誰の目にも付きやすく，不正がバレる可能性が高まります。そこでIT43号『電子的監査証拠』が指摘するように，小口に分けた大量のデータ入力による不正隠蔽も念頭に置く必要があります。ITを使えば仕訳データを大量に複製・入力することは容易です。紙ベースでは考えられないことも想定し，入力者別に入力件数等の入力状況を検証してみる価値は十分あるでしょう。

　そもそも不正なデータの裏には，不正の実行者がいて「不正なデータを隠したい」と考えているはずです。それでもデータ入力されれば，痕跡は残ります。入力金額が異常に多い，入力金額の最大値がありえない数値，入力件数が異常

に多い，平均入力金額が突出している。こうした観点から仕訳入力者別・件数・金額という分析をすれば，異常なデータを抽出できる可能性が高まります。実際，このCAATシナリオを使い，重要データに複数回遭遇しています。

　監査等を効率的・効果的に行うには，異常点をどのように把握するかがポイントです。具体的なExcelの操作例は，次のとおりです。

　〔挿入〕タブ→〔テーブル〕グループ→〔ピボットテーブル〕を選択，新規または既存のワークシートに，ピボットテーブルを作成します。ピボットテーブルを用いる作業は，ここまで一緒です。あとは，〔ピボットテーブルのフィールドリスト〕の設定次第で，さまざまなデータの切り口を見ることができるようになります。"想像の翼"を広げ，いろいろと試してみてください。

　図表5-8では，ピボットテーブルの〔行ラベル〕に「登録ユーザ名」を1つ，〔Σ値〕に金額データである「借方金額」を5つ，ドラッグ&ドロップしました。注目していただきたいのは，〔Σ値〕にある「借方金額」が5つ示されている点です。

　ピボットテーブルを使うと，「借方金額」という同じデータを〔合計〕，〔データの個数〕，〔平均〕，〔最大値〕，〔最小値〕のように表現できます。これは，第4章②のピボットテーブルでご説明したように，各項目（フィールド）の右側にある矢印▼ボタンをクリックし，〔値フィールドの設定（N）〕を設定してあげればよいだけです。

　図表5-8の〔Σ値〕に示されるように，さまざまな形式で「借方金額」という金額データをピボットテーブルで分析すれば，特定の勘定科目に対する影響力のある人物を特定化できるようになります。

　不正の裏には不正の実行者がいます。人物特定は重要なポイントです。

　例えば，金塚荒男という人物は，〔最大値〕で1千万円の入力，〔最小値〕で1千万円消去の入力を行い，〔データの個数〕から合計2件入力していることが**図表5-8**でわかります。

　このように，〔Σ値〕の設定を工夫することにより，同じデータでいろいろな視点を得ることができます。ここでは，「借方金額」だけを示していますが，

「貸方金額」についても同様に実施し，勘定科目別に金額等を集計してみるとよいでしょう。また，金額だけに注目しがちですが，〔データの個数〕にも注目し，データのボリューム感も把握してほしいと思います。こうしたデータを，毎月・暦年等で推移分析すれば，異常値発見につながる可能性が高まります。

このような分析を通じ，異常点のある項目があれば，ピボットテーブル上でダブルクリックすることでドリルダウン機能により，Excelの別シートに当該項目の明細データが現れます。この明細データを「虫の目」で詳細に検証すれば，不正会計と対峙できます。

図表5-8　データ入力の概況把握

【データの概況把握②】　サブシステムからの転記状況

経理システムへの入力は，大幅な組織変更などがない限り，毎期ほぼ同数の仕訳が投入されるはずです。

こうした傾向は，ERP（Enterprise Resource Planning，統合型・業務横断型業務ソフトウェア）システムを導入している比較的大規模な組織でも同様でしょう。ERPの場合，経理システムへの入力は，販売・購買・固定資産等の各管理システムから定期的・自動的に経理システムにデータが反映され，いわ

ゆる「自動仕訳」が組成されることがあります。この場合も，経理システムに統合されるそれぞれのシステムからのデータ量は，毎回ほぼ一定となる傾向がみられます。

　もちろん，月次ベースで見れば決算月は他の月よりも仕訳数が多くなるという傾向もあるわけですが，こうしたことを踏まえ，仕訳由来のサブシステムからの転記状況をCAATで集計し期間比較を行えば，傾向と違う異常点を把握できる可能性が高まります。

　ちなみに，仕訳入力の方法には大別して「手入力」と「自動仕訳」の2種類がありますので，こうした点にも着目してCAATを行うのもポイントです。

　実際，1カ月の売上計上にかかる仕訳数が百万件近くに及ぶクライアントの事例では，手入力と自動仕訳に分けて監査手続を行っています。「自動仕訳」については，転記元の販売管理システムの各月の合計金額と，経理システムで自動仕訳された金額との一致を検証し，別途販売管理システムを対象に監査手続を行い，「手入力」の仕訳を対象に仕訳テストを実施する，こうした方法をとっています。

　このような方法をとるのは，それぞれの仕訳に違った意味があるからです。

　「自動仕訳」は，決まった仕訳を自動で組成していますので，自動化された仕訳作成プロセスに誤りがない限り，不正リスクは介在しません。

　一方，「手入力」の仕訳は自動仕訳と違い，仕訳起票者・入力者の思いのままに経理システムに入力することが可能であり，不正会計を行おうと思う者が，不正なデータを手入力しようと考えるのは容易に想像できます。

　それゆえ，自動仕訳と手入力の仕訳に分けて，中でも手入力されたデータを対象に仕訳テストをしてみようというのです。仕訳データ項目の1つに「論理システム」のような区分がある場合，これを手がかりに自動仕訳と手入力の仕訳を区別すればよいでしょう。そのうえで，「鳥の目」で仕訳の件数＝明細数をカウントし，過去のトレンドから見て明らかに不自然な増減をしているようであれば，異常点として把握できるでしょう。

　ピボットテーブルの面白い使い方として，〔Σ値〕に「借方金額」のような

金額データではなく,「伝票番号」のような集計不可能なデータを用いる方法もあります。〔Σ値〕に設定した「伝票番号」という項目(フィールド)上でクリック,〔値フィールドの設定(N)〕で〔データの個数〕を選択すれば,伝票の件数を表示できます。**図表5-9**のように,〔行ラベル〕に「伝票種別名称」という項目を設定すれば,伝票が入力された種類ごとに伝票件数が集計されます。shiwake.csvの伝票件数は「総計」で989件,そのうち「決算伝票」は41件,「通常伝票」は672件となっています。このうち「決算伝票」等が「手入力」の仕訳ですので,こうした手入力された仕訳データを中心に検証すれば,効率的・効果的でしょう。

図表5-9 転記状況

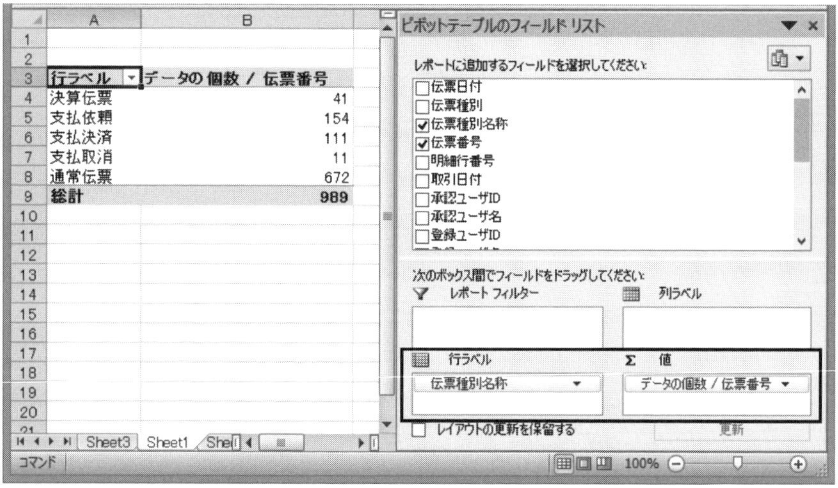

③ ベンフォード分析

　異常点監査のポイントは，突き詰めると「ウソの数字を見破る」ということにあります。
　ここでご紹介するベンフォードの法則は，別名「最初の桁の法則」ともいわれ，最初の桁の数字はある傾向がみられるという「ウソの数字を見破る」統計的手法です。
　皆さんも，サイコロを使った統計の話を一度ならず聞いたことがあると思います。1から6までの目はサイコロに小細工がされていない限り，同じ確率で出目が決まる，というあれです。
　しかし，現実の世界，取引の現場ではサイコロのようにいきません。
　ベンフォードの法則はこの点を数学的に表現した，なかなか興味深い法則です。この法則の骨子は，数値の最初の桁の分布が一様ではなく，ある特定の数式に沿った分布になる，というものです。
　例えば「12,345」という数字の場合の最初の桁は「1」ですが，このように最初の桁が「1」となる確率は母集団全体のほぼ3分の1になるというのです。また，「7」，「8」，「9」といった大きな数値ほど最初の桁に現れる確率は小さくなり，「9」という数字が最初の桁に現れる確率はなんと20分の1よりも小さくなるという数学的モデルが「ベンフォードの法則」であり，これを使ったのが「ベンフォード分析」です。
　実際にベンフォード分析を行ってみると，大変興味深い結果を得られたことがありました。「9」のような特定の数字が，ベンフォードの法則ではじき出した予想値をはるかに超えて存在することがわかったのです。そこで，被監査会社の担当者に相談し，どのようなデータが紛れているのか調査を依頼したところ，この特定の数字の塊の中に概算計上のデータが大量に含まれていることが判明したのです。
　その会社では，取引自体は完了しているものの，何らかの理由があって単価

や金額が未確定の場合，概算計上することがありました。その際，例えば999円という具合に一目で概算計上であることがわかるようにシステムに入力しておき，取引先と交渉が済むなど，単価や金額が確定した時点で正しい単価等に入れ替える——こうしたことがルール化されていたのです。

ところが，期末になっても概算計上分について正しい単価等に置き換えることなく，つまり概算のままとなっていた結果，ある特定の数字，この事例では最初の桁が「9」というデータ項目に予想を大幅に上回る実績がある——こうした分析結果がベンフォード分析により判明し，適宜取引記録の修正ができたということがありました。

このように，ベンフォード分析を行ってみると，データの異常なパターンを識別できることがあります。本件のように，取引額のような数字の母集団とベンフォードの法則が予測するパターンを比較することで，潜在的誤謬や不正会計の兆候を識別する，といった使い方ができるでしょう。

こうしたベンフォード分析のような手続は，比較的高度な数学モデルを用いるため，これまでの手作業ではなかなか困難でした。

しかし，今はCAATがあり，Excelがあります。これを使えば，多少手間はかかりますがベンフォード分析もできてしまいます。本当に便利な時代になったものです。具体的なベンフォード分析の手法は**図表5-10**のとおりです。

なお，35万件のレコードを最初の桁のみ，および最初の桁から2桁までを対象にベンフォード分析をExcelで実施した結果は，ともにCAAT専用ツールでの結果とまったく同じでした。つまり，ベンフォード分析のような高度な統計分析も，Excelで十分行えるわけです。

ただ母集団が大きくなると，表計算ソフトであるExcelでは計算に時間がかかるというのが少々難点です。こうした点を克服するには，データベースソフトのAccessや，これをベースに開発されているCAAT専用ツールを用いたほうが便利だと思います。

しかし，使い慣れないAccessには抵抗があるでしょうし，CAAT専用ツールの導入にはそれなりにコストもかかります。

このような点を考慮すれば，まずはExcelでCAATを試し，慣れてきてからAccessやCAAT専用ツールに移行するという方法をとることも考えられます。そもそも小さな組織であれば，Excelで十分です。東証一部のある会社では，親会社をはじめとする比較的大きな組織ではCAAT専用ツール，比較的小さな子会社等ではExcel，と使い分けているところもあります。

ちなみに，CAAT専用ツールには標準仕様でベンフォード分析を行うCAATプログラムが用意されています。便利さを求めるのであれば，CAAT専用ツールを選択することも考えられます。

それでは，Excelでベンフォード分析を行ってみましょう。分析の基本「ベンフォードの法則」は，次のような数式で表せます。

【ベンフォードの法則】

$$p(d) = \log_{10}(d+1) - \log_{10}(d) = \log_{10}(1+\frac{1}{n})$$

数式の左辺dに，1から9までの数字を入れ予測値（出現確率）を計算し，これと実績値を比較することで，大きく相違していれば異常点として分析してみる価値があるとするのが「ベンフォード分析」です。なお，数値の先頭に0（ゼロ）がくることはありませんので，1～9の数字で予測値を算出します。

仮に「1」に異常値がみられたならば，「1」を対象に〔フィルター〕で該当するデータを絞り込み，金額の大きなものや，件数の多いものを対象にデータを分析してみると，面白い結果が得られる可能性があります。

具体的なExcelでのベンフォード分析の設定と，shiwake.csvというデータの計算結果は**図表5-10**のとおりです。

図表5-10　ベンフォード分析

	A	B	C	D	E	F	G	H	I	J	K	L
1	出荷日付	出荷番	得意先コ	出荷金額	区分				d	実績	p(d)	予測
2	2013/4/1	187532	60035210	18,000	店舗	18000	1		1	154	0.30103	182.4242
3	2013/4/1	187533	60035211	29,000	店舗	29000	2		2	85	0.176091	106.7113
4	2013/4/2	187534	60039210	80,000	店舗	80000	8		3	73	0.124939	75.71287
5	2013/4/2	187535	60034010	90,000	店舗	90000	9		4	70	0.09691	58.72747
6	2013/4/2	187536	50198962	134,400	外商	134400	1		5	87	0.079181	47.98384
7	2013/4/3	187537	60035210	110,000	店舗	110000	1		6	49	0.066947	40.56975
8	2013/4/4	187538	39655008	30,000	本部	30000	3		7	40	0.057992	35.14312
9	2013/4/4	187539	60034010	49,000	店舗	49000	4		8	31	0.051153	30.99843
10	2013/4/4	187540	60035110	82,000	店舗	82000	8		9	17	0.045757	27.72904
11	2013/4/6	187541	60034010	19,000	店舗	19000	1		合計	606	1	606
12	2013/4/7	187542	60034010	480,000	店舗	480000	4					
13	2013/4/7	187543	60036310	29,000	店舗	29000	2					
14	2013/4/9	187544	60036310	39,000	店舗	39000	3					
15	2013/4/10	187545	60035710	46,000	店舗	46000	4					
16	2013/4/11	187546	50570105	104,000	外商	104000	1					
17	2013/4/13	187547	50741577	166,000	外商	166000	1					
18	2013/4/15	187548	60034010	120,000	店舗	120000	1					
19	2013/4/15	187549	60035210	29,000	店舗	29000	2					
20	2013/4/15	187550	60035910	260,000	店舗	260000	2					
21	2013/4/16	187551	60034010	130,000	店舗	130000	1					
22	2013/4/16	187552	60035110	39,000	店舗	39000	3					
23	2013/4/16	187553	60036310	46,050	店舗	46050	4					
24	2013/4/16	187554	60034010	58,000	店舗	58000	5					
25	2013/4/19	187555	60034010	19,000	店舗	19000	1					
26	2013/4/20	187556	50027010	190,433	外商	190433	1					
27	2013/4/21	187557	60035110	38,000	店舗	38000	3					
28	2013/4/21	187558	60035210	75,000	店舗	75000	7					
29	2013/4/22	187559	60034010	65,000	店舗	65000	6					
30	2013/4/22	187560	60039210	63,000	店舗	63000	6					
31	2013/4/25	187561	39655008	204,000	本部	204000	2					

↑

データセルの設定方法(たとえば、2行目)
設定方法1(セルF2)　　　　=IF(10>D2,0,D2)
　ベンフォード分析では、10未満の数値は無視する
設定方法2(セルG2)　　　　=LEFT(F2,1)
　ベンフォード分析では、データの頭にある数値を分析する
設定方法3(セルI2〜I10)
　ベンフォード分析の解析タイプのうちデータの先頭の数値を分析するため、1〜9の数値を入力する
設定方法4(セルJ2)　　　　=COUNTIF(G:G,I2)
　分析対象データ項目の先頭数値を、1〜9のグループに区分してデータ数を集計する
設定方法5(セルK2)　　　　=LOG(I2+1,10)-LOG(I2,10)
　ベンフォード分析の公式に当てはめ、予測値を算出する
設定方法6(セルL2)　　　　=K2*$J$11
　実績(セルJ2)に先頭数字が来る割合(セルK2)を掛け合わせて、予測値を算出する
設定方法7
　実績値(設定方法4)と予測値(設定方法6)を比較するため、グラフを作成する
設定方法8
　異常値のある数字を対象に、フィルターで該当データを抽出し、内容を吟味する
　異常値については、実績が予測を大きく上回るデータを対象にすると効果的で良い
　(ここでは、「5」などが異常値の対象になるであろう)

③ ベンフォード分析　97

　図表5-10を見ていただくとわかるように，売上高がゼロのデータおよびマイナス（負）のデータは分析対象外としています。「設定方法1」で，10未満の数値を無視しているわけです。結果として，データの最初の桁の1から9までの数字を対象にベンフォード分析を行っています。

　しかし，不正会計と対峙するという点においては，こうしたゼロやマイナスの取引データにも不正の兆候がみられる場合も少なからずありますので，まったく無視するわけにもいきません。この場合〔フィルター〕などで，質的に重要性の高そうな，金額の大きそうな，取引データを対象に抽出を試み，詳細な手続の対象にするかの判断をするとよいでしょう。

　ちなみにゼロの取引データは，摘要欄等のコメントに着目するなどで，質的に重要性のあるコメント（例えば「不明」，「削除」，「隠蔽」など）を対象にデータ抽出するというアイデアがあります。

　マイナスの取引データについては〔フィルター〕を使い，金額的に重要性の高いデータ項目を抽出，その後質的に重要性のありそうなコメントの入った摘要欄等を対象にデータ項目を抽出するなどして，詳細な手続の対象にするかの判断をするというアイデアがあります。なお，マイナスの取引項目については，ベンフォード分析を直接行うことも可能です。あらかじめマイナスの符号をとってしまい，その後にベンフォード分析を行うのです。現実には，そもそもマイナスの取引データ自体の件数は少ないでしょうから，ご紹介したように〔フィルター〕などを使って，あるいは単に目視するだけでも，異常点を把握することは十分可能でしょう。

　繰り返しになりますが，CAATを行うメリット・デメリットを考慮し，手作業も可能なものは，あえてCAATを行う必要はないということに留意して，効率的・効果的にCAATを利用してください。

　なお，先頭2桁を対象にしたベンフォード分析の方法と結果は，**図表5-11**のとおりで，「59」という数値に異常値が現れているのがわかります。こうした異常点を対象に分析，詳細な手続を実施していくことになります。

図表5-11　先頭2桁を対象にしたベンフォード分析

データセルの設定方法(たとえば、2行目)
設定方法1(セルF2)　　　　　　=IF(10>D2,0,D2)
　ベンフォード分析では、10未満の数値は無視する
設定方法2(セルG2)　　　　　　=LEFT(F2,2)
　ベンフォード分析では、データの頭にある数値を分析する
設定方法3(セルI2〜I91)
　ベンフォード分析の解析タイプのうちデータの先頭の数値を分析するため、10〜99の数値を入力する
設定方法4(セルJ2)　　　　　　=COUNTIF(G:G,I2)
　分析対象データ項目の先頭数値を、10〜99のグループに区分してデータ数を集計する
設定方法5(セルK2)　　　　　　=LOG(I2+1,10)-LOG(I2,10)
　ベンフォード分析の公式に当てはめ、予測値を算出する
設定方法6(セルL2)　　　　　　=K2*$J$92
　実績(セルJ2)に先頭数字が来る割合(セルK2)を掛け合わせて、予測値を算出する
設定方法7
　実績値(設定方法4)と予測値(設定方法6)を比較するため、グラフを作成する
設定方法8
　異常値のある数字を対象に、フィルターで該当データを抽出し、内容を吟味する
　異常値については、実績が予測を大きく上回るデータを対象にすると効果的で良い

ベンフォード先頭1桁での分析設定と異なる部分

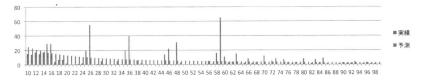

4 承認とCAAT

　承認とは，正当な取引であることを立証する行為です。

　紙に押印や署名をする従来式の承認であれ，コンピュータの画面上で承認入力をするという電子承認であれ，不正会計と対峙するために承認が妥当なものかを検証する必要があります。なぜなら，不正実行者は不正を隠蔽するため「承認」をうまくやり過ごしたいはずだからです。

　電子承認を想定した場合，IT28号Q13で示される4つの視点に自己承認の視点を加えた5つの着眼点でデータと向き合い，承認の妥当性を検証するとよいでしょう。

【着眼点①】　承認権限の正当性・正確性

　承認の正当性や正確性，つまり承認は正当な権限者によって行われているかを検証してみましょう。具体的には，権限規定に沿って，システムへのアクセス権限が設定されていることを検証してみてください。CAAT例として，IDとパスワードを設定する画面（テーブル）のデータを入手し，ピボットテーブルで集計，権限規定に照らして問題がないか，システム上の権限設定を確認する方法があります。

　自動承認の検証も必要です。ある一定の幅までは担当者が値引き可能な権限規定となっている場合，一定額まではシステム上で自動的に承認され，一定額以上の値引きの入力をしようとするとロックがかかり，それ以降の処理，例えば出荷は上司の承認がないとできない，というような自動承認の仕組みもあると思います。CAATでは，こうした自動承認が設定どおり実際に運用されているか，承認データ・非承認データを入手して，ピボットテーブルで集計するなど，権限規定に照らして異常がないかを確かめてみることも必要です。

　不正実行者の心理を考えれば，承認に至るギリギリの取引金額にすることもありえます。例えば，50万円以上は部長決裁が必要な場合，課長が不正を行う

ことを考えれば49万円にとどめて取引計上することもあるでしょう。

このように，ある金額や数値を境に，動作や意味などが変わる値のことを閾値（しきいち／いきち／threshold）といいます。このような隠蔽の兆候は，3でご紹介したベンフォード分析で判別でき，この場合「49」等の数値に異常点が現れるはずです。

【着眼点②】　承認の正当性

承認の正当性，つまり，承認印は本人が必ず押しているかも検証してください。

特に，部下による承認，いわゆる「代行入力」が行われていないかを検証する必要があります。代行入力の記録（ログ）が残るようシステム設定されていれば，代行入力された承認データをピボットテーブルで抽出し，検証することができます。

しかし現実には，代行入力された証跡が承認取引に残らない場合も多いと思います。このような場合，日報データや勤務データがあれば，部長が不在の日時を特定し，当該データと承認データをVLOOKUP関数で紐付け，異常点を把握できる可能性はあります。

【着眼点③】　承認の完全性

承認の完全性，つまり，承認漏れがないかも検証してください。

そもそもIT統制の一環として，承認なしでは次の処理に進めないようにシステム設定するべきです。そうはいっても，実務ではさまざまな理由で，承認なしで次の処理に進めるシステム設定となっている場合も結構あります。例えば，与信限度超過に対し単にアラームが出るのみで，アラームを無視して与信以上の出荷が許可なしに実行されればリスクが顕在化する，このようにIT28号Q13は示しています。

こうした場合，与信限度が守られているか否かに関し，債権管理システムの与信設定額と実際の債権額のデータをVLOOKUP関数等で紐づけ，Excel上で

比較すれば検証できます。

【着眼点④】　承認の適時性

　与信限度を大幅に超える売上高などは多大なリスクを発生する可能性があるので，事前承認が必要です。少額，小口の取引であれば，事後承認も許容されるでしょう。いずれにせよ，承認の適時性，正当性等，承認があることを検証する必要があります。そもそも承認がない取引計上は論外です。

　こうした点をCAATで検証するには，承認者コードをピボットテーブルで分析すれば確かめられます。承認者コードのない取引データや，起票者＝承認者となっている取引データは承認がない取引ですので，検証の価値大です。

【着眼点⑤】　自己承認

　不正実行者の心理からすれば，他人の目に触れることを可能な限り減らそうとするでしょう。なぜなら，すべてのデータの入力・承認を不正実行者が1人で行えば，不正の実行が成功する可能性が高まるからです。こうした点から，そもそも承認されていないデータ，形式的承認にすぎない自己承認データに着目し，当該データの異常点の有無を検証してみる価値は十分にあるといえます。

　そこで，入力者＝承認者となっているデータ，いわゆる「自己承認」されたデータを検証してみてください。shiwake.csvのように，G列に「承認ユーザID」，I列に「登録ユーザID」のデータ項目がある場合，「=if（G2=I2,"○",""）」のように自己承認と思われるデータに○を表示させ，当該データを対象に証憑等の記録と照らし合わせれば事実に迫れる可能性は高くなるでしょう。

　こうした自己承認データは，ピボットテーブルでも検証可能です。

　〔行ラベル〕，〔列ラベル〕には「承認ユーザID」と「登録ユーザID」を設定します。〔Σ値〕には例えば「伝票番号」を設定し，〔データの個数〕が明示されるよう，それぞれドラッグ＆ドロップすれば，**図表5-12**のように金塚荒男が2件，田原正彦が433件，自己承認データを入力していることがわかります。それぞれの項目でダブルクリックすれば詳細データが「ドリルダウン」さ

れるので,これを検証します。

例えば,内規により10万円までは自己承認が認められている,というのであれば,田原正彦の433件は内規上問題なし,金塚荒男の2件を中心に検討することになるでしょう。

ちなみに,内部統制構築の観点から自己承認データを考えた場合,以下のような権限明確化の工夫も,不正会計を予防するために不可欠です。

---

① 規定で受注入力者以外が承認を行うことを明確に定めておく
② この規定を各人の目につくように社内の掲示板やイントラネット上に掲示しておく

図表5-12 自己承認データの把握

5 データ名寄せとデータ連携

「データの連携」の検証も，異常点把握には欠かせません。

ここでは，出荷データと販売データの「データの連携」を，出荷日付と得意先コードをキーに，出荷金額と売上金額を突合し，差異のあるものを異常値として抽出しようと試みています。

しかし，出荷日付と得意先コードという複数の列をキーに集計することは，Excelではできない，という致命的な欠陥があります。

そこで，複数のデータ項目を結合してみよう，という発想が出てきます。

これを筆者は「データ名寄せ」と呼んでいます。

例えば，セルa2に"あ"という文字列，セルb2に"い"という文字列があって，「=a2&b2」とすれば，"あい"と表現できます。

つまり，出荷日付データと得意先コードデータを〔&関数〕で結合し，この結合データを対象に，VLOOKUP関数でデータ突合を行えば，「データの連携」を検証できるようになるのです。

また，〔TEXT関数〕を使うこともポイントです。例えば"2014/1/1"のままでは，年月日の間に「/（スラッシュ）」が入り，見づらかったり，後の処理がしづらかったりすることもあります。このような場合，TEXT関数を用いると便利です。セルx2に"2014/1/1"という日付が表示されている場合，任意のセルで「=text（x2,"yyyymmdd"）」とすれば，"20140101"のように「/」をとった数字だけの形式で表現できるようになります。

このように〔&関数〕と〔TEXT関数〕を使い「データ名寄せ」すれば，出荷日付と得意先コードといった複数の項目を，スッキリと1つにまとめることができます。この「データ名寄せ」は，データ連携する際の基本で，さまざまな場面で応用できます。

例えば，二重受注入力の検証に利用できます。受注日・得意先・品目・数量・単価の同じデータが複数存在すれば，二重受注入力という"誤謬"の可能

性が高まります。どの組織もそうであるように，メールやFAX，電話というように，さまざまな形態で受注していることを考えれば，二重受注入力が行われることもありえない話ではありません。そこで「データ名寄せ」により，こうした二重受注入力の可能性が考えられるデータを抽出してみるのも一考です。

同一相手先に，1カ月内に複数回の支払がなされている取引データを「データ名寄せ」で抽出すれば，"二重支払"という経理処理ミスを発見できる場合もあるでしょうし，領収証や請求書のコピーによる証憑偽造を通じた"不正支出"を発見できることもあるでしょう。

このように，「データ名寄せ」はいろいろと役立ちます。

ちなみに，**図表5-13**の上図のA列に示された出荷日付データを，"2013/4/1"から"20130401"のように変換し，F列に示すには，セルF2のようにTEXT関数で「=TEXT（A2,"yyyymmdd"）」と設定します。

このF列を，C列の得意先コードと，&関数を使って結合します。これは，**図表5-13**の下図のセルG2のように「=F2&"_"&C2」と設定します。

図表5-13　データ名寄せ

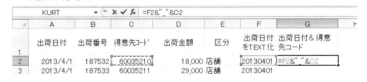

これで，"20130401_60035210"という"出荷日付＆得意先コード"のデータを作成できます。データとデータの間にアンダースペース（_）を入れたのは見やすくするためと，後の検証のためです。

こうして作成されたデータの中に同じデータが複数あれば，同じ日かつ同じ得意先への出荷データが存在していることを示します。そうしたケースは実務では稀です。二重入力等のイレギュラーなケース，つまり異常点として把握してみる価値のあるデータを抽出できることになります。

ところで，Excelでは集計するデータが連続している必要があります。それゆえ，出荷金額を集計する前に，G列に示した「出荷日付＆得意先コード」のデータを並べ替える必要がある点には留意してください。

データの並べ替えは，すべての列を選択後，〔ホーム〕タブ→〔編集〕→〔並べ替えとフィルター〕→〔ユーザ設定の並べ替え〕，または〔データ〕タブ→〔並べ替えとフィルター〕→〔並べ替え〕をクリックします。どちらでも〔並べ替え〕画面が出てきます。ここで，G列「出荷日付＆得意先コード」の〔昇順〕で並べ替えます（**図表5-14**）。

図表5-14 並べ替え

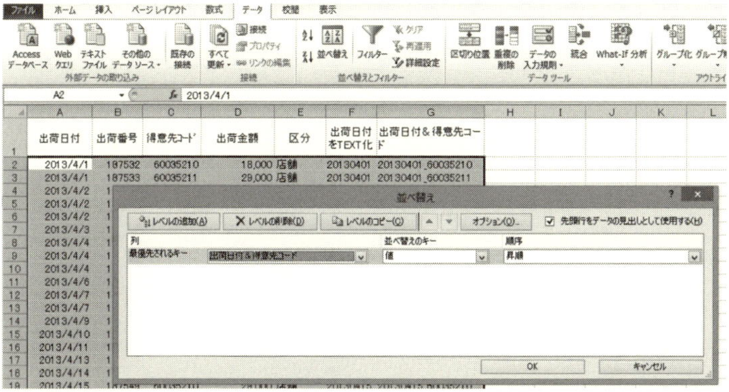

図表5-15を見ると，出荷日付・得意先コード・出荷金額がまったく同じデータがあります。重複データ等の可能性もあるので検証してみる価値大です。

図表5-15　同一データ

	A	B	C	D	E	F	G
1	出荷日付	出荷番号	得意先コード	出荷金額	区分	出荷日付をTEXT化	出荷日付&得意先コード
54	2013/5/13	187586	60035110	161,000	店舗	20130513	20130513_60035110
55	2013/5/13	187584	60037210	110,000	店舗	20130513	20130513_60037210
56	2013/5/13	187585	60037210	110,000	店舗	20130513	20130513_60037210

　データの並べ替えが終わったら，**図表5-16**のように「出荷日付&得意先コード」ごとに出荷金額を集計します。

① 〔データ〕→〔アウトライン〕の〔小計〕をクリック。
② 〔集計の設定〕画面→〔グループの基準〕で「出荷日付&得意先コード」を選択，〔集計の方法〕は「合計」を選択，〔集計するフィールド〕は「出荷金額」を☑。

　これで〔OK〕をクリックすれば，**図表5-16**③のように"出荷日付&得意先コード"ごとの「出荷金額」を集計できます。

図表5-16　小　計

① 〔データ〕→〔アウトライン〕の〔小計〕をクリック

② 〔集計の設定〕画面

③「出荷日付&得意先コード」ごとの出荷金額を集計結果

1 2 3		A	B	C	D	E	F	G	H
	1	出荷日付	出荷番号	得意先コード	出荷金額	区分	出荷日付をTEXT化	出荷日付&得意先コード	
	39				260,000			20130415_60035910	集計
	40	2013/4/16	187551	60034010	130,000	店舗	20130416	20130416_60034010	
	41	2013/4/16	187554	60034010	58,000	店舗	20130416	20130416_60034010	
	42				188,000			20130416_60034010	集計

この"出荷日付＆得意先コード"ごとの「出荷金額」のデータと，売上データを突合したいわけです。このとき必要な項目は，**図表5-16**の③の39・42行目などの"出荷日付＆得意先コード"ごとに集計された「出荷金額」が示されている集計行だけで，40・41行目などの明細データは不要です。そこで，集計行のみが表示されたワークシートを，**図表5-17**のように作成します。

①　集計行のみを表示（左上の1, 2, 3と表示されたところ，ここでは「2」をクリック），「出荷日付＆得意先コード」G列と「出荷金額」D列を選択。
②　〔ホーム〕→〔編集〕→〔検索と選択〕→〔ジャンプ（G）〕をクリック。
③　〔ジャンプ〕画面→〔セル選択（S）〕をクリック。
④　〔選択オプション〕画面→〔可視セル〕選択→〔OK〕をクリック。
⑤　「出荷日付＆得意先コード」G列と「出荷金額」D列をコピーして，新しいシートに貼り付け。

図表5-17　集計行のみ複写

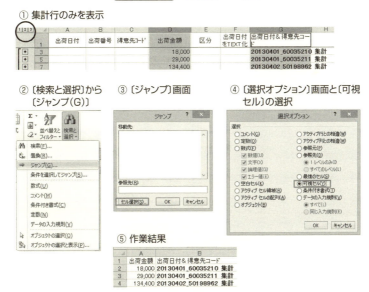

集計行をコピー＆ペーストしたので，**図表5-18**の①セルB2のように「20130401_60035210集計」と表示され，「集計」という不要な文字がデータ中に含まれています。これでは，売上データとの突合がうまくいきません。

　そこで，「20130401_60035210」と表示するため，「集計」という文字を削除します。**図表5-18の①**，セルC2のように「＝LEFT（B2,17）」とすれば，②セルC2のように左から17文字分だけを表示でき，「集計」という不要な文字を割愛できます。この"出荷データ"C列と，同様に設定した"売上データ"の**図表5-18の③**「売上計上日＆得意先コード」と書かれたD列をVLOOKUP関数で突合して，"出荷データ"と"売上データ"のデータ連携を図ります。

　ここで，第4章で解説したVLOOKUP関数の留意点を思い出してください。VLOOKUP関数は，「範囲」で設定された一番左の項目と「検索値」を突合します。たとえるなら，電話帳で名前から電話番号を調べるように，Excel上のデータを使い条件に合うデータを見つけ出すのが，VLOOKUP関数です。

　図表5-18の①の"出荷データ"を見ると，C列に「集計」の文字を削除した後の「出荷日付＆得意先コード」を表示しようとしています。これを③で示した"売上データ"のD列「売上計上日＆得意先コード」と突合し，同じ日かつ同じ得意先別に集計した，出荷金額データと売上データに同じデータがあれば，VLOOKUP関数で①の"出荷データ"A列「出荷金額」を見つけ出して，③の"売上データ"E列に表示しようとしているのです。

　そもそもVLOOKUP関数では，「引数」の第2項目で「範囲」を設定しますが，これがポイントです。この「範囲」は，ここでは"出荷データ"C列の「出荷日付＆得意先コード」が突合されるデータですが，このデータを含む右側のデータしか見ることができません。つまり，突合されるデータの左側にあるデータは，VLOOKUP関数では見ることができないのです。

　しかし，ここでVLOOKUP関数を使って見つけ出したい項目は**図表5-18**の①A列にある「出荷金額」です。そこで，**図表5-18の②**のD列に，A列をコピー＆ペーストする必要があります。

　図表5-18の③E列で示されるように，VLOOKUP関数の第3項目の引数

「列番号」が「2」と設定されているのは，第2項目の引数「範囲」が「'出荷サマリ'!C:D」となっていて，「範囲」の「2」列目，つまりD列にある「出荷金額」を見つけ出そうとしているからにほかなりません。

そのうえで，**図表5-18**の④のように，C列の売上金額と，E列の出荷金額が不一致となっているデータを検証するため，F列に「売上金額－出荷金額」となるようにセルF2に「=C2-E2」の算式を入力後コピー＆ペースト，〔フィルター〕で「0（ゼロ）」以外となるデータを抽出します（**図表5-18**⑤）。「0」以外のデータ，つまり売上金額と出荷金額が不一致のデータを対象に，証憑等を入手し，必要に応じてデータ入力担当者や承認者にヒアリングすることで，異常点を把握することが可能となります。

言葉で説明すると大体このようになりますが，「習うより慣れよ」です。

VLOOKUP関数をマスタし，不正会計と対峙できるようになってください。

図表5-18　出荷データと売上データの突合

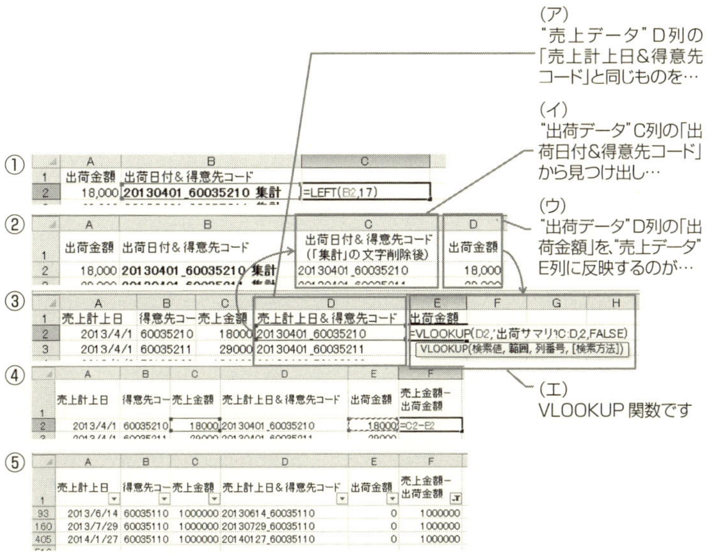

6 飛番データの検証

「連番管理」は，不正防止の基本動作です。

小切手帳には必ず連番が付されていますが，これは小切手の不正利用を防止する意味で大変重要な役割があるのです。

稟議書にも連番が付されています。稟議書の査閲時，連番で統括する「稟議書一覧表」と実際の「稟議書」を照合すると，稀に稟議書がファイルに存在しない場合があります。そのほとんどが回付中との理由で問題ない場合が多いのですが，中には意図的に稟議書が隠蔽される事例もあるようです。稟議書には重要事項が記載されているので，稟議書一覧表に記載があるものの，実際の稟議書がない場合は留意が必要です。

仕訳データや受注・出荷データなども，同様に連番管理されるべきです。仮に，データが連番になっていない場合，「飛番」となった理由を確かめる必要があります。場合によっては，不正な取引を隠蔽する目的で，不正に関与する者たちがデータを削除していることが考えられるからです。

そこで，データの連番を検証するため，仕訳データであれば伝票番号などを番号順に並べ替えます。検証すべきデータの並べ替えは，伝票番号順で単純に並べ替えるのであれば，列を選択し〔ホーム〕タブ→〔編集〕グループ→〔並べ替えとフィルター〕のボタン（アイコン）から〔昇順〕，もしくは〔データ〕タブ→〔並べ替えとフィルター〕グループから〔昇順〕アイコンをクリックします。

伝票番号順かつ日付順のように，複数条件でデータを並べ替えたい場合，〔データ〕タブ→〔並べ替えとフィルター〕グループから〔並べ替え〕アイコンをクリック，〔並べ替え〕画面で必要項目を設定します。

図表5-19では，伝票番号の最小値（1）と最大値（25）を把握できたので，これをもとに，"あるべき連番データ"を最小値（1）から最大値（25）となるように作成します。

別法として，〔MIN関数〕と〔MAX関数〕を用いる方法もあります。MIN関数で最小値（1）を，MAX関数で最大値（25）をそれぞれ把握することで"あるべき連番データ"（1～25）を作成できます。

図表5-19 飛番の検証

	A	B	C	D	E	F	G
1	検証すべきデータ	検証すべきデータを昇順で「並べ替え」	MIN関数で最小値	MAX関数で最大値	あるべきデータ（1～25の連番）	VLOOKUP関数で突合	F列におけるVLOOKUP関数の設定
2		5	1	25	1	1	=VLOOKUP(E2,B,B,1,FALSE)
3		2	2		2	2	=VLOOKUP(E3,B,B,1,FALSE)
4		9	3		3	3	=VLOOKUP(E4,B,B,1,FALSE)
5		22	4	セルB2=MIN(A2:A25)	セルC2=MAX(A2:A25)	4	4	=VLOOKUP(E5,B,B,1,FALSE)
6		8	5		5	5	=VLOOKUP(E6,B,B,1,FALSE)
7		17	6		6	6	=VLOOKUP(E7,B,B,1,FALSE)
22		4	21		21	21	=VLOOKUP(E22,B,B,1,FALSE)
23		1	22		22	22	=VLOOKUP(E23,B,B,1,FALSE)
24		6	23		23	23	=VLOOKUP(E24,B,B,1,FALSE)
25		25	25		24	#N/A	=VLOOKUP(E25,B,B,1,FALSE)
26					25	25	=VLOOKUP(E26,B,B,1,FALSE)

この"あるべき連番データ"と，実際の伝票番号等のデータをVLOOKUP関数で突合してみましょう。不一致データは"#N/A"と表示されますので，これを〔フィルター〕で絞り込めば，飛番（24）が判明します。飛番となった理由を把握すれば，異常点をつかめる可能性があるでしょう。

ちなみに，shiwake.csvで2014年3月分のデータを対象に"飛番"を検証してみると，伝票番号128が検出できます。試してみてください。

留意すべき点もあります。事業所によっては，誤ったデータを入力した際，飛番となる場合があります。どのような理由で飛番となるのか，飛番が発生しないような入力方法がとれるのか，こうした点をシステム担当者にヒアリングすることも異常点を把握するうえでポイントになります。

なお，ここで登場する"あるべき連番データ"のような連続データを作成する場合，データ項目をいちいち入力していては大変です。こうした連続するデータを作成する場合，次の2つの方法を知っておくと便利です。

【連続データの入力方法①】

連続する2つのデータ項目だけを入力する。例えば**図表5-20**の（ア）のよ

うにセルB1とB2にそれぞれ「1」「2」と入力し，これらのセルを選択した後，（イ）のように，セルの右下隅にある■印を左クリックしながら下方にドラッグし（引きずり），連続データを（ウ）のように入力する方法です。

【連続データの入力方法②】

　連続データを入力したいセル，ここでは**図表5-20**の（ア）B列の左側に，A列「あ」から「こ」のようにデータが入力されている場合，もっと簡単に連続データを入力することができます。

　（ア）のように連続データを「1」「2」と2つだけ入力した後，この2つのセルを選択し，右下隅の■印をダブルクリックすれば，（ウ）のように連続データを入力できます。

図表5-20　連続データの入力方法

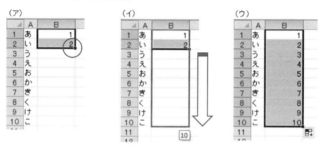

7 複数部署との取引抽出

　一般に，営業1部と営業2部のような複数の営業部署があれば，営業管轄範囲の違いから，各々異なる得意先を対象にすることが多いはずです。
　一方，不正実行者からすれば，なるべく目が行き届きにくい得意先コードを使うなどして，不正の隠蔽を図りたいと思うはずです。営業1部に所属する不正実行者であれば，自部門の他者の目を掻い潜るため，他部門である営業2部の得意先コードを用いることが考えられます。
　そこで，得意先コードが複数の部署で用いられているデータを抽出してみようという発想が生まれます。これもピボットテーブルを使えば簡単です。
　ここでは紙面の都合上，「出荷データ」を用いて説明します。得意先コードと部署コード（**図表5-21**の「区分」）を，それぞれ行・列に設定します（どちらでも構いません）。そのうえで，どの項目でもよいので〔Σ値〕に設定し，〔データの個数〕を集計するだけです（ここでは，「出荷日付」のデータの個数を集計しています）。ピボットテーブルの結果を見て，1つの得意先コードで，複数の部署コードにデータ入力されていれば，これが異常点です。
　この異常点を簡単に識別するには，ピボットテーブルの一番右側の列のすぐ横に，〔COUNT関数〕を使い入力されているデータの個数を数え，この列を対象に〔フィルター〕で〔1〕の☑を外し，再集計するだけです。〔COUNT関数〕の設定は，例えばセルG67のように，カウントしたい項目範囲を対象として「=COUNT（B67:E67）」のように設定するだけです。
　どのようなデータが含まれているかを確認するには，該当データをダブルクリックするだけです。ドリルダウン機能で別シートに現れる詳細なデータを，「誰が」，「どの日時で」，「どのような」データを作成・入力しているかというような点に着目して眺めれば，興味深い結果が得られるでしょう。
　ちなみに，**図表5-21**のように，得意先コード「80310034」が「店舗」と「本部」，得意先コード「80311525」が「GI」と「店舗」で，重複した部署

(ここでは「区分」)で取引されていることがわかります。

　もちろん,こうしたデータがすべて問題というわけではありません。たまたま複数部署にまたがった場合もあるでしょう。いずれにせよ,複数部署で同一得意先との取引があることの妥当性を検証する必要があります。

　この点,IT統制と絡めて考えてみるとよいでしょう。

　そもそも,マスタ管理者以外は,すべての得意先コードに触れることができないようにしておけば,こうした問題は解決できます。営業1部で入力できる得意先コードと,営業2部で入力できる得意先コードを区別し,IT統制で入力制限をかけるといった工夫をすることなども,不正防止の観点から検討してみる価値があるといえます。

図表5-21　複数部署との取引抽出

8 マスタデータとの突合

　汎用品販売では，販売単価として単価マスタの金額がシステム上自動設定されるものの，さまざまな理由で当該単価を手で修正することもあります。
　そこで，この単価マスタと実際に用いられた販売単価を突合し，両者の齟齬から異常な販売取引を抽出し，異常な利益率となっているデータに留意してください。
　請負工事のように案件ごとに予算を組んでいるような場合，予算と実績を比較し，異常な利益率となっているデータには留意が必要です。
　逆に，ある得意先との関係で予算と実績がまったく同じデータが何回も続くような事例にも留意が必要でしょう。工期の終期近くで実績調整が行われていないか検証してみることで，不正会計の端緒をつかめるかもしれません。
　こうしたデータを抽出するには，これまでと同様，VLOOKUP関数を用い，販売単価と単価マスタを紐づけ，不一致となっているデータを抽出します。「販売単価÷単価マスタ」の解答が「1」以外のデータを〔フィルター〕などで抽出すれば，比較的簡単に不一致データを抽出できるでしょう。
　問題は，なぜ販売単価と単価マスタが不一致となっているのか，という点です。そこで，次のような視点で抽出したデータを眺めます。

---

① 入力者の傾向はどうか，偏向がないか
　➡同一人物による場合，不正会計が頻発している可能性に留意
② 販売単価が単価マスタより低い場合，値引率が決済基準内であるか
　➡横領等を偽装している可能性あり
③ 逆に，販売単価のほうが単価マスタより高い場合，高い理由は何か
　➡架空売上の可能性あり

　そもそも，販売単価を手入力した痕跡を残す，販売単価を手入力できないようにする――こうしたIT統制上の工夫も必要でしょう。

9 "9999"データの抽出

　1995年,「女王陛下の銀行」英国・ベアリングス銀行（のちに倒産）で発覚した不正会計事件では，シンガポール支店の投機取引部門で№8888888という通常使われることのない非正規の仮勘定コードを用い，多額の損失を隠蔽していたことが当時話題となりました。

　実務的には，おそらくどこの組織でも，マスタ登録のない得意先との取引計上は原則として禁止されているはずです。そうでなければ，上記のような問題が起こる可能性があり，内部統制に問題があるといえるので，早急に対応すべきでしょう。

　ただし，例外もあります。一時的な取引や緊急を要する取引など，やむをえず№8888888のような非正規の仮勘定コードを用いることもあるかもしれません。そこで，監基報240・A41（5）の事例のように，勘定コードや取引先番号の下4桁を取り出し，"9999"となっているものを抽出することも必要になるかもしれません。

　こうしたCAATをExcelで行うには〔RIGHT関数〕を使います。例えばセルa1から下4桁分のデータを取り出すことを考えた場合,「=RIGHT（a1,4）」とすればよいでしょう。そして,〔フィルター〕等で下4桁が"9999"となっているデータを抽出し，適正な承認がなされた取引データであるかを検証すれば，異常点を把握することが可能となります。

　このように電子データであれば，検索条件さえ整えることで比較的簡単に異常点の抽出を行えるというメリットがあります。

　そもそも，むやみやたらとデータを拾っても，データの海で溺れ，徒労に終わってしまう可能性があります。監査や調査の効率性や実効性を考えれば，一点集中で目星をつけ，データという「記録と記録の照合」をまず行い，そのうえで，質問などにより補完し「記録と事実の照合」を行う——こうすることで数字のもつ真実の意味に迫ることができるのです。

⑩ スライサーによる項目抽出

不正会計と対峙するには，さまざまな角度から，いろいろなデータを眺めることが大事です。中でも，ピボットテーブルを使ったCAATは，実にさまざまな視点を与えてくれます。

このピボットテーブルをさらに使い勝手のよいものにしてくれるのが，Excel2010の新機能〔スライサー〕です。これは，ピボットテーブルの項目抽出（フィルタリング）機能で，簡単な操作により抽出したい項目をフィルタリングし，解除できる便利な機能です（図表5-22）。

図表5-22 スライサー

「挿入」タブからスライサーを選択

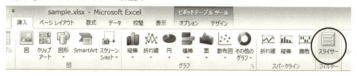

「オプション」タブからスライサーを選択

従来，ピボットテーブルを使って任意の項目を抽出する場合，ドロップダウンリストでいったんすべてのチェック☑を外してから，抽出したい項目，例えば「GI」のような項目に☑を入れなければなりませんでした（図表5-23）。

また，「本部」のような別の項目を抽出するためには，フィルターを解除し，ドロップダウンリストに戻る必要があるなど，操作が少々面倒でした。

しかも，ピボットテーブル上でどの項目がフィルタリングされているのかが一見するとわかりづらいなど，表示上の欠点もありました。

スライサーはこうした不都合を解消してくれます。

図表5-23 従来のフィルタリング機能「ドロップダウンリスト」

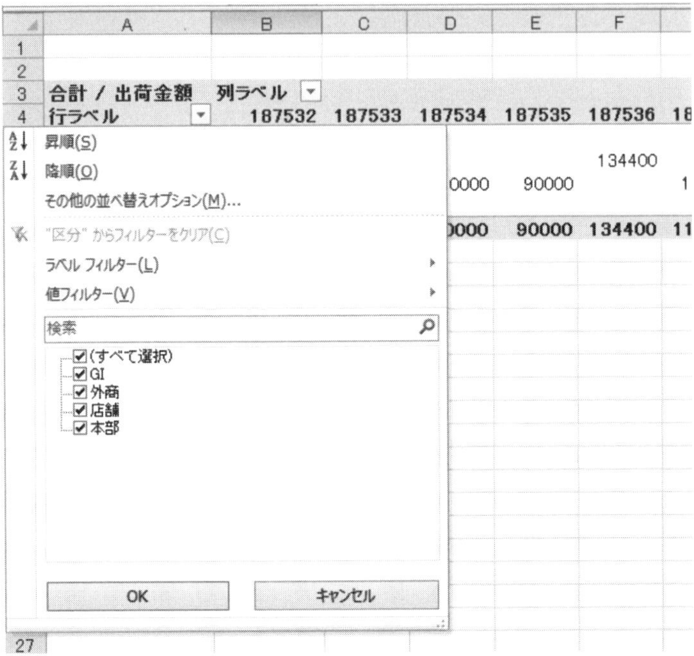

 スライサーの操作は実に簡単です。スライサーを利用したいピボットテーブルを選択後,〔挿入〕タブからスライサーをクリック,もしくは〔オプション〕タブから〔スライサー〕をクリックするだけで,スライサーを設定できます。

 〔スライサーの挿入〕画面で,表示したい・分析したい項目名に☑すれば,スライサーが挿入されます。それぞれのスライサーの冒頭に項目名(フィールド),その下にフィールド内の各項目が表示されているのが**図表5-24**でわかると思います。

 スライサーは重なり合って現れますが,それぞれのスライサーを必要に応じて移動・整頓することも可能です。

 あとは,データを切り出してみたい項目をクリックすれば,さまざまな視点でデータを眺めることができます。1つのスライサーで複数項目を対象に抽出

10 スライサーによる項目抽出   119

図表5-24 〔スライサーの挿入〕とイメージ

したい場合，CTRL（コントロール）キーを押しながら対象項目をクリックします。

図表5-24の右側に5種類の〔スライサー〕があります。例えば，「出荷日付」というスライサーの「2013/4/2」という項目が濃い青（紙面では濃いグレー）でハイライト表示されます。この内訳を見たい場合は，同様に濃い青の部分に注目します。「出荷金額」の「80000」，「90000」，「134400」の合計304400，「区分」の「外商」，「店舗」というように，濃い青で表示された部分が内訳項目になります。スライサー上で該当する項目がある場合は濃い青，該当しない場合は薄い青で表現されるのです。このように，スライサー上で項目の有無を検証できるという点は，従来のフィルタリング機能にはない，大きな特徴です。

当然，**図表5-24**の左上のピボットテーブルとスライサーは同じ結果です。

なお，フィルターを解除したい場合，スライサーの右上にある〔フィルターのクリア〕ボタン（「出荷日付」の▼印部分）をクリックします。スライサーを削除したい場合は，スライサー上で右クリックし，例えば，〔"出荷番号"の削除〕をクリックすれば，"出荷番号"のスライサーを削除できます。

第6章

Excelで行う
抽出・推計・予測

　CAATは統計処理を得意とします。
　活用事例として，サンプリングでの「抽出」，相関・回帰分析による「推計」，時系列分析による「予測」という3つの概念と具体的手続をご紹介します。

1 サンプリングでの「抽出」

　ビッグデータと呼ばれる大量にあるデータ（母集団）から一部を標本（サンプル）として抽出し，母集団の性質を判断することを「サンプリング」といいます。これは統計調査の基本です。監査等では，このサンプリングを通じ，勘定科目の妥当性を検証することがあります。
　例えば売掛金という勘定科目では，サンプリングを通じ残高確認書の送付先を決定し，この確認書の回答をもって売掛金の計上妥当性を判断するなど，サンプリングは監査等の手続として重要な意味をもち合わせています。

(1) 無作為抽出法

　代表的なサンプル抽出方法に，無作為抽出法（ランダムサンプリング）があります。これは，母集団から無作為（ランダム）に標本抽出（サンプリング）することをいい，Excelで行うには次のような方法があります。

【Excelで行う3つの無作為抽出法】

> ① 〔RANDBETWEEN〕関数を使う方法
> ② 分析ツールの〔乱数発生〕を使う方法
> ③ 分析ツールの〔サンプリング〕を使う方法

【無作為抽出法①】　RANDBETWEEN関数を使う方法

　〔RANDBETWEEN〕関数は，RAND＝ランダムに，BETWEEN＝○から△までの数字をサンプリングするという関数です。関数自体は難しいものではなく，例えば1から100までの数字の中から1つのサンプルを抽出する場合，＝RANDBETWEEN（1,100）のようにExcelの任意のセルに入力すればよいだけです。
　なお，企業会計審議会が公表した『財務報告に係る内部統制の評価及び監査

1 サンプリングでの「抽出」 123

に関する実施基準 Ⅲ．財務報告に係る内部統制の監査』で，「日常反復継続する取引について，統計上の二項分布を前提とすると，90％以上の信頼度を得るには，評価対象となる統制上の要点ごとに少なくとも25件のサンプルが必要になる」と例示されています。これを踏まえれば，RANDBETWEEN関数を25個のセルに入力し，25個のサンプルを抽出すればよいことになります。

　ただし，問題もあります。このRANDBETWEEN関数は毎回異なる解答を算出し，再現性がありません。そのため，監査や調査の過程で文書化することを考えると，次の（ア）から（エ）の4点で工夫が必要となります（**図表6-1**）。

　（ア）任意のセル（例えば，セルA1）に＝RANDBETWEEN（1,100）と入力し，（イ）これも含めて25個のセルにコピー＆ペースト（コピペ）します。

図表6-1 RANDBETWEEN関数の使い方

	A	B	C	D	E	F
1	796		141		141	
2	442	RANDBETWEEN関数が入ったまま，A列をC列にコピペすると数字が変わります。また，RANDBETWEEN関数が入った状態でデータの並べ替えをしようとしても，数字が変わってうまく並べ替えができません。	213	そこで，RANDBETWEEN関数の入ったA列をコピーした後，「形式を選択して貼り付け」から「値」貼り付けを行います。ここで，並べ替えを行えばランダム抽出した結果を番号順に並べ替えられます（E列参照）。	148	
3	9		908		156	
4	225		156		213	
5	875		327		327	
6	650		479		450	
7	490		739		457	
8	808		756		479	
9	68		998		480	
10	991		652		481	
11	32		939		507	
12	427		450		591	
13	563		481		599	
14	684		599		652	
15	725		823		713	
16	575		961		722	
17	729		722		739	
18	273		904		756	
19	90		480		823	
20	280		713		865	
21	180		507		904	
22	101		591		908	
23	83		148		939	
24	809		865		961	
25	671		457		998	

（セルA1：=RANDBETWEEN(1,1000)）

RANDBETWEEN関数ではじき出された結果を見ると，当然ランダムに抽出され，順番がバラバラになっています。実務ではこの数字をもとに，在庫棚卸の対象棚番を決定したり，確認状の発送先を選定したりすることになりますが，ランダムな状態であり，番号順ではないため，こうした作業が煩雑となってしまいます。

そこで，このランダムな数字を番号順に整列するためにデータの並べ替えを行います。ここで留意点として，（ウ）算出された25件を値としてコピー＆ペーストしてから，（エ）抽出データの並べ替えを行うようにしてください。RANDBETWEEN関数のままでは，いつまで経っても番号順に整列されないからです。

【無作為抽出法②】 分析ツールの〔乱数発生〕を使う方法

〔分析ツール〕はExcelの初期画面にはありませんので，〔アドイン〕と呼ばれる追加機能を設定する必要があります。

この〔アドイン〕の設定は，Excelのバージョンにより若干異なりますが，基本は同じです。本書で扱うExcel2010では，**図表6-2**のような方法で〔分析ツール〕を設定できます。

〔ファイル〕→〔オプション〕→〔Excelのオプション〕画面が現れます。この画面の左側にある〔アドイン〕をクリックし，アドインの状態を確認します。この画面に〔分析ツール〕があれば〔乱数発生〕ができます。しかし初期設定では「アクティブなアプリケーションアドインはありません」と表示され，〔分析ツール〕は見当たらないと思います。

そこで，画面下にある〔管理（A）〕という小窓で〔Excelアドイン〕を表示後，〔設定（G）〕→〔アドイン〕画面が現れたら，この画面の〔有効なアドイン（A）〕の中にある〔分析ツール〕に☑し，〔OK〕をクリックします。

これで，〔データ〕タブの中に，〔分析〕グループ→〔データ分析〕が現れます。〔データ分析〕をクリックすれば〔データ分析〕の画面とともに〔分析ツール（A）〕が現れます。この中の1つに〔乱数発生〕があります。

1 サンプリングでの「抽出」 125

図表6-2 〔分析ツール〕の設定方法

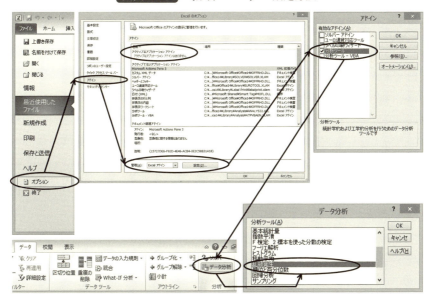

このように〔分析ツール〕を設定した後，〔乱数発生〕の画面でサンプルの条件を設定します。今回は，財務会計でよく用いられる仕訳伝票のような単純な番号を対象としてサンプリングしますので，〔分布〕は〔均一〕とします。ちなみにこの〔均一〕という区分は，統計学でいう「一様分布」のデータからサンプリングする際に用います。

〔均一〕と設定した後，**図表6-3**の左図のような〔乱数発生〕の設定画面が現れます。〔分布〕にはこのほか，平均値を中心に富士山のような左右に裾野が広がる誤差を伴う事象の発生確率を捉える際に用いる〔正規分布〕や，でたらめ（ランダム）に生じる事象の発生確率を把握する際に用いる〔ポワソン分布〕などの設定もありますので，適宜活用してみてください。

例として，1から100までのデータ（パラメータ）の中から25件の乱数を抽出するため，〔パラメータ〕に「1から100まで」と入力し，〔乱数の数〕に「25」と入力します（**図表6-3**）。

図表6-3 〔乱数発生〕の設定画面と結果

　ここで〔ランダムシード〕を入れることを忘れないでください。ランダムシードとは，乱数を発生させる識別番号のことです。同じランダムシードであれば同じ乱数を発生できる，つまり，乱数の抽出過程を再現できるのです。文書化の過程を考えた場合，乱数発生を再現できるという点は，監査等の作業実行者からすれば「恣意的にデータ抽出していない」ことを主張できるというメリットがあります。乱数再現の点で，1つ目の〔RANDBETWEEN関数〕では数字が都度変化してしまい，大きな違いがあるのです。

　ただ，この〔乱数発生〕を使った場合，整数の乱数を計算しないというデメリットがあります。1万件もある比較的大きなデータであれば，〔乱数発生〕でも問題なくサンプリングできるでしょう。しかし，事例のように母集団が100件程度の場合，同じ数字で小数点以下が異なるサンプルが抽出され，整数に直したときにサンプルの重複が発生する場合があるのです。

　図表6-3を見ていただくと，セルA1からセルA3の〔乱数発生〕による結果は，〔INT関数〕で整数に直せば全部1（セルB1〜B3）となってしまいま

す。このように、〔乱数発生〕を用いた場合、整数に直すことで同じサンプルを抽出してしまうことも起こりえるのです。

そこで、サンプリングのルールをあらかじめ作っておく必要があります。

【〔乱数発生〕を用いる場合のサンプリングルール案】

> ① Excelの乱数発生によってサンプリングし、これを整数に直した結果、同じ値をサンプリングした場合、その次の整数をサンプルとする
> ② Excelの乱数発生によってサンプリングし、これを整数に直した結果、同じ値をサンプリングした場合、重複したサンプル個数を再度抽出する
> ③ 前もってサンプルの重複を予想して多めにサンプリングし、重複したデータを除外した後に上から順番にサンプルデータとする

〔乱数発生〕を使う場合、上記ルール案①から③のいずれかのようなサンプリングのルールをあらかじめ作っておく必要があります。これは、監査人等が恣意的にサンプリングしていないことを担保するためです。

なお、ランダムシードは常に同じにしないほうがよいでしょう。なぜなら、不正実行者も同様に考え、監査人等がどのようなランダムシードを使うか事前に調べていれば、サンプルの特定が可能となるからです。不正実行者が同じランダムシードを使うことで、不正の痕跡をサンプル対象から除外するなど、あらかじめデータを加工することもありえないことではありません。

〔乱数発生〕を使う際には、こうした点にも留意してください。

【無作為抽出法③】　分析ツールの〔サンプリング〕を使う方法

分析ツールには〔サンプリング〕という機能もあります。

図表6－4のように、〔データ分析〕→〔サンプリング〕から〔サンプリング〕の設定画面が現れます。ここにあらかじめ用意しておいたサンプリング対象となる伝票番号等のデータ項目を〔入力範囲（I）〕に設定し、〔標本の採取

方法〕で〔ランダム（R）〕を選択して〔標本数〕を入力します。J-SOXという内部統制報告制度を考慮すれば，標準サンプル数「25」と設定することになります。これで〔OK〕をクリックすれば，25件のサンプリングができます。

サンプリング結果を並べ替えて番号順に整列化すれば，例えば確認状の選定などで便利でしょう。なお，この〔サンプリング〕も再現性はありません。ちなみに，〔標本の採取方法〕の〔周期変化（E）〕で，〔周期〕を例えば「5」と設定すれば，サンプルを5つずつ周期的に採取することもできます。

図表6-4　〔サンプリング〕の設定画面

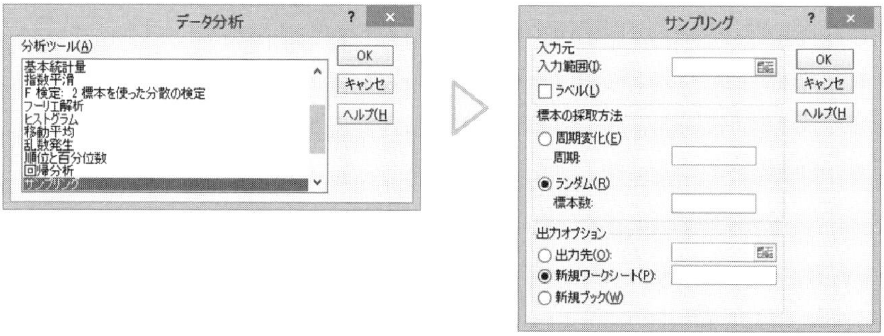

Excelで行える無作為抽出法の違いは，**図表6-5**のとおりです。いろいろと試してください。

図表6-5　Excelの無作為抽出法

	RANDBETWEEN関数	分析ツール〔乱数発生〕	分析ツール〔サンプリング〕
再現性	×	○	△（周期変化は可）
整数化	○	×	○
整列化	△（コピー後は可）	○	○

(2) 系統的抽出法と金額単位抽出法

サンプリングには，(1)の無作為抽出法（ランダムサンプリング）のほか，「系統的抽出法」や「金額単位抽出法」といった手法もあります。

【サンプリング①】 系統的抽出法

系統的抽出法とは，X番ごとにサンプルを抽出する，という方法です。

図表６-６の①で示された100件のデータから25件サンプルを抽出したいと考えている場合，系統的抽出法では母集団である100件のデータをサンプル数25で割り算することで，サンプル間隔を求めます。つまり，100÷25＝4件ごとにサンプルを抽出することになります。

図表６-４の〔分析ツール〕の〔サンプリング〕で，〔標本の採取方法〕の〔周期変化（E）〕を用い，あらかじめ金額順に並べ替えたデータ項目を対象に，〔周期〕を「4」と設定すればよいでしょう。

細かい話ですが，1件目のサンプルをどこからスタートするか，といったことを気にされる場合もあるでしょう。この場合，RANDBETWEEN関数を用い，サンプル抽出をスタートする位置を無作為に決定した後，決定したサンプルよりも前のデータ項目を元のデータの最後に切り貼りし，上記のようにサンプリングすればよいでしょう。

【サンプリング②】 金額単位抽出法

金額単位抽出法は，母集団を構成する金額データを用い，累計金額が設定した金額以上になるごとにサンプルとして抽出する方法です。**図表６-６**の①のような合計40億円となる100件のデータがあった場合，例えば累計金額5億円という設定金額ごとに1件をサンプリングする方法をいいます。

この設定金額に関し監査の現場でよく用いられるのが，"金額的重要性"という考え方です。これは，売上高や利益高，総資産高や純資産高などをもとに，監査人ごとにルール化された係数を掛け合わせて算出します。

図表6-6　金額単位サンプリング

① 総額40億円，合計100件のデータ事例

89,426,257	78,206,384	72,424,541	60,892,772	51,865,461	34,119,572	26,165,761	18,324,649	5,240,852	1,000,000
89,258,176	77,666,576	72,415,323	60,889,432	48,788,149	31,189,858	26,121,895	18,149,626	4,623,768	700,000
87,843,575	77,612,566	70,636,098	60,833,414	47,132,253	30,868,238	25,722,488	17,984,558	3,492,548	500,000
87,508,790	76,764,883	69,982,808	59,485,936	45,168,970	30,833,557	25,377,884	17,617,255	2,740,372	300,000
86,873,424	75,911,517	69,931,190	59,236,979	42,273,725	29,524,949	23,317,482	16,935,609	1,648,658	110,000
83,818,439	75,555,378	69,843,453	58,198,912	40,603,924	29,214,748	22,017,944	16,907,729	1,306,252	90,000
82,313,144	75,380,712	65,985,135	55,486,257	39,606,632	28,700,823	21,900,959	15,158,976	1,400,000	80,000
82,118,846	73,651,191	65,907,019	52,236,323	38,568,647	28,695,397	21,545,882	12,583,719	1,300,000	8,000
80,596,901	73,630,587	64,186,798	52,083,018	38,224,128	28,341,369	20,818,763	9,980,692	1,200,000	1,000
79,742,390	72,954,289	62,644,768	51,914,455	37,116,547	26,327,577	19,552,518	7,760,676	1,100,000	605

合計　4,000,000,000

② 金額単位サンプリングのワークシート。枠内は抽出結果

	A	B	C	D	E	F	G
1	No.	金額	累計金額		設定金額	500,000,000	
2	1	89,426,257	89,426,257				
3	2	89,258,176	178,684,433				
4	3	87,843,575	266,528,008		累計金額「0」データを「フィルター」で抽出した結果		
5	4	87,508,790	354,036,798				
6	5	86,873,424	440,910,222			A	B	C
7	6	83,818,439	0		1	No.	金額	累計金額
8	7	82,313,144	82,313,144		7	6	83,818,439	0
9	8	82,118,846	164,431,990		14	13	77,612,566	0
10	9	80,596,901	245,028,891		21	20	72,954,289	0
11	10	79,742,390	324,771,281		29	28	65,907,019	0
12	11	78,206,384	402,977,665		38	37	55,486,257	0
13	12	77,666,576	480,644,241		49	48	38,568,647	0
14	13	77,612,566	0		67	66	22,017,944	0

　図表6-6の①のデータで，金額的重要性を5億円として金額単位抽出法でサンプリングした場合，**図表6-6**の②のようにサンプル7件となります。

　この金額単位抽出法をExcelで行うには，データ項目を金額の大きい順〔降順〕に並べ替えます。次に金額列（B列）の右隣に累計金額を計算する列（C列）を，さらにその右側に金額単位抽出法のサンプリング基準である設定金額を表示するセル（この事例では，セルF1）を作ります。そしてセルC2に「＝B2」と入力します。その下のセルC3には「＝IF（C2+B3<＄F＄1,C2+B3,0）」と入力し，これをセルC4以降にも複写（コピー＆ペースト）します。

　このセルC3の数式の意味は，「もしも，セルC2とB3を合計した金額が，セルF1に設定された金額よりも小さければ，セルC2とB3の合計を計算し，設定金額以上となる場合には0（ゼロ）を表示する」というものです。

　これにより，C列でB列の累計金額を計算し，設定金額（ここでは5億円）以上になった場合，C列に「0」を表示することができます。

　〔フィルター〕機能を使い，C列の中で「0」データを選択すれば，5億円

ごとの金額単位でサンプリングができます（**図表6-6**②右枠）。

　この金額単位抽出法のメリットは，多額の項目にサンプル抽出の機会がより多くなることで，より金額的重要性の高い項目に重点を置いて監査等の詳細な手続を実施することができ，結果としてサンプル数を減らすことを通じ，効率的で効果的な監査等の実施が可能となる点が挙げられます。

(3) 階層化

　効率的・効果的な監査等を行うため，母集団を類似した特性をもったグループに「階層化」することがあります。

　例えば，金額の多寡に応じ，上位グループと下位グループの2つに分けてサンプリングするほうが効率的・効果的な場合があります。「パレート最適の法則」が示すように，全体"件数"の2割が，8割の累計"金額"を占めるデータ項目の中から，より多くサンプルすることで，より金額的に重要な項目に重点を置いた詳細手続を実施することがあります。一方，残りのデータ項目，すなわち8割の"件数"を占める"金額"2割のグループからも数件のサンプルを取ったほうがよい，ということも全体から満遍なくサンプリングするという考えからすればあるでしょう。

　こうした「階層化」も，Excelを使えば容易に実施できます。

　例えば，**図表6-6**の②枠内の事例では，C列で最後に「0」と示されたのはNo.66のデータです。これは，67位から100位までの下位34件からは，1件もサンプルが抽出されていないことを示しています。そこで，サンプル25件のうち，上位8割の累計金額のデータ項目の中から20件，下位2割の累計金額の中から5件をサンプリングしてみるなど，上位グループと下位グループの2つの母集団に階層化する方法も，実務では行われます。

　なお，**図表6-6**では，抽出したサンプルだけを表示するために〔フィルター〕機能を使いましたが，〔グループ化〕という方法も覚えておくと便利です。〔グループ化〕は，セルの範囲を折り畳んだり展開したりすることで，データ項目を階層化することができる機能です。

中でも便利なのが**図表6-7**の上図で示した〔アウトラインの自動生成〕という機能です。この〔アウトラインの自動生成〕という機能は、**図表6-7**の「データ項目の全体」に示した1～5行目、A～C列のような行列（縦横）のデータで、5行目やC列の「集計行列」がある場合、〔アウトラインの自動生成〕を左クリックすることで、セルを折り畳んだり展開したり、データ項目の階層化（グループ化）を自動的に行うことができる、便利な機能です。これにより、セルの上側と左側に+、-で表された階層化のボタンが出てきます。+ボタンをクリックすれば詳細データを表示、-ボタンをクリックすれば詳細データを折り畳んで集計部分だけを表示、このようにデータの見た目を切り替え、縦横に冗長な表を階層化できます。

図表6-7 アウトラインの自動生成と階層化のイメージ

2 相関・回帰分析による「推計」

　経営者の方々とお話をしていると,「財務会計のデータは過去の数字。こうした古いデータを使うことに意味があるとは思えない」という主旨のご意見を伺うことがあります。
　これは,データのもつ性格を一面でしか捉えておらず,妥当とはいえません。
　財務データを考えた場合,M&Aやリストラ,設備投資など,大きなイベントでもない限り,毎期ある一定の範囲内に落ち着くことがほとんどです。つまり,過去の数字から将来の数字をある程度精度を保ちながら"推計"することが可能な場合も意外とあるものです。
　推計の1つの方法である相関・回帰分析により,推計値と実績値を比較することで異常点をはじき出せば,推計を不正会計と対峙するためのツールとして活用することができます。

(1) 相関分析による異常値の抽出

　売上高と販売促進費（販促費）のように,複数の数値間に何らかの相関関係がある場合,この相関関係を突き止めることで不正会計に対処できるかもしれません。
　相関関係は売上高のような財務データのみが対象ではありません。気温のような非財務データとの相関関係が認められる場合もあるでしょう。
　そこで,数値間の相関関係を見極める必要が出てきます。もし何ら相関関係がないようであれば,そこから先の分析をしてもあまり意味がないことになります。その際は,そのほかの手法を用いて,例えば見積計算などにより適宜対応することになります。
　ここではExcelのグラフ機能を使って,販促費を「x軸」,売上を「y軸」として「散布図」を描いてみましょう。
　A事業所の1年間の売上と販促費のデータが**図表6-8**であったとします。

図表6-8のようにExcelでワークシートを作成したうえで，セルC3で左クリックしながらセルD14までを選択（ドラッグ）し，〔挿入〕タブをクリック。

図表6-8　A事業所の売上と販促費の年間データ

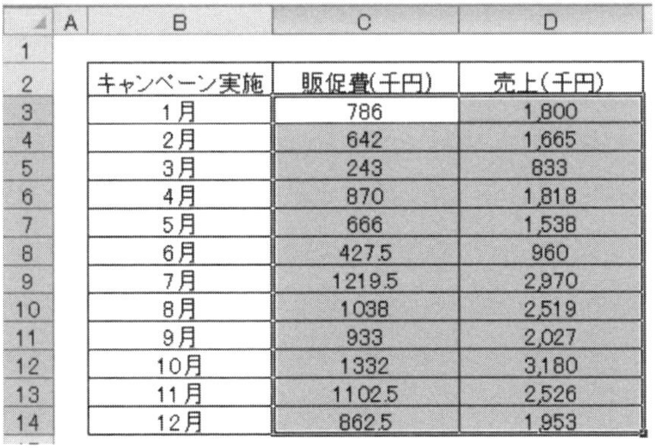

	A	B	C	D
1				
2		キャンペーン実施	販促費(千円)	売上(千円)
3		1月	786	1,800
4		2月	642	1,665
5		3月	243	833
6		4月	870	1,818
7		5月	666	1,538
8		6月	427.5	960
9		7月	1219.5	2,970
10		8月	1038	2,519
11		9月	933	2,027
12		10月	1332	3,180
13		11月	1102.5	2,526
14		12月	862.5	1,953

図表6-9のように〔挿入〕タブ→〔グラフ〕グループ→〔散布図〕をクリック。5種類の散布図から今回は〔マーカーのみ〕を選択，クリックします。

図表6-9　散布図の選択

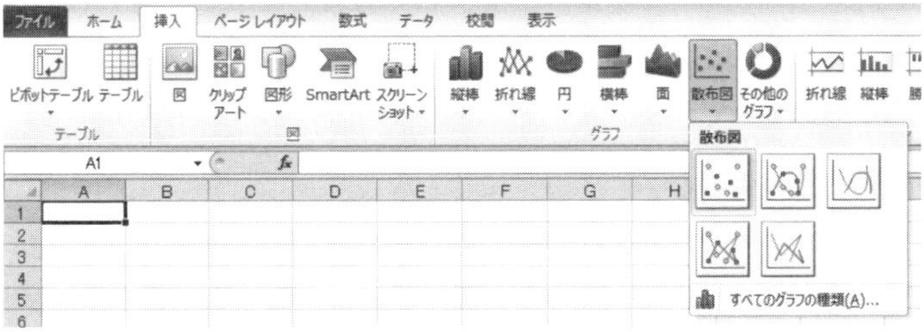

すると，何も加工されていない散布図が現れます。このままでも構いませんが，**図表6-11**右図のようにタイトルを表示するなどスマートさを求めるのであれば，散布図として描かれているグラフの外枠をクリック後に表示される**図表6-10**の〔グラフツール〕を使い，グラフを加工してみてください。

②　相関・回帰分析による「推計」　135

図表6-10　グラフツール

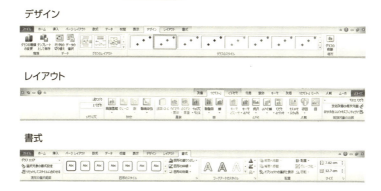

　例えば，「売上と販促費の関係」という表題をグラフの上につけたければ，〔グラフツール〕→〔レイアウト〕→〔グラフタイトル〕をクリック，現れた画面の中から〔グラフの上〕をクリックすれば，〔グラフタイトル〕という表題が散布図に現れます。この〔グラフタイトル〕にカーソルを合わせ「売上と販促費の関係」のように文字入力すれば，散布図に表題をつけることができます。**図表6-11**では，グラフタイトルと軸ラベルを散布図に表示してみました。見栄えを整えることも大事ですので，いろいろ試してみてください。

　また，**図表6-11**のように，データ項目が示されたワークシートと並べてグラフを表示すると，数字の羅列のみよりもグッと説得力が生まれます。数字の見せ方も工夫してみることが必要でしょう。

　ここで**図表6-11**の右側の散布図を見ると，販促費をかけると売上が上がる，という相関関係があるように見てとれます。

図表6-11　データ項目と散布図

キャンペーン実施	販促費(千円)	売上(千円)
1月	786	1,800
2月	642	1,665
3月	243	833
4月	870	1,818
5月	666	1,538
6月	427.5	960
7月	1219.5	2,970
8月	1038	2,519
9月	933	2,027
10月	1332	3,180
11月	1102.5	2,526
12月	862.5	1,953

（売上と販促費の関係の散布図）

　この「相関関係があるように見てとれる」という点がポイントです。

　「販促費をかけると，売上が上がる」という相関関係では，「販促費を支出すれば得意先が満足し，得意先の購買意欲を掻き立て，売上が上がる」という原因がわかり，因果関係があることを理解できると思います。

　一方，相関関係はあるとわかっても，因果関係があるかどうかわからない，また，必ずしも原因を追究できない，因果関係を突き止めるには時間がかかり過ぎてしまうということも実務上あります。

　もちろん，原因がわかり，因果関係があることがわかることは重要です。

　ただ，そうしたことを追究している間に，不正会計と対峙する機会を逸してしまっては意味がありません。

　まずは，相関関係があるか否かを把握し，その中に異常点がないかを検証するという姿勢を持つことが不正会計と対峙するために必要です。

(2)　最小二乗法と回帰分析

　図表6-11の散布図は，過去のデータをまとめたものですが，何らかの相関関係があるように見えます。だとすれば，過去のデータを用いて将来の予想をしてみよう，という発想を持っても不思議ではありません。

　推計と実績を比較することで異常値を把握できれば，不正会計に対処できる可能性もあるわけです。その際に用いられる方法が，散布図に〔近似曲線〕を書き加えるという方法です。

ちなみに近似曲線は「最小二乗法（最小自乗法）」という数学の概念を用います。本項と次の(3)で，推計の前提に触れておきましょう。

そもそも経営上の数字は，さまざまな環境下で生じます。ここに何らかの相関関係があるのではないか，もしあるとすればそれをグラフや数式で表してあげよう，というのが「最小二乗法」と呼ばれるものです。

図表6-12の各〇印は，あるデータ項目を縦軸と横軸の関係で表したものです。グラフ自体は中学校で習う一次方程式と同じもので，「y=a+bx＋誤差」という数式で表すことができます。このとき，各データ項目を横軸と縦軸の関係で表し，そのデータのちょうど真ん中にグラフを1本書いてみるというのが最小二乗法と呼ばれるものです。

図表6-12　最小二乗法

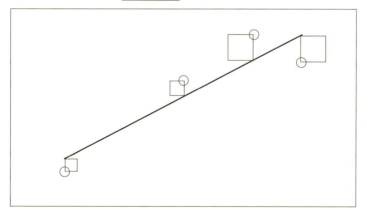

図表6-12を見ると，〇で示した各データ項目と近似曲線というグラフの間には，正方形で示された「誤差」があります。この誤差は，グラフ線に対して縦方向にも横方向にも差があるので，両方の差が均等になるように，つまり**図表6-12の正方形の面積が最小になるように**，「バラツキの中央」にグラフを通します。これが「二乗和」といわれる所以です。そのときの係数aとbを求める――これが最小二乗法というものです。

要するに，現実の世界で生じた各データ間の「バラツキの中央」にグラフを

描き，数学的に各データ間に"無理やり"関係を見つけ出して1本の線に直す方法が最小二乗法なのです。

　この1本の線と各データ項目がある程度重なり合えば，つまり誤差が許容できるほど僅少であれば，それなりに各データ間の相関関係を表していると考えることができます。このように，現実に起こっていることをわかりやすく説明しようとする技法が最小二乗法であるといえます。

　この事例では「販促費をかければ，売上が上がる」という両者の相関関係を前提として推計しようとしているので，販促費を横軸x，売上を縦軸yとしてグラフを描いています。このように「xに原因，yに結果」をもってくるのが中学校時代からの数学における習わしですが，実務では「先に発生するものをx，後から発生するものをy」とするケースなどもあります。ちなみに，このxを「説明変数（あるいは独立変数）」，yを「被説明変数（あるいは従属変数，目的変数）」と呼びます。

　数学的に説明しようとすると難しく感じられるかもしれませんが，要は点と点の「バラツキの中央」にグラフを通しているのが〔近似曲線〕なのです。

　蛇足ですが，最小二乗法と対になる数学的な概念に「回帰分析」というものがあります。この回帰分析と最小二乗法は，いわばコインの表裏のようなものです。

　そもそも回帰分析とは，説明変数xと目的変数yの間に数式を当てはめ，目的変数yが説明変数xによってどれくらい説明できるのかを，定量的に推定する「分析法」のことをいいます。

　一方，回帰分析の数式である回帰式から，目的変数yの実測値とその推定値の差の二乗和が最小になる回帰式の係数を求める，という回帰分析の代表的な推定手法が「最小二乗法」と呼ばれます。

　なお，説明変数xが1つだけの場合を「単回帰分析」，複数の場合を「重回帰分析」と呼んでいます。

(3) R^2 という，当てはまりの度合い

ここまでなんとなく理解できたという読者もいらっしゃると思いますが，問題は「$R^2=$……」という数字の塊の意味です。

実はこれこそが，"最小二乗法"という名前の由来であり，近似曲線の当てはまり具合を計測するための，大切な数字なのです。

(2)で説明したように，各数字と近似曲線というグラフの間には「誤差」があります。この誤差は，近似曲線に対して縦方向にも横方向にも差があり，両方の差が均等になるように，つまり**図表6-12**のように正方形の面積が最小になるように，「バラツキの中央」に近似曲線を通すことになります。

ということは，この正方形の面積が最小になるものほど，つまり二乗和が小さいものほど，そのグラフ線は点と点の関係を正確に突き止めている，と数学上考えることができます。

「R^2」は，こうしたことを百分比で表したものなのです。

$R^2 = R\textasciicircum 2 = R$ の2乗
　$= 1 -$（誤差の2乗和÷実測値の偏差の2乗和）

※　誤差の2乗和＝（実測値－予測値）の2乗を合計した数
※　実測値の偏差の2乗和＝（実測値－実測値の平均）の2乗を合計した数

つまり，「R^2」が1に近いほど，数学上，各データ項目とグラフの当てはまりがよいとみるのです。こうしたことから，R^2 は「決定係数」，「寄与率」などと呼ばれています。

実務上，アンケート調査など社会学的なデータの場合，R^2 が0.3程度であっても十分有意義な傾向が見て取れる，と判断することもあります。

(4) 近似曲線による推計

(1)で用いた**図表6-11**の右側の散布図に近似曲線を書き加え,売上と販促費の相関関係を,グラフや数式で表現できるようにしてみましょう。

図表6-11の散布図の外枠をクリック,**図表6-13**のように〔グラフツール〕→〔レイアウト〕タブ→〔分析〕グループ→〔近似曲線〕→〔線形近似曲線〕をクリックします。

図表6-13 グラフツール・レイアウト・分析・近似曲線

すると**図表6-14**のように,データ項目の間に1本の直線が現れます。この直線が**図表6-11**のデータ項目の〔近似曲線〕です。

図表6-14 近似曲線

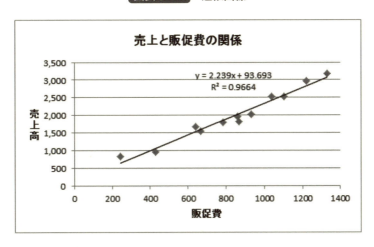

近似曲線には6種類あり，それぞれ次のような特徴があります。

【6つの近似曲線】

- 「線形近似曲線」は，データ要素のパターンが直線状で，単純な場合に用いられる。
- 「対数近似曲線」は，変化の割合が短期間に増加または減少してから横ばい状態になるデータに最適である。
- 「多項式近似曲線」は，山や谷が現れて変動するデータで使用する。
- 「累乗近似曲線」は，一定割合でデータが曲線的に増加する場合に最適。
- 「指数近似曲線」は，データ値の増加または減少の割合が次第に大きくなる場合に最適である。
- 「移動平均近似曲線」は，データの変動を滑らかに表し，データのパターンや傾向をより明確に把握したいときに適している。

不正会計と対峙するという点を踏まえ，財務データを用いる場合は**図表6-14**のような「線形近似曲線」を採用すればよいでしょう。

ちなみに、ここでの目的は単にグラフを描くことではありません。グラフをもとに相関関係のある数値を推計する必要があり、そのために近似曲線を"数式化"してあげる必要もあります。そこで、〔グラフツール〕→〔レイアウト〕タブ→〔分析〕グループ→〔近似曲線〕→〔その他の近似曲線のオプション(M)〕から、**図表6-15**で示した〔近似曲線の書式設定〕を表示します。この画面の下のほうにある〔グラフに数式を表示する(E)〕と〔グラフにR-2乗値を表示する(R)〕に☑をし、〔閉じる〕をクリックします。

すると、点と点の間を通る曲線、線形近似曲線の場合は直線で示される最小二乗法によって導き出される近似曲線とともに、「R^2」という近似曲線のデータ項目との当てはまりの度合い、近似曲線の数式が**図表6-14**のように表示されます。この y = 2.239 x + 93.693 という数式から、x = 販促費が1単位増加した場合、y = 売上高が2.239だけ増え、また R^2 = 0.9664 という結果から、96.64％の割合でデータの相関関係をこの数式が表現している、と読み取れます。

図表6-15 近似曲線の書式設定

この近似曲線から、売上と販促費の関係を推計することができ、もしも実績と推計が大きく乖離している、いわゆる「外れ値」があれば、異常点として当該データを抽出し、検証してみる価値があるでしょう。

(5) 複合散布図による異常値の抽出

散布図の応用として、グループ分けされた複数のデータから異常値を抽出する際に活用できる「複合散布図」があります。例えば、3つの事業所がある場合、事業所単位のデータを1つの散布図にまとめることで、全社ベースで異常値（外れ値）を検出する――このように複合散布図は活用できるでしょう。

Excelでの作業は、一方の散布図をコピーし、他方の散布図に貼り付けるだけです。あらかじめ営業所が区別できるよう、グラフのタイトルを「A事業所」、「B事業所」、「C事業所」といった具合に編集しておくと**図表6-16**の右下図のような複合散布図を作成できます。グラフタイトルの編集方法は(1)で説明したとおりです。

図表6-16 複合散布図

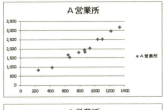
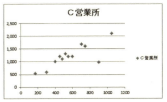
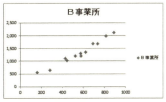
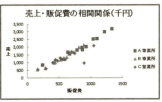

複合散布図は，年度ごとや月ごとのデータを1つにまとめて比較する際にも役立ちます。前期と当期を年度比較して2つの散布図を見なければならないような場合，2つの散布図を1つの散布図として，かつ，それぞれのデータが判別できるようにマーカーの色を変えながら重ねて表示すれば便利です。

いろいろな場面を想定し，この複合散布図を活用してみてください。

3 時系列分析による「予測」

Excelを使えば"予測"もできます。ここでは，時系列分析による予測を行う際に必要な，近似曲線の応用，季節指数，相対誤差などの概念を整理します。

(1) 安定したデータの予測

3，4，5，6と続けば，「次は7が来そうだ」と予想がつきます。

このように，安定したデータの場合の予測はExcelで簡単にできます。

Excelを使った予測にはいくつかの方法がありますが，例えば本章 2 でご紹介した回帰分析もその1つです。回帰分析では，過去の売上実績のようなデータから最小二乗法により求められる数式（回帰式）を用いることで，この数式上に将来の売上もあると予測します。

この回帰分析のアレンジの1つが，本章 2 (4)で説明した近似曲線です。実は，Excelの近似曲線には「予測」という機能が用意されていて，安定したデータを用いる場合，将来を予測することができるのです。

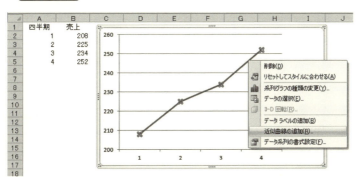

図表6-17 売上データの折れ線グラフから近似曲線の選択画面

例えば，**図表6-17**のような四半期ベースの売上実績データがあった場合，本章 2 (1)でご紹介したように，〔挿入〕タブの〔グラフ〕グループから〔折れ

線〕グラフを描くことができます。

　ここで，本章2(4)とは別の方法で近似曲線を書き足してみましょう。折れ線グラフ上でクリックすると，**図表6-17**のようにデータ項目が華やいだ雰囲気になり，その状態で右クリックすると〔近似曲線の追加（R）〕を選択できるボックスが出てきますので，これをクリックし，**図表6-15**で示した〔近似曲線の書式設定〕の画面を出します。この画面の下部には〔予測〕という設定項目が見て取れます。この〔区間〕に数字を入力すれば，近似曲線の回帰式から予測できるようになるのです。

　事例では〔前方補外〕の〔区間〕に「4」と入力していますが，これは過去の四半期データを用いて，次4四半期を予測しているからです。さらにもう1会計期間，つまり四半期×2期＝合計8四半期を予測したい場合，〔区間〕に「8」と入力すればよいのです。

　ちなみに〔前方補外〕とは，今あるデータを補いながら，将来（前方）を，今あるデータの範囲外で予測（外挿）することになることに由来します。

　このように算出された予測と実績を比較し，大きな相違「外れ値」がみられた場合，実績が過去のデータ推移では説明ができないことを示すことになります。こうした理由を把握すれば，異常点をつかめる可能性が高まります。

図表6-18　前方補外による予測グラフ

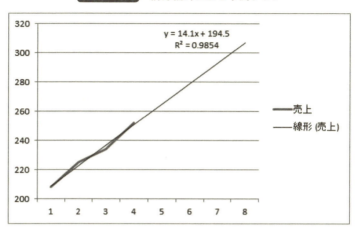

$y = 14.1x + 194.5$
$R^2 = 0.9854$

(2) 季節的変動のあるデータ予測

図表6-19のような季節的変動のあるデータを取り扱う場合，前述の回帰分析ではうまく予測できません。試しに回帰分析による近似曲線を書き加えてみると，3年間の売上実績データは総量・ピークともに年々減少傾向にあるにもかかわらず，近似曲線は右肩上がりの直線を描き出します。これは経営感覚とズレがあります。

図表6-19　売上高の実績データと近似曲線による今後12カ月の予測

年月	売上高	年月	売上高	年月	売上高
X1-01	6,924	X2-01	8,764	X3-01	7,339
X1-02	7,027	X2-02	8,953	X3-02	9,133
X1-03	10,690	X2-03	15,468	X3-03	19,467
X1-04	7,076	X2-04	8,831	X3-04	8,787
X1-05	5,843	X2-05	8,400	X3-05	8,424
X1-06	7,386	X2-06	8,770	X3-06	8,245
X1-07	36,456	X2-07	37,124	X3-07	32,901
X1-08	64,336	X2-08	56,002	X3-08	50,738
X1-09	73,733	X2-09	65,073	X3-09	61,999
X1-10	5,527	X2-10	4,944	X3-10	4,375
X1-11	5,946	X2-11	4,847	X3-11	4,735
X1-12	13,435	X2-12	15,812	X3-12	15,418

実際に12カ月移動平均で見れば，右肩下がりです（**図表6-20**）。

図表6-20　12カ月移動平均

このように，予測モデルは万能ではありません。

ある予測モデルはあるデータをうまく説明できても，別のデータでは上手に説明できない，ということもあるのです。

したがって，私たちは「このデータの場合，どの予測モデルを使えば，より正しく予測できるか」ということを意識してCAATする必要があります。

図表6-19のような季節的変動のあるデータの場合，比較的簡単な予測モデルとして「季節指数」を使った方法があります。

季節指数とは，売上高のような過去数期間のデータをもとに，毎年1月から12月の実績が1年間の中でどの程度の割合を占めているかを指数化したものです。

③ 時系列分析による「予測」　149

図表6-21　季節指数による売上高の予測

	A	B	C	D	E	F	G
1		X1	X2	X3	3年合計	季節指数	X4予測
2	1月	6,924	8,764	7,339	23,027	0.03203	7,687
3	2月	7,027	8,953	9,133	25,113	0.034931	8,383
4	3月	10,690	15,468	19,467	45,625	0.063463	15,231
5	4月	7,076	8,831	8,787	24,694	0.034348	8,244
6	5月	5,843	8,400	8,424	22,667	0.031529	7,567
7	6月	7,386	8,770	8,245	24,401	0.033941	8,146
8	7月	36,456	37,124	32,901	106,481	0.148111	35,547
9	8月	64,336	56,002	50,738	171,076	0.23796	57,110
10	9月	73,733	65,073	61,999	200,805	0.279312	67,035
11	10月	5,527	4,944	4,375	14,846	0.02065	4,956
12	11月	5,946	4,847	4,735	15,528	0.021599	5,184
13	12月	13,435	15,812	15,418	44,665	0.062127	14,911
14	合計	244,379	242,988	231,561	718,928	1	240,000

図表6-21のセルF14を見ればわかるように，1月から12月の季節指数の合計が「1」となっているのは，こうしたことからです。ちなみにこの事例では，「季節指数＝3年合計の各月売上高÷3年合計の売上高」で計算しています。

この季節指数をもとに，今後1年間（X4年）の各月の売上高予測をします。

上場企業をはじめ，多くの企業では売上予想を公表していますし，公表はしないまでも経営管理用の目標値として持っている組織も多いと思います。この年間売上予想を用いて，今後1年間の各月の売上高予測（＝年間売上予想×季節指数）を計算します。

このように算出された予測値と実績値を比較して，大きな差異があれば異常点として抽出し，その理由を探ることで何らか得るものがあるでしょう。

(3) 相対誤差

(1)で示した「前方補外」にしろ、(2)で示した季節的変動のあるデータの予測にしろ、予測と実績は大なり小なり乖離が生じます。

当たり前のことですが、この乖離がすべて異常というわけではありません。突出した乖離の状況が異常値（外れ値）であり、こうした異常値を対象に、さらに詳細に把握することが、不正会計との対峙には必要です。

そこで、「相対誤差XX％以上は異常値」というように判断することになります。(1)(2)のように算出された予測値と実績値を比較し、「相対誤差」を算出することで異常点を探るのです。

> 相対誤差＝（実績値－予測値）÷実績値

この「相対誤差」が異常値かどうかの基準「XX％」に該当する数値は、各組織の実態を踏まえ決定することになります。

金額にもよりますが、少なくとも売上高の実績値が予測値を10％以上も大きく乖離する誤差がある場合、異常点として「何が、どこで、誰により、どの程度」売れたのかという具合に、誤差発生の理由を証憑突合や販売担当者への質問などを通じ、的確に把握する必要があるでしょう。

また、不正会計特有の「症状」にも留意する必要があります。

図表6-22の10月から12月のように、決算月である12月に近くなるに従って実績値が予測値より上方に連続して乖離している場合、粉飾等の可能性が疑われることになります。なぜなら、粉飾のような不正は「不正のトライアングル」と考え合わせれば、予算必達という「動機」によって、期末に近づくほど不正の誘引が高まるからです。中でも、**図表6-22**の1月データのように、期首に相対誤差がいったん下がるような傾向がみられる場合は留意すべきでしょう。前期末に計上した架空売上を、期首で洗い替えていることも想定されるからです。

図表6-22　相対誤差の計算とグラフ

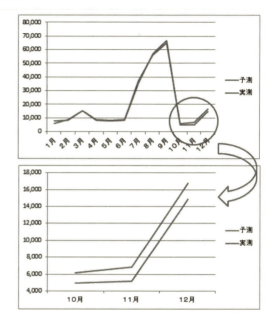

	予測	実測	相対誤差
1月	7,687	5,987	-28%
2月	8,383	8,953	6%
3月	15,231	15,468	2%
4月	8,244	8,831	7%
5月	7,567	8,400	10%
6月	8,146	8,770	7%
7月	35,547	37,124	4%
8月	57,110	56,002	-2%
9月	67,035	65,073	-3%
10月	4,956	6,133	19%
11月	5,184	6,809	24%
12月	14,911	16,800	11%
合計	240,000	244,350	2%

　このようなデータを抽出する際，前述の計算式のとおり「相対誤差」を表示し，グラフではこうした傾向をより際立たせるために目盛を調整し，**図表6-22**の右下図のように期間を限定するとよいでしょう。

　グラフの目盛調整で，「縦軸」を調整したければ，縦軸上で左クリック→〔軸の書式設定（F）〕→**図表6-23**の〔軸の書式設定〕画面の〔軸のオプション〕で〔最小値〕の〔固定（F）〕を選択し，データ項目の中で最小値に近い区切りの良い数値（ここでは4000.0）を入力し，〔最大値〕についても適宜入力すれば，該当データをより際立たせて表現することができます。

　ちなみに，「数字を際立たせる」ポイントは，次の3つです。

【数字の際立たせ方】

> - 概算ではなく，正確な数字を示す
> - 数字のインパクトを伝える
> - 内部データよりも，第三者（外部）のデータを用いる

　自分以外の人たちにより上手に伝えるには，こうした点も踏まえて数字を際立たせ，グラフの軸を設定してみることも必要でしょう。いろいろ試してみてください。

　図表6-22の下図では，予測と実績の乖離の兆候が連続して表れている10月から12月の期末日前3カ月を対象に，グラフを作成しました。

　こうすることで，数字に弱い経営管理者等にも，わかりやすい形で不正の兆候を提示することが可能となります。

　数字は，数字の形である必要はありません。

　グラフを用い，ビジュアルで数字を表現する技術も大事です。

③ 時系列分析による「予測」 153

図表6-23 軸の書式設定

第7章

勘定科目別
"CAATシナリオ"

　本章では，不正会計のリスクが特に高いとされる売上高，在庫，現金預金（小切手，手形を含む，広い意味での"キャッシュ"），経費を対象に，実際に起こった不正事例もひもときつつ，CAATシナリオ案をご紹介します。
　皆さんの組織に置き換え，工夫を重ねていただければと思います。

1 売上高とCAAT

　上場企業であれ、非上場企業であれ、どのような組織体であってもさまざまな動機を受けて成長性があるかのごとく装うことがあり、これが粉飾につながります。

　ここでは、粉飾の兆候発見をはじめ、売上高における標準的なCAATシナリオ案をご紹介します。

(1) 販売単価の異常値

　「架空売上」の計上は、最もポピュラーな粉飾手口の1つです。

　この架空売上による粉飾の発覚で株式市場から去っていったのが、シニアマーケット専門コンサルティング会社のS社です。

　S社は上場直前期、販売契約の減額や契約そのものの頓挫で、当初想定していた売上高が確保できず、下方修正を余儀なくされる事態に見舞われます。

　しかし、「上場の二文字しかなかったようだ」と調査報告書にあるように、当時の役員は架空売上の計上で業績を取り繕い、下方修正ではなく、粉飾を行ってしまったのです。

　このように、架空売上は成長性を維持しようとして計上されるわけですが、架空であるため、どこかでほころびも出てきます。

　例えば、架空売上の手口として販売単価の付け替えが行われることがあります。このような場合、単価の異常点をつかむことで、不正会計と対峙できるでしょう。

　汎用的な商品や製品、サービスを提供する会社の場合、販売単価として標準単価マスタが用意されていると思います。この標準単価マスタと、販売データなどの実際の単価を比較することで、異常な利益率となっている販売取引データを抽出し、異常点として把握できることがあります。

　一方、販売単価の異常値は、横領事実の痕跡として現れる場合もあります。

通常，同じ得意先であれば，同じ販売単価が使われることがほとんどです。もしも，販売単価が引き下げられているということであれば，異常点として把握し，販売単価引下げの理由を確かめる必要があります。

このように，同一品種の販売単価が他の取引と比較して異常に高い/低いという場合，理由を確かめてみる必要があります。こうした傾向を示すデータの抽出は，販売データなどを対象に，得意先別やアイテム別の販売単価の時系列分析をすることで可能となります。

販売単価の異常という点に関し，多額の値引き・割戻しや返品等のデータ，高い支出率のリベートや値引きのデータなどとして，異常点が現れる場合もあります。こうした傾向も，他の取引との比較で把握可能でしょう。

問題は，こうした点を踏まえ，不正実行者が隠蔽工作を図るという点です。

監査人は，「多額・高率」など，財務データをもとに異常値と正常値の境，閾値（しきいち）という「スコープ」を決定します。そうすることで，スコープを超えたデータあるいは下回ったデータを機械的に異常値として把握でき，効率的・効果的に監査できるからです。

しかし，「スコープアウト」した，対象範囲から除外したデータの中に不正の兆候が含まれていないという保証はどこにもありません。

もちろん監査の現場では，経済的・時間的な制約から，こうした基準も必要なのですが，果たして「スコープを下回る金額だから，すべて手続を省略してもかまわない」と言い切れるのか，疑問に思うこともあります。

以前，ある金融機関で預金利息計算の端数を取りまとめ，この利息分を横領したという事件がありました。預金101円，年利１％のとき，１年後の利息は101円×１％＝１円１銭と計算できますが，預金者には１円が利息として支払われるのみです。つまり，端数の１銭は計算されますが，預金者に支払われることはありません。不正実行者はこの端数に目をつけ，計算上生じた端数を自らの口座に集約し，搾取したのです。このように１件当たりは少額でも，総額では重要な不正会計となることもあります。

こうした事件は，ITが広く普及している現状では，金融機関に限らずあら

ゆる組織で不正会計の手口として活用されてしまう可能性があることには留意すべきでしょう。

　この点，IT43号『電子的監査証拠』の「Ⅵ　課題と提言」でも指摘されています。不正実行者の立場で考えれば，伝票等の紙媒体の証憑書類を偽造するとなれば，手数がかかり「面倒だから，隠蔽は1枚の伝票起票で」となりがちです。こうした状況ならば，金額的重要性を考慮したスコープも有効でしょう。

　しかしITを使う環境を考えれば，状況が変わります。少額で多量の不正取引データを組成し，不正の事実の隠蔽を図ることもたやすくなるからです。

　「小口に分ければ，スコープアウトでバレないだろう」

　不正実行者がこのように考えるかもしれません。それゆえ，IT化されたペーパーレス社会での「監査アプローチや監査の手法の変更や工夫が必要になるのではないか」とIT43号が指摘しているように，ITの特性に応じた不正対応のスキルも必要となるわけです。

　ちなみに，こうした少額多量の取引データの異常値をCAATで検証するためには，ピボットテーブルで〔データの個数〕を把握するという方法があります。財務データのみならず〔データの個数〕という非財務のデータにも着目することで，不正会計の端緒をつかむことができる可能性が高まります。

(2) 未出荷売上

　システム開発会社のニイウスコー㈱（元東証一部，2010年9月解散）の不正会計事例では，売上の計上基準を満たしていない取引計上などによる，売上総額682億円もの不適切な取引が発覚しました。

　その手口は，販売先が預かっている状況のいわゆる「未出荷売上」を，あたかも実際に売上があったように先行計上した，というものです。調査報告書によれば，未出荷状態で「先行売上」を計上，最終的に販売予定先との間で成約に至らなかった「未出荷売上」が多額の粉飾につながった，と分析しています。

　こうした「未出荷売上」，「先行売上」は，正規の売上ではないので売上として計上できず，取消しの経理処理を行わなければなりません。しかし，会社は

売上を取り消さなかったのです。売上取消しを回避するため，成約に至らなかった案件は，別の転売先を見つけていたというのです。

また，製品名称を変更し，転売先もしくは複数の転売先を経由した後に，会社が買い戻す「循環取引」で隠蔽工作していた，との報告もあります。

この循環取引とは，自社が販売した商品や製品を，複数の会社を経由し買い戻したり，まったく別のものに姿を変えたりしながら行われる取引で，通常の「商流取引」とは異なる，起点と終点の業者がいない架空取引です。

「本当に循環取引をしようと思う人はしっかりきれいに作ってきます」

2013年，不正リスク対応基準の公表をめぐる座談会で，日本公認会計士協会のある理事がこう発言されたように，不正会計の実行者はその事実を隠蔽するためあらゆる策を講じます。循環取引のような複雑な不正会計を暴くには，一筋縄ではいかないという現実があります。

とはいえ，社会から不正会計の撲滅に対する期待もされており，この要求に対応する必要もあります。CAATのような，従来とは違う視点や工夫で，さまざまな角度からデータを眺め，循環取引のような複雑な不正会計に向き合うという姿勢も必要でしょう。

図表7-1　通常の「商流取引」

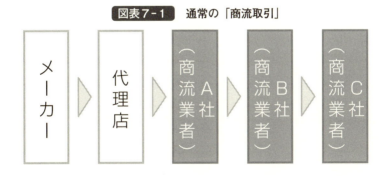

図表7-2　不正会計で用いられる「循環取引」

循環取引には，商流取引のような起点と終点の業者がいません。
売上も仕入も同じ業者と取引している場合，取引の実在性を要検証。

　そこで，循環取引の手法の1つである未出荷売上高の兆候を探るため，次のような3つの視点で，売上債権残高の異常な推移傾向がみられる口座を抽出していく必要があります。

【異常点をつかむ3つの視点】

> ①　通常想定される販売額以上の売上債権残高が残置している口座を対象に，いわゆる与信を見る
> ②　そして，売上債権残高が次第に増える傾向にある口座を見る
> ③　中でも，最近の売上債権は回収済みだが，過去の売上債権が残置している口座に注目する

　こうした売上債権の兆候から，異常な傾向を示す売上債権残高の口座を抽出すれば，未出荷売上高の存在する口座にヒットする可能性があります。
　CAATを想定した場合，例えばピボットテーブルという機能を使って，期末日などの基準日における得意先ごとの売上債権残高データを，6カ月程度の期間を対象とした各月の販売データと突き合わせてみると，異常な取引口座の抽出が可能となるでしょう。なお，ここではIT42号Q&A30の例示に従って6

カ月としましたが，これは各社の回収予定期間（サイト）に合わせて考えればよいでしょう。

　このように抽出した異常な取引口座は，未出荷売上高の場合もあれば，横領などの兆候として表れることもあります。

　異常な取引口座を抽出できたならば，今度はこの中から不正会計の痕跡を探すため，販売データと在庫データを突き合わせ，さらなる絞込みを行います。未出荷売上であれば，売上計上後も会社に在庫が存在するはずで，在庫データに動きがないでしょう。

　場合によっては，売上先ではない他の場所に在庫が出荷され，未出荷売上の隠蔽工作として用いられることもあるかもしれません。

　このようなデータがあれば，「なぜ在庫が出荷されないのか」，「出荷予定日はいつなのか」，「入金回収条件はどうなっているのか」といった点を販売担当者に質問してみます。

　もしも，「顧客の要請に基づき，預り在庫としている」というのであれば，その必要性を検証してみます。例えば，倉庫料の授受の有無などを確かめてみれば，何らかの端緒を発見できる可能性があるでしょう。

　ただ，これで循環取引把握が万全かといえば，まったくそのようなことはありません。循環取引はその兆候をつかむことが難しい，というのが現状です。

　そこで，ニイウスコーの調査報告書にもあるように，上述のような未出荷売上となっている取引，転売している取引（同時に取消・計上され，得意先名が変更となっている販売データを抽出），製品名を変えて販売している取引（同時に取消・計上され，製品名が変更となっている販売データを抽出）——こうしたデータに注目するなど，工夫してCAATしてみれば，循環取引の端緒をつかむ可能性を高めることはできるでしょう。

　CAATを活用し，今までと違った視点をあわせ持てば，もっと確度を高め，もっと早い段階で，もっと影響が小さい時点で，循環取引のような不正会計の兆候を検出できる可能性は十分あります。

(3) 循環取引

「証憑類がすべて揃っているから，問題ない」

これは，本質の一面しか見ていません。監査の本質を考えれば，こうした「記録と記録の照合」も大事ですが，「記録と事実の照合」がより大事なのです。

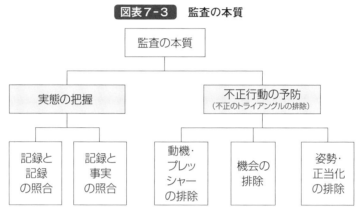

図表7-3　監査の本質

（出典）『会計ドレッシング 10 episodes』P.196。

監査という業務の本質は2つあると思います。

1つは「取引等の実態把握」，もう1つは「不正行動の予防」です。

このうち，「不正行動の予防」については，「不正のトライアングル」を排除する"3本の矢"，すなわち不正を起こしうる「動機・プレッシャーの排除」，不正を行いうる「機会の排除」，不正を正当化するような「姿勢の排除」――これら3点をことあるごとに組織に求める必要があります。

そこで，J-SOX・内部統制報告制度のような仕組みで，「不正のトライアングル」が醸成されない組織の構築を目指す必要があるのです。

ただし，最近の風潮として，この点を強調しすぎる傾向があり，締め付けが厳しいのは，むしろ逆効果なこともあります。ほどほどの加減が必要でしょう。

監査の本質のもう1つの側面が「実態の把握」です。どんなに立派なお題目

を掲げても，機能しなければ意味がありません。

そもそも内部統制は，経営者がデザインしていて，経営者がその気になれば不正会計は行われてしまいます。ITの雄によるLD事件もそうですし，光学機械メーカーO事件も，D製紙事件も，すべて経営者による不正です。経営者不正に対して内部統制が脆弱な側面があるのは，その成り立ちに由来し，ある意味仕方のないことなのかもしれません。

とはいうものの，複式簿記の世界では，仕訳として記録されればこの記録を頼りに不正会計の兆候に触れることは可能です。だからこそ，従来から「仕訳通査」という手続を通じ，仕訳伝票を1枚ずつめくりながら，実態の把握に努めてきたのです。

一方，対象となるデータは連結会計の影響もあり，膨大です。ビッグデータを相手に実態を把握するには，手作業では限界もあります。しかも，循環取引のような複雑な取引もあるため，こうした取引を，膨大なデータの中から早期発見するには，目視ではそもそも限界があり，CAATを使う必要性があるわけです。

例えば，IT40号『事例で学ぶよくわかるITに対応した監査』が紹介する，支店長による架空循環取引に係る仕訳テストの事例のような着眼点でCAATを実施することも，不正会計の兆候を把握するのに効果的です。ここではIT40号を参考に，循環取引と対峙するCAATの着眼点をご紹介します。

【着眼点①】　通常の営業日以外に実行された取引

「不正はダメなことと百も承知。でも……」

このように，実際に不正を行うとなれば後ろめたさも感じるでしょうし，隠蔽工作を考えれば不正なデータ入力は平日ではなく，人目のない休日に行うことも想像できます。

CAATでは，こうした兆候を入力日から把握し，入力日を曜日データに変換するためデータ書式で「aaa」とし（本章**3**(8)参照），ピボットテーブルで休日に入力されたデータを検証してみるなどが考えられます。

【着眼点②】 高い権限があるユーザIDの取引

そもそも支店長は，さまざまな承認権限を有しています。財務会計・販売・購買の各システムにアクセスできる支店長権限で，取引入力後に自己承認することも可能な場合もあります。

そこで，【着眼点①】で抽出した取引のうち，ピボットテーブルで入力者別データを把握，高い権限があるユーザIDの取引を抽出してみると，循環取引の端緒の発見につながる可能性があります。入力作業は，比較的若手の従業員が行うのが普通だと考えれば，支店長などの権限を持つ者が直接入力したデータは異常点として考えることもできるからです。なお，ID抽出の際，第5章⑩でご紹介した〔スライサー〕等を使うと便利でしょう。

【着眼点③】 通常はあまり使われていないID

不正の隠蔽工作を考えれば，不正が見つからないように，通常はあまり使われていないIDで入力されている場合もあります。こうした入力データに着目してみるのも効果的でしょう。

ピボットテーブルでIDごとの入力件数をカウントし，件数が少量にもかかわらず多額の取引に注目してみると，意外な結果と遭遇する可能性もあります。

【着眼点④】 同一日付の売上・仕入取引

循環取引という取引の性格に着目してみると，仕入直後に同一金額の売上が計上されることが想定できます。場合によっては，数日空けて，複数の取引先に分け，循環取引を計上する場合もあるでしょう。こうした取引でも，【着眼点】①から③までを踏まえてCAATを実施すれば，兆候を把握できる可能性は高まるでしょう。

【着眼点⑤】 取引先コード等で集計・分析

以上のような【着眼点】①から④を対象に，〔フィルター〕を使い，取引先コード等で集計・分析すれば，循環取引の片鱗に触れる可能性が高まります。

実は，上場準備中のある会社の年度末監査で，似たような事例に遭遇した経験があります。

　決算月に取締役担当経理部長に着地予想を伺うと「今期はこのままだと，若干の黒字でしょう」というのです。いざ期末監査を迎え試算表を見せていただくと，随分と数字が良くなっていました。

　そこで部長に，「この間おっしゃっていた数字に比べ，かなり良いですね」とお尋ねすると，「そうですね。ちょっと良くなりましたね」，と部長はまるで気にも留めない素振りでした。

　IPO（Initial Public Offering），つまり株式公開の実質的な作業に入る大事な時期を迎えるなか，ふたを開けてみれば，予想とかなり違った結果です。

　そこで，売上高を，特に決算月の取引を中心に見る，今でいう「特別に検討を要するリスク」，「特検リスク」ということになるのだと思いますが，当時はそうした言葉もない時代で，決算月の売上取引を「仕訳通査」してみたのです。

　すると，どうも同時期に，ほぼ同額で，若干利幅が乗ったような売上・仕入の計上仕訳が出てきました。そこで会社に依頼し，総勘定元帳データをCSV形式のデータでもらいCAATしたのです。予想どおり，同時期に，ほぼ同額の，複数の取引がパソコンの画面に現れたので，部長に「この取引データを調べてもらえませんか」と伝え，その日は監査を終えました。

　翌日，その会社に行くと，真っ先に部長が会議室にお見えになり，「昨日ご指摘いただいた取引は，すべて取消しさせていただきました。その結果がこちらになります」と手渡された試算表は，なんと赤字だったのです。

　「部長。もしかして循環ですか」と伺うと，部長はニコッと笑みを浮かべながらも目の奥では何かいいたげな表情でしたが，それ以上何もおっしゃいませんでした。

　その会社は，結果としてIPOも監査も取りやめることになります。

　本件のように，事前のコミュニケーションは大事です。もちろん，CAATにより分析したことも功を奏したと思っていますが，最も大事なのは普段からのお付き合いの仕方にあるのではないでしょうか。

CAAT推進者の中には,「データさえ見ておけば十分」と主張される人もいるようですが,どうも得心がいきません。

不正会計の裏には,必ず不正の実行者がいます。不正会計というのは結果としてデータに異常な兆候が現れますが,本質はヒューマンなものなのです。パソコンの画面を見て,不正な取引の痕跡をCAATで抽出することはできても,顔面を突き合わせ「記録と事実の照合」もしなければ,問題の本質に迫ることはできないと思います。

CAAT等によるデータ分析で十分ということでは決してなく,データ分析を1つのきっかけとして不正会計と対峙するために,問題の本質に迫るための質問の技術も持ち合わせておかなければなりません(質問の技術については,拙著『会計ドレッシング 10 episodes』をご参照ください)。

「画面を見るな,顔面を見ろ」

パソコン画面を見るのも大事ですが,人の顔を見て話を聞くことのほうが,もっと大事なはずです。

監査(audit)の語源は,"聞く(audio)"なのです。

(4) 目に見えない取引

最近は,物販や製造,飲食などを扱う会社でも,コンサルティングに係る業務収益を売上計上する会社が少なくありません。

このコンサル売上は,在庫の動きやサービスの提供という物理的な作業等を伴わず「目に見えない」ことも多く,取引計上の妥当性の判断に迷うことが少なからずあるものです。

こうした「目に見えない」取引の場合も,その妥当性を検証するため,一般的に行われる「証憑突合」を実施するのが普通です。契約書で業務内容を確かめ,請求書(控)や納品書(控),検収書等の入手・査閲などにより,取引計上することが妥当である,という心証を監査人は得ようとします。

しかし,こうした単純な監査手続が行われることは,不正実行者からすれば

想定内である場合もあります。実際に行われた不正会計の事例では，不正実行者があらかじめ監査に耐えうるように，上記のような証憑書類を整え，監査人からの質問（ヒアリング）に備え，回答も用意していた，ということもありました。

不正会計と対峙するには，こうした「記録と記録の照合」ももちろん大事ですが，なにより「記録と事実の照合」が不可欠だということを念頭に置き，懐疑心を持ちつつ，手続を踏む必要があります。

そのうえで取引を分析し，分析結果を被監査組織の責任者へ冷静に報告する必要もあります。

「この取引計上は，妥当性に欠けるといわざるを得ないので，取引を取り消すか，取引の妥当性を立証できる客観的な新たな根拠を示してもらいたい」

このように毅然とした態度で被監査組織側に要請することも，監査人として時に必要でしょう。被監査組織の責任者へ趣旨を明確に説明し，要請すれば，その者が不正に関与していない限り，本章(3)の体験事例のようにきちんとした対応をしてくれるはずです。

そのためには，次のような着眼点で証拠を積み上げ，こちら側も不正の兆候を提示する必要があります。

【着眼点①】　工期が短期で，高額な取引の存在

そもそもコンサル業務は，数カ月に及ぶことが普通です。こう考えれば，期末直前の1カ月で完了したコンサルに係る売上計上は異常であり，取引の実在性を疑うことができるでしょう。また，高額案件ほど工事に時間がかかる，というように工事金額と工期には「正の相関関係」があることが多いと思います。そこで，受注日と売上日（完成工事計上日）に着目し，両者の日数が著しく短期間になっている完成案件は架空売上の可能性があるとして抽出し，取引の妥当性を検証してみることが必要でしょう。

【着眼点②】　期末日直近の多額な売上計上

　期末日直近の多額な売上計上――これも異常点の1つです。この取引がなければ黒字にできないほど利益額の大きな取引，対応する売上原価が計上されていない取引，代金回収の期限が延長されている取引などがあれば，不自然な取引として抽出し，妥当な取引であるか，可能な限り検証する必要もあるでしょう。

【着眼点③】　管理資料の作成プロセスの検証

　一方，留意も必要です。利益や原価を調整し，一見すると異常点ではないように，不正実行者が装うこともあるからです。

　例えばIT企業にみられる，開発案件ごとに売上高と開発原価と粗利を一覧表示する「サービス原価一覧表」のような管理資料を監査人が鵜呑みにし，売上取引の実在性を検証すると大事に至ることがある旨がIT40号で示されています。

　近年，IT企業に限らず多くの企業でシステム的に経理処理する部分が増えていて，サービス原価一覧表のような管理資料が自動的に出力されるものと思い込みがちです。しかし，不正の実行者が意図をもって，Excelデータとして出力後，売上高と原価の比率が異常値にならないよう手作業で管理資料を作成しているケースもあるかもしれません。それゆえ，こうした資料の作成プロセスを検証しておく必要があります。

　この点，CAATを使い統計データを活用して検証するのも一考に値します。

　そもそも，売上高をはじめとする大半の財務データは，「単価Price×数量Quantity」で表現できます。

　例えば，IT40号が示す，SEO（Search Engine Optimization）コンサルのような「目に見えにくい」業務も，「P×Q」に分けて考えれば，その取引計上の妥当性を検証することもできるでしょう。ここでSEOコンサルとは，グーグルやヤフーなどの検索結果で依頼者のウェブが上位に表示されるように改善策を講じるコンサル業務をいいます。このコンサル業務で，SEO売上が

計上されるのです。

　SEO売上のような「目に見えない」売上取引の計上妥当性を検証する場合，関連するデータに注目する必要があります。

　具体的には，「数量Q」に相当する表示回数やクリック数，あるいはこれらを解析したアクセスログ（システムへのアクセス状況の記録）に着目し，被監査組織で作成された経営管理資料等の閲覧・分析等をすることで，心証を得たり，異常点を把握できたりするでしょう。

　また，第6章で示した回帰分析のようなCAATで，こうしたデータの相関関係を分析・検証してみれば，「目に見えない」コンサル売上のような取引の実在性を検証でき，不正会計の兆候に触れる期待も高まるでしょう。

　こうした検証過程で重要なのは，理解・想像・構築の3点です。

- 被監査組織の事業収益の源泉をきちんと「理解」する
- IT統制も含め被監査組織がどのような経営管理をしているか「想像」する
- CAATプログラムを「構築」する

　これら3点に留意し，不正会計に対峙することが不可欠である——このようにIT40号は説明しています。

【着眼点④】　財務分析

　浮世離れした積極的な業績目標を掲げる経営陣の前では，「不正のトライアングル」の1つである「動機・プレッシャー」があるので，架空売上の計上もありうることを前提に対応する必要もあります。

　売上高・売上総利益・営業利益・各利益率等の変化といった基礎的な財務分析を契機として，全体を概観する「鳥の目」，詳細を見つめる「虫の目」，流れを把握する「魚の目」を上手に使い分け，取引計上の妥当性の心証を形成するまで手続を実施する——こうした姿勢も不可欠です。これは，第8章①で説明する「財務分析と異常点把握」のようなCAATシナリオが考えられます。

(5) 受注未確定と売上計上

「フニャフニャした」売上には，留意してください。本来売上高として計上してはいけない状態の取引が含まれている可能性もあるからです。

例えば，IT40号で示される架空売上事例のように，残高確認をしたものの残高確認書が未回収である，または，得意先の回答との間に差異がある案件は，取引の実在性を検証する必要があります。納品書等の配送実績で出荷の事実を検証したり，期末日後の入金状況を検証したり，長期請負工事ならば工事案件の現場視察を試みたり，外部証拠である完成工事証明書を入手するなど，「直接証拠」で取引の実態を固める必要があります。

「外部証憑は，発注先からの入手が困難」

こうした被監査組織からの説明を鵜呑みにし，証拠力の弱い「間接証拠」をいくら集めてみても，それらは状況証拠にすぎず，フニャフニャした売上計上となってしまいます。

竣工報告書や製造報告書のような「内部で作成できる内部証拠」や，形式的には外部証拠であっても，当該組織の配下にあり影響力を行使しうる下請けからの請求書や契約書のような「内部証拠に準じた資料」の入手で満足すると，あとで痛い思いをすることもあります。

しかも，残高確認書未入手分の検証過程で，翌期の入金事実もなく，原価も支払事実がなく，取引先との共謀で架空契約が行われていた事実が判明したとなれば，不正会計による影響は甚大となる場合があるので，留意が必要です。

対する不正実行者は，さまざまな主張・抗弁・言い訳で，通常行われるべき監査手続等を妨害し，隠蔽工作を図ります。

「この工事案件は，金融機関のシステムセンターで，発注先からセキュリティ面を考慮してほしいと依頼を受けている。社内書類上も建設場所は明示できない。工事現場の視察も避けてほしい」

このように不正会計実行者が抗弁した架空売上事例が，IT40号で示されています。もしもそうであったとしても，監査上どうしても必要である旨説明す

れば，不正の実行が行われていない限り，応じてもらえるはずです。

　似たような事案に遭遇したことがあります。人件費サイクルの検証資料が，個人情報保護を理由に黒く塗りつぶされ，まったく検証できなかったのです。

　「これでは検証できない。不正の意図がなければ，開示することを求める」

　このように会社担当者に告げ，黒塗りの資料を，詳細にはっきりと開示してもらえたことがあります。こちら側が手続の正当性を主張し，先方にやましいことがない限り担当者は対応してくれるはずです。それでも対応してくれなければ，何か後ろめたいことが隠されていると判断できるでしょう。

　公表事例には次のような不正会計もありました。受注確定をCAATで検証してみようと未出荷売上データを依頼した監査人が，とんでもない事態に遭遇したのです。

　通常，販売管理システムに未出荷売上データを集計する機能があります。ところが，不正の実行者が隠蔽を目的として「未出荷売上データはシステムから出力できない」ということを主張したのです。K鉄道子会社の不正会計事例では，システムの画面から出力ボタン（アイコン）を削除し，監査人に抗弁するという暴挙に出たのです。

　それでも，「受注データや出荷データがない販売管理システムなどありえない」旨，監査人は主張すればよいのです。受注データと出荷データを入手し，Excelを用い未出荷売上データを加工・組成すれば，未出荷売上の検証は十分可能です。なぜなら，こうした作業は受注データと出荷データの消込みを通じ，未出荷売上データを組成すればよいからです。受注・出荷，双方のデータにある製品コードなどをキーとし，VLOOKUP関数を用いて加工すれば，未出荷売上データは抽出できます。

　また，原価率が著しく低い，つまり利益率の著しく高い工事も架空売上の兆候の1つです。工事別原価率（＝工事別原価÷工事別売上高）を計算し，原価率が著しく低い完成工事案件に着目し，本当に売上計上してよいものか検証してみる必要もあるといえます。

(6) B2BとB2C

近年，インターネットを使った電子商取引が急拡大しています。

IT28号Q14では，インターネットを利用した受発注システムの内部統制の検証手続として，いわゆるB2B（Business to Business，企業間取引），B2C（Business to Consumer，企業対個人取引），それぞれの内部統制の検証手続を示しています。CAATとの関連でみた場合，電子商取引では網羅性の検証が1つのポイントです。

そもそも，B2Bであれ，B2Cであれ，電子商取引は頻繁・大量に実施されます。IT28号が示すように，取引データが漏れなく，重複なくかつ正確に受け渡されたかを検証することが重要です。

そこで，受注データと発注データの件数と金額を確認できる「コントロール・トータル・チェック」が正しく設定されているかを検証するため，それぞれのデータをピボットテーブルで集計してみるとよいでしょう。〔値フィールドの設定〕で〔合計〕，〔データの個数〕等を集計してみれば受注データと発注データの整合性を検証でき，網羅性に関する心証を得ることができます。

B2Cという企業と個人の電子商取引の場合，不特定多数の個人が取引相手先となるため，本人認証の問題，二重申込の排除，債権回収の実施，個人情報保護など，B2Bという企業間取引とは異なる論点があります。このうち，入力ミスによる二重申込データは第5章5でご紹介した「データ名寄せ」を使えば発見できるでしょう。また，販売単価設定ミスで単価桁数の手違いが発生し，原価割れ販売となる事例をIT28号Q14は示していますが，こうした原価割れ取引データも，上代（売価）と下代（仕入値）のデータがあれば，CAATで検証できます。

CAATの結果，二重申込データや原価割れ取引データが存在した場合，こうしたことが今後起こらないようITシステムにコントロール機能を組み込む必要性を被監査組織に対し提案します。これも不正会計と対峙するために必要な動作です。

(7) ラッピング

ラッピング（lapping）とは，債権をたらい回す不正隠蔽の手段です。

売上債権を通じた不正，特に横領と関連してラッピングが行われ，小規模な子会社や地方の営業所など，目の行き届かない場所で起こることがあります。

そうした会社や部署などに往査する際，特に留意している点の１つに，入金日や内訳金種が不安定な口座の把握があります。通常，得意先との取決めで，入金回収条件が決められているはずです。入金回収はいつ締めで，何日までに，どのように回収するかがあらかじめ決められているはずです。したがって，入金回収条件から逸脱した取引データをCAATで抽出すれば，異常な取引を検出できる可能性が高まります。

例えば，事故でもなければ，通常は決まった日時の前後１営業日程度で入金されるはずです。それが１週間もズレて入金されたというのであれば，何かおかしいということになり，横領の存在を疑ってみる価値は十分あるでしょう。

横領により着服した金額を隠蔽するため，他の得意先からの回収金を当該横領の舞台となった口座の入金に充当することがあります。こうした「ラッピング」と呼ばれる，古典的な入金操作による不正の手口が今でも行われているのです。

ラッピングは，得意先ごとの数カ月間の入金データを分析すれば，入金日の異常をもって判明できるでしょう。数カ月前までは毎月25日に入金回収されていた取引がここ数カ月間は20日であったり，月末であったりと，入金回収データに異常が発見されれば，その内容を把握してみる必要があります。

また，入金内訳の金種にも留意したいところです。一般的に，振込や手形というように回収方法はあらかじめ決められているはずです。もしも，毎月の入金内訳の金種が頻繁に変化しているのであれば，異常点として抽出すべきです。こうした異常な入金データも，ピボットテーブルなどを使えば比較的簡単に抽出可能です。

(8) 押込み販売

「ちょっと協力してもらいたいんだけど」

営業担当者がこう切り出して，取引先に協力を仰ぐこともあると思います。ただ，この協力依頼，言い換えれば「押込み販売」がエスカレートすると，粉飾や循環取引，不正なリベートを通じた汚職事件等につながることもありますので，留意が必要です。

押込み販売が起こりうる状況の1つに，窮地に追い込まれた営業担当者がノルマ達成のため，期末直近で取引先に協力を仰ぐ場合が考えられます。

営業担当者の心理からすれば，手っ取り早く売上と利益を確保したい，となります。このような場合，粗利の高い商製品を対象に押込み販売をする傾向がみられますので，ピボットテーブルを用い，粗利率の高い期末日直近の大量な販売取引に注目すれば，押込み販売でのデータを抽出できる可能性が高まります。

一方，営業担当者が私利私欲のため，押込み販売をする場合もあります。

拡販目的等で，スーパーなどの店舗や各種団体・自治体などに協賛金を支払うことがありますが，営業担当者の中には協賛金を出す見返りとしてバックマージン（リベート）を要求する者もいます。このような事実を把握するため，協賛月の売上高とそれ以降の売上高の推移を分析してみることは効果的です。

営業担当者の心理からすれば，「見返りがほしい。それも多額に」となれば，それに見合った多額の協賛金が必要です。協賛金を出す企業等からすれば，売上があったならば見合ったリベートを支出する，と約束するでしょう。つまり，協賛金の対象月にどれだけ売上高を積み上げることができるかといった点が，営業担当者の受ける見返りに大きく影響するのです。

このように考えると，協賛月の売上高が急伸し，それ以降の月の売上高が平常の売上高と比較して明らかに低迷し，極端な場合にはまったく売上計上がなく，大量の売上戻りがあるというような場合には，営業担当者がバックマージンを受けていることを疑ってみる必要があるでしょう。

しかも，こうした傾向が大きなイベント協賛のたびに起こるということであれば，不正の確度は一層増します。欧米では，スポーツのスポンサーとして協賛するケースが散見されますが，例えばゴルフ好きの営業担当者がゴルフツアー特別観覧席のチケット欲しさに，協賛月の売上高を押込み販売で粉飾するといったことがあります。こうした不正な押込み販売の兆候も，CAATを使って販売データから協賛月の売上高とそれ以降の売上高の推移を得て分析してみれば，比較的容易に把握可能と考えられます。

　ただ，押込み販売であっても，他の取引と同様に販売代金が回収され，営業担当者にバックマージンなどの見返りがなく，適正な範囲内でのリベート支出であれば，マーケティングコストの無駄使いという点を除き，さほど問題になることはないかもしれません。

　経営上問題なのは，売上計上されたものが翌期に大量返品されたり，売上債権が回収できなかったり，過剰なリベート支出となっている場合など「度を過ぎた」状態です。このような兆候をCAATで探って，早急に対処することが必要です。

　例えば，契約により，いったん販売した商製品の返品を受け付ける場合があります。押込み販売では，売主の都合で買主に購入してもらっていますので，買主の都合で返品を受け付けることになりかねません。返品のタイミングが，商製品の賞味期限や消費期限といった有効期限ギリギリになってしまうこともあります。この場合，再販もできず，売上計上の取消しとともに，在庫の評価損も計上する必要が生じ，二重の意味で利益圧迫要因となるわけです。こうなれば，担当者は発覚を恐れて，さらなる不正会計に手を染めざるを得ず，雪だるま式に不正な取引計上が行われることにもなりかねません。

　このような事態にならないためにも，大量返品・未収債権・過剰リベート支出率などのデータ兆候に注目し，「度を過ぎた」状態をCAATで的確に把握し，早めに対処することが望まれます。

　内部統制の観点からは，返品リスクを回避するため，返品は瑕疵がある場合に限る，こうしたルール運用も必要でしょう。

(9) 架空売上等の兆候

営業部長が自部門の業績を良く見せるために架空売上を計上したり，経営者が業績連動の役員報酬という成果の分け前にあずかるために架空収益を計上することを，目撃したことがあります。

こうした不正会計の隠蔽工作は，分析者が大変興味をそそる仕訳計上となっていたりします。

通常，(借方) 売掛金 (貸方) 売上高という仕訳で売上高を計上しますが，これでは架空の売掛金が残置し，売掛金の回転分析を行えば滞留傾向が現れてしまいます。

ちょっと賢い不正実行者であれば，こうしたミスを犯しません。架空売上を計上する場合，他の勘定科目を通じ売上計上することで発覚を逃れようとします。しかもタイミングをずらし仕訳をすることがあるので，留意が必要です。

【架空売上の仕訳例】

① (借方) 買掛金	100	(貸方) 現金	100
② (借方) 売掛金	100	(貸方) 売上高	100
③ (借方) 現金	100	(貸方) 売掛金	100

①から③の仕訳を通じて残るのは，売上高100の計上と買掛金100の減少。

経理がわかる人が①の仕訳を見れば，買掛金が現金で決済された，と思い込むでしょう。この裏に架空売上を計上するカラクリが潜んでいます。そもそも現金に色はついていません。この取引による現金がどれであったか，後から検証する手立てはほとんどありません。これがカラクリのカギです。

同じタイミングで②の仕訳を計上し，少し経ったタイミングで③の仕訳を計上するとどうでしょう。①から③という3つの仕訳を相殺すれば，残るのは①で計上された (借方) 買掛金と③の (貸方) 売上高です。

一方，借方に計上された買掛金は，通常であれば買掛金の消込みを意味しま

すので，当該取引の計上で消込みがされた買掛金勘定がマイナスになっていなければ，特段怪しまれずに済むかもしれません。

日々現金を実査することなく，現金を締め上げていないような，比較的小さな組織であると，こうした架空売上が生じる可能性もありますので，留意が必要です。

CAATで架空売上に対処するには，いくつかの着眼点が考えられます。

【着眼点①】 「鳥の目」，「虫の目」，「魚の目」による財務分析

「鳥の目」で概観するため，売上総利益率（＝売上総利益÷純売上高）を月次で算出します。「純売上高－売上原価＝売上総利益」を，純売上高（＝売上高から値引き，返品，割戻しを控除後）で割った，売上総利益率を算出するのです。

この売上総利益率を「魚の目」で推移分析し，前月同期比較を行えば，利益率のブレで異常値を把握できます。

実務的には，売上総利益率を算定できるように，あらかじめExcelでワークシートを作成しておくとよいでしょう。事業所別，部署別，カテゴリー別，商品別などさまざまな視点で分析し，異常値があれば注目してみるのもよい手立てといえます。

同業他社と比較してみるのも面白い視点を与えてくれるでしょう。利益額・利益率が突出している，売上高の伸びが急激すぎる，というのであれば，何が原因かを「虫の目」で詳細に分析することで興味深い結果を得られる可能性があります。

グループ監査を想定した場合，自社を含むグループ内にある，いわゆるノンコア事業部等で売上高が急激な増加傾向を見せている場合にも，留意が必要です。中でも，増収増益傾向であるにもかかわらず，プラスの営業キャッシュ・フローが生じていないというのであれば，特に留意が必要です。

この場合，簡易営業キャッシュ・フロー（＝営業利益＋減価償却費）をワークシートで計算し，月次推移を見るだけでも効果があるでしょう。

【着眼点②】　ピボットテーブルを使った異常値の把握

売上高の相手勘定科目に注目してみるという方法もあります。**図表３－１**でご紹介したように，売上高の計上に係る仕訳データをピボットテーブルで集計し，相手勘定を分析するという方法です。

通常，売上高の相手科目は売掛金等のように決まった勘定科目となるはずです。「（借方）買掛金（貸方）売上高」のような一般的に考えにくい仕訳データがあれば，詳細を分析していただきたいと思います。

何行にも及ぶ複雑な仕訳で売上高が計上されている場合も，留意が必要です。財務会計システムによっては，仕訳の行数をデータ項目としてもつものもありますが，そうした機能がなければ，ピボットテーブルで「仕訳番号」等を対象に〔データの個数〕を算出すればよいでしょう。特に，決算整理仕訳で何行にもわたって複雑な仕訳が計上されているような場合，注意深く検証してみる必要があります。

【着眼点③】　期末日後返品データの抽出

予算に対し実績が伴わない場合，架空売上のリスクが高まります。

結果として，期末日後に返品処理する手口で架空売上が計上されることがありますので，留意が必要です。

このような手口では，翌期の返品データに着目してみると不正会計の端緒をつかめるので，期末日後直近の翌期データ（３月決算であれば，翌期の４月以降のデータ）を入手してみましょう。〔フィルター〕を使って，翌期のデータから出荷数量がマイナスとなっているデータを抽出してみれば，不正会計の端緒をつかめる可能性があります。

翌期データを入手する際，子会社等に依頼すると，これまで取り扱っていないデータだけに，「月末締めのため，データは締めた後でないと出せない」と思わぬ反対にあう場合もあります。

しかし，一般的な財務会計システムであれば，月末まで待たずに，たとえ月中であってもデータを入手することは可能です。その旨，現場の担当者，IT

部門の担当者なども交え，上手にコミュニケーションをとりながら対応策を練るといった作業も，不正会計と対峙するために不可欠です。

【着眼点④】　承認等の検証

　IT53号 A14が指摘するように，架空売上取引を排除するためにIT統制も必要であり，こうした点をCAATで検証してみることも必要です。

　そもそも売上取引は，受注があって取引が始まります。そこで，当該受注先が正規の承認手続を経た，あらかじめ登録された相手先であるか，取引先マスタと実際の注文データの取引先コードをVLOOKUP関数で突合し「正当性」を検証してみましょう。

　注文内容が正確に記録され，提供されているという「正確性」や，注文内容が漏れなく重複なく受注データとして「網羅性」を有しているというIT統制があることを，第5章5で紹介した「データ名寄せ」を使って検証してみる必要もあるでしょう。

　受注先からの注文データに基づき，出荷指図があり，出荷が行われ，売上計上となりますが，この売上計上データが正規の承認手続を経た「正当性」を具備したデータであることを，出荷指図データと売上データをVLOOKUP関数で突合し，検証する必要もあるでしょう。

　そのうえで，「正当性」の具体的な実証手続として，承認システムに登録されている業者登録マスタと売上データの業者コードの突合，受注データをピボットテーブルで分析して，承認コードの有無を検証してみるなど，さまざまな局面でCAATを活用し検証すれば，架空取引の排除は決して不可能ではありません。

(10)　売上の自動計上

　売上高が自動計上される場合，皆さんの組織で採用している会計方針に従った処理を前提にシステムで自動的に売上計上していることを検証する必要があります。もしこの前提が崩れれば，売上高や売掛金などの勘定科目にリスクが

顕在化することになるからです。実在しない売上取引の計上，売上計上金額の自動計算誤り，取引の計上漏れ，不適切な日時での取引計上など，実態と合わない取引が自動計上されれば大問題です。

いったん入力された取引データに，手作業で取引が追加・削除・改ざんされれば，財務諸表に多大な不正リスクが生じることにもなります。

そこで，IT53号A14で示されるような，売上自動計上システムの適切性を検証する必要もあります。CAATでは，次のような方法が考えられます。

【売上の自動計上に伴う検証方法例】

- 売上計上データを再計算する
- 売掛金残高と与信限度額をVLOOKUP関数で比較し，限度額計算の妥当性を検証する
- 商品マスタや単価マスタと実際の売上取引データをVLOOKUP関数で比較し，マスタ登録されていない商品の売上計上の有無を検証する
- 未承認データの入力・データ変更の有無を検証する

このような点に留意しつつ，売上高の自動計上の妥当性を検証する必要があるでしょう。

加えて，実務で頻発する「売上予定日に自動的に売上計上」するシステムの取扱いもポイントです。予定していた出荷ができなかった場合，出荷の取消入力がタイムリーに行われなければ架空売上が計上されてしまいます。そこで，"売上計上日付データ"と"出荷日付データ"をVLOOKUP関数で比較し，架空売上がないことを検証することも必要といえます。

2 在庫とCAAT

不正会計の典型的な手口に，在庫を使ったものもあります。

在庫を多く計上すれば原価を少なく計上でき，利益を計上できる――こうしたことを現場の担当者はよく知っていて，この原理が悪用され不正会計につながることもあるのです。

(1) 架空在庫の兆候

個々の取引や証憑には違和感がないものの，全体として見ると不整合となっている場合があります。架空取引ゆえに生じる齟齬を見逃さない――こうした姿勢が不正取引との対峙には不可欠です。

架空な在庫取引の場合，いくつかの特徴を示すことがあります。異常点のある取引に注目すれば，架空取引の兆候を把握できる可能性が高まり，特に期末日付近で計上された取引の中に次のような兆候があれば，その内容を検証してみる価値は大きいでしょう。

【架空在庫取引にみられる主な特徴 ➡ CAAT案】

- 多額な取引 ➡ 取引記録データを〔降順〕に並べ替え
- 通常は使うことがない物品の受払取引
 　　➡ ピボットテーブルで取引記録の〔データの個数〕を把握
- 通常あるべき取引時点と比較して明らかに異常な時点での取引
 　　➡〔グラフ〕を用いた時系列分析
- 訂正取引 ➡ 後述(8)で解説

架空在庫の把握では，現物の動きに注目してみることも必要です。

2010年に発覚した醸造業M社の不正会計事例で「お化け在庫」と呼ばれていたように，架空在庫は帳簿に計上されていても現物がありません。このお化け

在庫，架空在庫を把握するためには，在庫の購入・支払履歴を洗い出す，原材料仕入から製造・出荷までを追跡調査する，こうした視点も必要です。M社の例では，製造計画と在庫受払表を突合することで異常点をつかんでいます。

　もっとも，その背景には以下のようなやり取りがあったとされます。

監査役「工場長にお伺いします。この受払表を見ると，4,300トンもの原料在庫を，鳥取県のA工場から65キロ離れたH倉庫へ移管されたことになっていますが，どのように運んだのですか？」

工場長「ここからH倉庫へは，弊社の10トントラックを使って運びましたが…。それが何か？　ちなみにこの原料在庫は，先月末時点ではH倉庫にありましたが，現在はすべて鹿児島県のD倉庫に送っています」

　この工場長とのやり取りに，監査役は異常点を感じ，製造計画と在庫受払表を突合し，最終的に「お化け在庫」の存在を確信するに至ります。

　その異常点とは，4,300トンを10トントラックで運んだ，という工場長の証言です。これは，65キロ離れた倉庫に10トントラックで430往復する計算になります。どう考えても腑に落ちず，そもそも製造計画があったのかを検証したところ，製造計画自体がなく，在庫受払表との齟齬を突き止めたのです。

　「お化け在庫」が4,300トンもの原料在庫，それが魚のエサで，しかもつい最近まで倉庫にありもすれば残り香もあるはず，こうした五感を使った異常点の把握も不正対峙のポイントの1つです。

　「現場，現品，現状」を常時把握するという「三現主義」がビジネスの基本動作だといわれることがありますが，不正会計と対峙する場合もこうした基本動作の徹底が不可欠です。

　その一環として，製造計画と在庫受払表を定期的に照らし合わせ，異常点を把握し，対処しようという発想が生まれます。しかし，人の目を使った「目検」となれば，非常に煩雑となってしまうものです。

　そこで，CAATを上手に組み合わせてみよう，という視点が必要になって

きます。CAATであれば，煩雑となりがちな「データとデータの突合」も比較的容易に行える――こうしたメリットが期待できるからです。

　製造計画データと在庫受払データを突合し，データ間に多量の齟齬が生じている現場に絞って往査計画を立案してみるなど，CAATをうまく活用することで，それまで見えていなかった新たな視点を得ることができるようになります。

　ここで現実的な問題として，一方のデータは"製品名"，もう一方のデータは"製品コード"が付されている場合があります。このようなデータの場合，第4章でご紹介したExcelの機能の1つであるVLOOKUP関数を用いると容易にデータの読み換えが可能となります。

　その際，一見すると同じに見えるデータでもコンピュータ上では違って見える，という問題が発生する場合もあります。例えば，「100」と「100　」は，人の目では同じように見えてしまいますが，コンピュータ上は明らかに違って見えるのです。後者の「100　」は数字の「100」の後ろにスペース「　」が組み合わさった文字列として，コンピュータ上は認識しています。つまり，前者「100」とはまったく違ったデータであるとコンピュータは認識してしまうのです。こうしたことは，データをダウンロードする際に頻繁に起こりえます。

　そこで，無駄なものを取り除く〔TRIM関数〕の出番です。

　例えば，セルA1に文字列「100　」が入力されているとして，「100」の後ろにある「　」（スペース，空白部分）を取り除きたい場合，任意のセル（例えばセルB1）で，「＝trim(A1)」とすれば，「100」と表示できるようになります。これで，このセルと他のデータにある「100」と示されたデータで，「データとデータの突合」ができるようになるのです。

(2) 高額商品と実地棚卸

　在庫は，横領など窃取されるリスクにさらされています。とりわけ高額な商品や宝石など，持ち運びができるサイズの物品は，横領等のリスクが高まりますので，定期的な実地棚卸などにより現物管理を徹底する必要があります。

ここで「実地棚卸」とは，棚卸資産や有形固定資産などの「現物」に触れる作業をいいます。監査人が，商品や製品などの棚卸資産が保管されている倉庫や，機械や器具備品などの有形固定資産が設置されている工場などに行き（往査），現物に触れたり，見たりして，数量をカウントしたり，品質などをチェックしたりする監査手続が実地棚卸です。

この実地棚卸の結果を，日常的に管理している「帳簿棚卸」と比較し，一致しているかどうかを検証します。そうすることで，実地棚卸と帳簿棚卸の数量差異から，横領など窃取の事実をつかんだり，現物の状態から商製品の売却可能性や，機械等の使用可能性を判断し，破損や品質低下の事実を把握します。

要するに，現物を見て帳簿と突合し，Price単価×Quantity数量の実態把握をすることが実地棚卸です。

「実地棚卸の結果，全体で2％以上の棚卸差異の発生があれば，大問題と判断すべき」

ユニクロを運営するファーストリテイリング社の監査役，安本隆晴氏はこう主張されます。拙著『強い会社の儲けの公式』において，安本氏と対談した折，「在庫の管理方法に問題がなければ発生しない差異があるのであれば，どこかに穴があると考えなければならない」と主張されていたのは印象的でした。

そもそも棚卸差異が発生する主な原因は，大きく分けて5つあります。

【棚卸差異の主な発生原因】

> ① 日頃の受払管理がずさんで，記帳がタイムリーに行われていない
> ② 実地棚卸のやり方・ルールに問題がある
> ③ 万引きされている
> ④ 社内不正が行われている
> ⑤ 在庫管理システムにエラーがあり，帳簿に誤りがある

これら5つの原因のうち，④社内不正が行われている，というのがいわゆる横領です。横領と一口にいっても，社員自ら手を下している場合もあるでしょ

うし，顧客になりすました友人に万引きをさせ，いわゆる共謀による横領もあるでしょう。このように，内部に犯行者がいて外部と共謀する場合，特に高額商品ばかりを対象に横領されることがあるようです。

　横領の事実を検証する際には高額商品に着目してみましょう。横領をする側からすれば，効率的に横領することを考え，一度に多額のキャッシュを手にできる可能性を考えるからです。

　こうした事実をつかむには，まずは実地棚卸を定期的に行うことはいうまでもありません。実地棚卸の結果，帳簿よりも少なくなっている高額商品がどれだけあるのかを把握してみるのです。

　もしも，高額商品ばかり紛失している，棚卸差異が発生しているということであれば，横領の可能性が極めて高いという仮説を立て，検証する必要が出てきます。不正会計と対峙するため，"PDCAサイクル"，Plan（計画）- Do（実行）- Check（検証）- Action（改善行動）を回すのです。

　このときCAATが有効なツールとして効果を発揮します。Excelを使えば，販売単価（いわゆる上代）あるいは仕入単価（いわゆる下代）の高いものの順に並べ替えをする，いくら以上のものを対象に抽出する等，抽出するデータ範囲を〔フィルター〕等で絞れば，簡単に高額商品のデータを抽出できます。高額商品ばかり実数が不足しているというのであれば，横領を疑ってみます。

　一方，横領に迫るため，入退出の管理記録を利用する方法もあるでしょう。

　近年，電子カードキーが各人に付与され，「ピッ」とかざして入退出することが多くなりました。この「ピッ」となる裏側で，入退出の記録（ログ）がデータとして保存されている場合があります。こうした在庫保管場所の入退出の記録を不正防止に役立て，横領の事実を突き止めるという方法もあります。

　入退出には概ね傾向があり，一般的なオフィスであれば平日の日中は頻繁に出入りがありますが，休日はそうでもないはずです。入退出は，場所によってその傾向も異なると思いますが，場所ごとでの入退出の傾向はあるはずです。そこで，傾向とは異なる入退出の記録に注目するのです。

　もしも早朝・深夜・土日・祝祭日・年末年始など，通常の業務時間外での入

退出があった場合，何が理由なのかを確かめてみる必要があるでしょう。なぜなら，そこに不正実行の「機会」が存在するからです。なかでも，本来倉庫に入退出する必要のない担当者IDの記録があれば，倉庫への入退出の理由を確かめてみる必要性があるでしょう。このように，入退出の記録を日時と担当者IDをキーとして入退出ログデータを抽出すれば，横領の端緒をつかむことができるかもしれません。

ただ，こうした入退出ログのようなデータは，私たち公認会計士による財務諸表監査では使う必要がないデータです。この点は，内部監査の実行部隊にお願いすることになると思います。

いわゆる「三様監査」の枠組みも活かして，外部監査人である公認会計士と組織内の内部監査部門，監査役，三つ巴でコミュニケーションをとりながら，不正会計に対峙するための効果的な手立てを考えていくことも必要です。

CAATという監査ツールは，その担い手の想像力次第でさまざまな工夫ができます。財務データのみならず，非財務データにも適用可能なツールである，こうした点をここで強調しておきたいと思います。

(3) リベートと不正会計

在庫を大量に仕入れると，仕入先から仕入割戻金というリベートを会社が受け取ることがありますが，これを使った不正会計もあります。

2013年に発覚したスーパーMの不正事例では，粗利重視の経営姿勢がプレッシャーとなり，架空リベートの計上に至ったようです。

調査報告書によると，そもそも会社は架空リベートの兆候をつかんでいた，というのです。計上された仕入リベートは，架空収益であるがゆえ，未収入金として残置します。通常よりも多い未収となっている仕入リベートの回収可能性を検討すれば，異常点を突き止められるわけです。こうした異常点から，架空リベートの兆候を把握し，このスーパーの事務管理チームリーダーはその旨，取締役財務部長に報告もしていました。

ここまでは，まっとうな会社であるといえますが，この先が問題です。

この財務部長は，副社長に未収リベートの存在を報告します。

副社長 「で，未収入金がこのまま残置したら，どうなるんだ？」
財務部長「このままでは監査法人から指摘を受けてしまい，訂正報告書を提
　　　　　出しなければならなくなるかもしれません」
副社長 「それは，まずいな」

こうしたやり取りをし，副社長は事態の解消策を模索し始めます。社長と常務にも多額の未収リベートの存在を説明し，最終的に架空リベートの隠蔽となったのです。具体的な隠蔽手口は，社長が10百万円，副社長が30百万円，常務が20百万円，合計60百万円の私財を投じ，この60百万円を会社の預金口座に入金し，未収リベートがあたかも回収されたように装うことで，架空リベートの計上を隠蔽したというものです。

このような事例でCAATをどのように使うかを考えた場合，例えば仕入先からの振込口座データと突き合わせてみるという方法があるでしょう。

通常，仕入先からの振込口座は1つに限定されています。これは，会社の入金消込作業を簡便化するため，決められた口座からの入金としているからです。ということは，通常の振込口座ではない入金取引，あるいは通常は口座振込であるのに現金入金となっているような通常の入金方法ではない入金取引に，異常点があると識別できるでしょう。入金データあるいは未収入金の消込データから，仕入リベートの入金先である仕入先ごとに，入金口座をピボットテーブルで分析してみて，複数あれば異常点あり，と判断できます。

ただし，この種のデータも，先ほど(2)でご紹介した入退出ログと同じように，通常の公認会計士の財務諸表監査では入手しないことがほとんどだと思います。

そこで，監査の協力体制を見直す，いわゆる"三様監査"の枠組みを活かすのです。この種の不正は，日常的に調査・監査しうる立場にある内部監査部門等が分析・検証することが効率的で，現実的といえるでしょう。そこに，公認会計士の専門家としての知見も生かしてCAATシナリオを考えれば，日常的に異常点を把握できる不正検知の仕組みが構築され，実効性を伴った監査等が

行えるなど，メリットも大きいと思います。

餅は餅屋，それぞれの持ち場でそれぞれの役割を果たすという姿勢が，不正会計と対峙するために欠かせません。

(4) 原価が時価を上回る在庫

在庫1個当たりの単価が小さく，品目ごとに合計しても少額である在庫の場合，監査上の重要性の基準値から外れてしまうことがあります。こうした棚卸資産を全体として集計してみると，意外に多額となってしまう場合もあり，留意が必要です。

もしも，帳簿価額（簿価）が時価を上回っている場合，裏を返せば，時価が簿価を下回っている場合，簿価と時価の差額を，いわゆる在庫評価損として認識しなければなりません。

こうした少額の棚卸資産項目が大量に存在する場合，2つのアプローチからCAATを利用すれば，簿価が時価を上回る項目をすべて識別できるでしょう。

そもそも棚卸資産に限らず，勘定科目に集計される金額は，価格（Price）×数量（Quantity）のように表現できます。それゆえ，CAATシナリオを考える場合，PとQに分けて考えることがポイントになります。

まず「P（単価）」の側面から考察してみましょう。

棚卸資産には，品目ごとの在庫一覧表があるはずです。これと販売データを突合できれば，在庫の簿価と時価の差額を計算できます。直近の販売単価を時価とみなし，これを簿価と比較するのです。具体的には第4章でご紹介したVLOOKUP関数を用い，在庫の品名や在庫コードをキーとして，在庫一覧表と販売データを紐づけるという作業を行います。

ここで，1つ問題があります。該当する販売データがそもそも存在しなければ，つまり販売実績がなければ，在庫一覧表と販売データの突合ができない，という点です。

そこで「Q（数量）」の側面から考察する必要も出てきます。

「在庫は罪庫」といわれるように，在庫の滞留傾向を分析することも評価を

考えるうえで重要です。在庫移動がなければ滞留傾向ありという判断を行うには，在庫管理システムのデータが欠かせません。在庫管理システムから期首残高・当期仕入高・当期使用高・期末残高のようなデータを品目ごとに把握し，当期使用高がない，使用高が極端に少ないといった在庫データに着目すれば滞留傾向を判断できるでしょう。

ここで留意しなければならないのは，当期仕入高があれば在庫管理データ上は在庫移動があると判断してしまうミスです。

滞留在庫の判断ポイントは，当期に仕入があったかではなく，当期に使用＝費消された事実があるか否かです。使用されずに，あるいはごくわずかな使用実績しかないなかで当期仕入があれば，在庫移動はあるものの，これは「罪庫」の積み増しにすぎません。

こうした点に留意し，滞留傾向のある在庫を抽出することになります。

図表7-4　滞留在庫の傾向

期首在庫高	当期仕入高	当期使用高	期末残高	コメント
10,000	0	0	10,000	典型的な滞留
10,000	100	0	10,100	罪庫の積み増し
10,000	0	1	9,999	使用高が極端に少ない

そのうえで，在庫の最終販売単価あるいは類似品も含めた現状での実売単価を時価の近似値として把握し簿価と比較すれば，在庫評価が可能となります。

このように「P×Q」でCAATを想定することも，不正会計と対峙するうえでのポイントです。

(5) 入・出・残の在庫情報

在庫の異常点を財務データから概括的に分析するには，次の方法があります。

- 在庫の滞留傾向を把握 ➡ 在庫回転率（＝売上原価÷棚卸資産平均残高）
- 売上高と原価の相関関係を把握 ➡ 売上原価率（＝売上原価÷売上高）

ただ，これでは不十分です。こうした指標の裏側に存在する「Price（単価）

×Quantity（数量）」を基礎とした在庫管理に欠かせない各項目も意識して，異常点を把握する努力が欠かせません。

　在庫管理の視点から異常点を捉えるには，仕入等に伴う入庫，販売等に伴う出庫，これらの差額として求められる残高——こうした「入・出・残」という3段階の在庫情報を活用し，CAATを実施する必要があります。

【着眼点①】　入情報

　「入情報」の留意点としてここでは4点取り上げます。

　まず，「発注（調達）データ」に着目してみましょう。

　在庫管理システムから発注データを入手し，業者別に発注額・調達額の高い順に並べ替え（ソート），これを数期間にわたり時系列分析を行います。こうした「業者別発注状況」を分析すれば，特定の業者を優遇しているという癒着の事実が発覚するかもしれません。癒着がある場合，本章4(4)のキックバックという不正支出につながることもあるので留意が必要です。

　高いP（単価），あるいは高額な在庫金額に着目した場合，癒着の度合いはいっそう高まります。業者の住所や電話番号などの取引先マスタデータと，皆さんの組織の給与マスタデータを突合してみれば，役員や従業員の家族等が経営している業者と先方にとって好条件で取引しているなどの，大変興味深い事実が浮かび上がってくることもあります。

　2点目として，在庫水準と発注点の関係から異常点を把握できることもあります。「在庫は罪庫」ともいわれますので，在庫を一定水準に保つため，在庫管理の現場では，経済的発注量のような発注点を管理していることがあります。生産現場で用いるこの発注点と入庫データを突き合わせ，「品目別在庫水準」や「日別在庫水準」を分析してみれば，品目別や日別から判断した異常な在庫水準が，過剰発注などの事実として浮かび上がることもあるでしょう。

　逆に，発注点と比較し過小在庫となっていれば，そもそも発注点の管理がうまく機能しておらず，内部統制上の問題が露呈するかもしれませんし，窃盗・横領などの不正会計の発見端緒となることもあるでしょう。

3点目として，製造業であれば，製品原価計算にも留意が必要です。製品の製造原価を構成する材料費・労務費・経費の各費目が，所定の原価計算方法に基づいているか，製造間接費の配賦計算は正しいか，販売費及び一般管理費という期間原価と製品原価の入り繰りはないか，中でも労務費の入り繰りに基づく過大原価計上がないか，こうした点はCAATによる再計算で把握できるでしょう。

あるメーカーの監査で実際にあった話です。会社が定めた原価計算規定に基づきExcelで再計算してみると，システム上の計算方法（ロジック）に誤りが判明したことがありました。「システムだから大丈夫」というのが意外に盲点です。原価計算のロジックを再計算等により検証してみることも必要です。

4点目として，在庫では，発注から入庫までの日数，リードタイムにも着目すべきです。「入情報」に関していえば，発注日から入荷日までの日数が，通常のサイクルと違い短期間に納品されているものなどに着目してみると，仕入先への便宜の事実など，興味深い結果を得られる場合もあります。

【着眼点②】　出情報

「出情報」では，受注日から出荷日までの日数が通常よりも長い「払出データ」に着目してみると，架空売上等の痕跡として把握できる可能性があるかもしれません。

品目別の払出データで，廃棄という事実に着目し，多額・多量・高頻度の廃棄や廃棄即発注のようなデータの合理性を検証すれば，こうした廃棄の中に資産性のある，まだ使える在庫が含まれている場合もあり，在庫横領等の端緒をつかめる可能性があります。

高頻度の返品・値引に着目してみると，仕入先との癒着の構図が浮かび上がってくることもあります。

【着眼点③】　入と出の相関関係

「入情報」と「出情報」の相関関係に着目してみることもポイントです。

製造業の場合，材料投入（インプット）と製品出来高（アウトプット）に一定の相関関係があるはずです。こうした相関関係は，第6章の散布図などを用いれば把握できるでしょう。

もしも，インプットしたにもかかわらず，明らかに少ないアウトプットしかないというのであれば，製品在庫の横領などの兆候として「歩留率」に異常が現れます。製品100個分の材料を投入して20個が不良品となれば，完成品歩留率は80％となりますが，20％も不良品があるということは，異常点として把握してみる価値は十分あります。

【着眼点④】 残情報

「残情報」という点では，【着眼点①】の入情報でご紹介した発注点と在庫の関係に着目して異常点を把握するほかに，倉庫間移動の在庫データにも着目してみてください。

在庫管理システムで在庫の滞留傾向を見極める際，各倉庫の入荷日と出荷日のデータを突き合わせることがあります。このような在庫システムが利用されている複数倉庫のある企業等では，滞留在庫をA倉庫から出庫し，B倉庫へ入庫するという具合に，倉庫間移動をさせることで，在庫の滞留傾向を隠蔽できてしまうことがあります。

そこで，A倉庫の出庫データから「棚卸資産コード＋出庫数量＋出庫日」，B倉庫の入庫データから「棚卸資産コード＋入庫数量＋入庫日」を，それぞれ第5章でご紹介した「データ名寄せ」によりデータ突合してみれば，倉庫間移動の事実をつかみ，異常点を把握できる可能性が高まります。

品目別の在庫金額と在庫日数からExcelで散布図を描き出し，**図表7－5**で示した「品目別在庫金額対日数チャート」を作図してみるのも効果的でしょう。右上の枠囲みの部分は，在庫日数が長く，在庫金額も多い品目ですので，ここに着目してみると不正会計の隠れ蓑に在庫が使われていることが浮き彫りになる可能性もあります（なお，「残情報」のポピュラーな論点である滞留在庫については，(4)(6)もご参照ください）。

図表7-5 品目別在庫金額対日数チャート

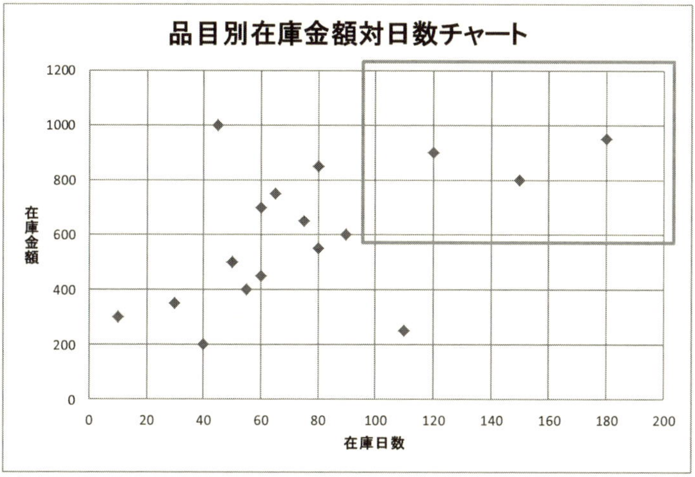

【着眼点⑤】 ABC分析

「こうしたCAATは単品管理が不可欠でしょう。当社では単品管理はできていませんし、すべての在庫を対象にCAATすることはちょっと……」と尻込みされるのであれば、主要在庫についてだけでもCAATを実施してみてはいかがでしょうか。

その際、2:8の原則といわれる「パレート最適の法則」に則って、**図表7-6**のようなABC分析をしてみましょう。出荷量または出荷金額の多い順に品目を並べ、80％程度占めているグループをA、次に少ない15％程度の品目をB、残りをC、というように3グループに分け、重要性の高いAグループの品目を中心にCAATしてみるという方法も実務上とりうると思います。

図表7-6　ABC分析

売上高順に並べ替え、上位からA・B・Cにグルーピングします。　これをグラフにしたものが、ABC分析図となります。

順位	製品名	売上高	構成比	累積売上高	累積構成比	グループ
1	#1001	3,500	35.0%	3,500	35.0%	A
2	#1002	3,200	32.0%	6,700	67.0%	
3	#1003	1,500	15.0%	8,200	82.0%	
4	#1004	850	8.5%	9,050	90.5%	B
5	#1005	300	3.0%	9,350	93.5%	
6	#1006	200	2.0%	9,550	95.5%	
7	#1007	150	1.5%	9,700	97.0%	C
8	#1008	120	1.2%	9,820	98.2%	
9	#1009	100	1.0%	9,920	99.2%	
10	#1010	80	0.8%	10,000	100.0%	
合計		10,000				

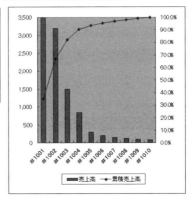

【着眼点⑥】本支店勘定を相手とする取引

在庫取引の中には，本支店勘定を相手とするものもあります。この場合，内部利益の有無を把握し，的確に内部利益が消去されていることを検証する必要があります。なぜなら，利益は外部との取引で生じるものであり，内部で計上した利益は，消去されなければ粉飾と同様の効果が得られるからです。

また，本支店勘定を相手とする在庫取引の中には，使途不明金などの隠蔽工作に使われている取引もあります。特に「(借方) 原材料 (貸方) 本支店勘定」のような場合は留意が必要で，CAATでこうした仕訳を抽出し，証憑突合や質問などを通じ，付替の経緯や取引内容などを検証します。

(6) 有効期限と滞留在庫

営業ノルマが厳しいとこれがプレッシャーとなって「不正のトライアングル」を醸成し，巨額の粉飾が明るみに出ることもあります。

K社事件もその1つです。高度成長の波に乗って一時代を築き上げたK社は，ペンタゴン経営という5つの事業を核とする経営スタイルで隆盛を極めました。ただ，その内実は決してバランスのとれたものでなく，最も収益を上げていた

化粧品事業が繊維・食品・薬品・住宅の赤字事業を支えるという事業構造だったのです。

「なにをやっているんだ！　とにかく売ってこい！」

営業部長の怒号が，スタッフに対し日々繰り返されるなか，粉飾の首謀者である当時の社長と副社長は，モーニングコーヒーから盛り場までいつも一緒だったというのですから，想像を絶するハードな毎日を過ごしていたのだと思います。こうした状況がプレッシャーとなり「不正のトライアングル」を醸成するのは，これまで説明したとおりです。

知人によれば，当時K社の倉庫で棚卸立会の際，腐ったジュースなどが山積みとなっていて，大変驚いたそうです。ちなみに，「棚卸立会」とは監査人が倉庫等の現場に出向き，保管されている在庫を，期末日などに現場でカウントしている状況に立ち会って検証する手続のことで，監査人が監査の過程で直接的な証拠を得るための重要な手続の1つです。

事件当時のK社と違い，真っ当に儲けを生み出す強い会社は，「現実」を大事にしています。

例えば，ユニークな製品開発で知られるアイリスオーヤマという会社は，「現場・現状・現品」を大事にするという「三現主義」を成長ドライバーとしています。売り場という「現場」を見て回り，消費者ニーズを「現状」からくみ上げ，製品開発に生かし「現品」を世に送り出す——こうした三現主義が徹底されているので，適正な在庫水準を維持しつつ，しっかりと儲けを生み出すことができるのです。

一方，K社事件に代表される粉飾を起こす組織では，この三現主義が徹底されていないので，独りよがりとなって粉飾事件を起こすのです。

倉庫で山積みになっていた腐ったジュースのように，滞留在庫の場合，消費期限や賞味期限といった「有効期限」が切れてしまっている場合があります。そこで，生産データなどが保有する有効期限の示された日付データについてCAATを実施すれば，滞留在庫の存在を把握可能となり，大事になる前に不正会計の兆候を把握できることも期待できます。

製品は生産日付、商品は入庫日付などをもとにCAATを実施すれば、監査日や期末日を基準日として、どの程度の期間・日数を滞留しているか検証できるでしょう。

受払データを入手し、倉庫別・在庫別などで回転期間分析を行い、長期滞留傾向にある在庫を抽出してみるのも面白いかもしれません。

(7) 監査日前後の払出取引

「今度、監査が来るらしい」

このように、現場では緊張感が走ることもあるようです。

日常的にしっかりと職務に精励され、6Sが徹底されている部署であれば、特段心配される必要もありません。

【経理・会計の6S】

①	整理	必要なものと不必要なものを、はっきり分ける
②	整頓	整理したものを使いやすいように、合理的に並べ直す
③	清掃	作業スペースを、常にクリーンな状態に保つ
④	清潔	整理・整頓・清掃の状態を、常に維持する
⑤	躾け	決められたことを、常に正しく遵守する習慣をつける
⑥	作法	当たり前のことを、当然できるようにする

しかし、怠慢な部署では、監査でさまざまな指摘を受けてしまうでしょう。

指摘を受けないため、「監査が来る」という大号令とともに、あらかじめ棚卸を実施し、在庫の不一致を調整してしまう部署が現れたりします。こうした調整項目の中に、不正会計につながる事実が含まれていることもありますので、監査人は特に留意する必要があります。

怠慢な部署では、在庫の不一致を調整しようと、受払いがあったかのようにデータを組成して調整することがあります。

対する監査人は、こうした事実を突き止めるため、棚卸資産の受払データを

入手し，監査日前後1週間程度を目安に，少量の受払取引に着目してみるとよいでしょう。これらの受払データの中に異常なデータがないかを検証してみるのです。

例えば，取引データとして記録されている受払金額が，それまでの取引金額と比較し，明らかに不自然なものは要注意です。監査が入ることを予期して，事前に怠慢な部署の倉庫担当者が棚卸しを実施することで，実地棚卸の結果と帳簿記録に齟齬が発生していることが判明し，無理やり差額を調整している可能性もあるからです。

したがって，このような受払金額のデータが，正規の受払単価P×数量Qと比較して違和感を覚える場合には，倉庫担当者に質問を投げかけてみる必要もあります。すると「実は，支店長から指示されまして…」といったことが判明しうるものです。

なお，質問に関しては弱い者から順に聞く，というのが1つのセオリーです。

この他，摘要欄に不備がある受払データ，承認印が倉庫担当者のみの受払データなども異常点データといえます。こういった受払データについて，弱者である現場担当者にまず質問をしてみます。中には架空在庫につながるような事実をつかめることもあるかもしれません。

こうした作業は，CAATが得意とする分野の1つです。ピボットテーブルで監査日前後1週間の受払日付のデータを対象に，摘要欄のデータが空白または簡素であるものを〔LEFT関数〕などで抽出し，受払単価に注目してみれば，こうした在庫不一致の調整データを把握できるでしょう。

(8) 訂正取引と不正会計

在庫の受払元帳や台帳に訂正記録が残っている場合があります。

こうした訂正記録の中には，次のような不正会計に直結しうる取引記録も残されていますので，訂正理由や訂正に至る誤謬発見の事情などを把握し，訂正が承認されていることを検証する必要もあります。

【不正会計に直結しうる，訂正記録の事例】

- 承認のない訂正
- 連続した訂正
- 短期間に多数行われている訂正
- 摘要欄等に「過不足調整」，「不明」等の記載がある訂正
- 在庫の受払先が不明な取引
- 在庫の保管場所が変更された取引
- 在庫数量や在庫金額の記録はあるのに，単価の記録がない取引

　こうした兆候のある取引も，在庫管理システムから受払データを入手し，ピボットテーブルなどでCAATを行えば，容易に該当する取引記録を抽出できるでしょう。

　なお，一般的な在庫管理システムでは，訂正が行われた履歴をデータとして保有していますが，場合によっては間違ったデータを上書きしてしまうというように，訂正の履歴がデータ上残らない設定になっている場合もあります。

　履歴を残すことが，不正会計と対峙する前提です。

　訂正履歴が残らないシステムを使っている組織では，システム改修を検討する必要もあるでしょう。

(9) 空白セルの検証

　棚卸資産台帳を検証する際，単価比較をすることがあると思います。その過程で，過去のトレンドと比較し，異常に高額な単価となっている商製品を発見することがあります。このような場合，まず疑ってみるのが計算過程（ロジック）です。

　こうした棚卸資産台帳のような資料を，Excelで管理していることがあります。このExcelの計算表を「スプレッドシート」と呼ぶことがあります。

　注意しなければならないのは，Excelの特性上，簡単に上書きや削除・修正が可能なため，本来なければならない計算式が故意・過失により消去されていることがあるという点です。

経験では，Excelで作ったスプレッドシートの計算ロジックが，何らかの理由で消去されてしまい，誤った集計結果となっていたことがあります。

報道によれば，Excelが原因で訂正報告になった事例もありますが，これほどつまらないことはありません。

退職給付費用等の会計上の見積りを計算する場合もそうですが，Excelを使ったスプレッドシートが複雑であるほど，どこに問題があるのか，なかなか検証しづらいと思います。

そこで，つまらないミスをしないための一手法として，空白セルを抽出するという方法をご紹介します。

スプレッドシートを作成する時点では，作成者，検証者および承認者は注意して計算ロジックを検証しているはずです。しかし，四半期ごと，期末ごとに，このスプレッドシートをコピーして使い回すうちに，何らかの理由で，該当するセルに本来なければならない計算式が抜け落ちてしまうことがあります。こうした「空白セル」を簡単に突き止められれば，スプレッドシートの誤りの1つを是正できます。

「空白セル」を把握する作業は，4つのステップで理解してください。

【空白セルの把握方法】

> ① 対象セル（ここでは，②のようにセルA1からセルG5）を選択，〔ホーム〕タブ→〔編集〕グループ→〔検索と選択〕→〔ジャンプ（G）〕（ちなみに，この①の作業はキーボードの上部 F5 と書かれた「ファンクションキー」を叩いてもできます。こうした「ショートカット」を覚えると作業の効率化を図れます）
> ② 〔ジャンプ〕画面で〔セル選択（S）〕をクリック
> ③ 〔選択オプション〕画面で〔空白セル（K）〕をクリック
> ④ 選択された空白セル（ここでは，セルD2，セルA4からG4）に色付け

この作業の結果，色付けされたセルを対象に，本来数式が入りそうなセル

（ここでは④の，セルD2）を中心に検証すれば，異常点を検出できるでしょう。

また，③で〔数式（F）〕をクリックすれば，**図表7-7**の⑤のようになります。これで，数式の入っているセルを特定できます。

一見すると判然としないワークシートも，このように表現すれば問題点や異常点を把握することができます。

図表7-7 ジャンプ

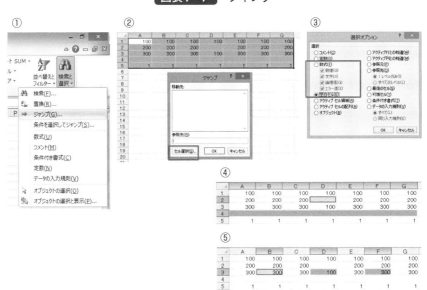

⑽　有償支給と循環取引

　不正会計と対峙するには，各国・各地域にある独特の商習慣を理解することも大事です。

　例えば，日本には「有償支給」という，自動車の製造や住宅の建築など幅広い分野で見受けられる商習慣があります。

　自動車の製造には，1台当たり約3万点もの部品を使っているといわれるように，自動車業界は裾野が広いのが特徴です。この部品のほとんどが外注されます。トヨタ自動車のような自動車メーカーを頂点に，1次部品メーカーから3次部品メーカーといった具合に，自動車業界はピラミッド構造となっています。

　こうしたなか，部品メーカーは他の製造業と同様に，製造に必要な原材料や部品を自ら直接調達する場合もありますが，系列上位の会社等から規格に合った原材料や部品の支給を受ける場合もあります。この支給の方法として，無償支給と有償支給があるのです。

　「無償支給」とは，自動車メーカー等の支給元から，部品メーカー等の支給先に対して無償で部品等を支給し，これを部品メーカーが切削・研磨等の加工後，加工賃相当の授受をする仕組みです。部品等の支給材は，支給元の在庫であり，支給先では預かり在庫となります。

　これに対し，日本でよくみられるのが「有償支給」という商習慣です。有償支給とは，支給元が自社の規格に合った部品等を支給先に有償で支給し，支給先が加工後に支給元が買い取る「買戻条件付販売契約」のことです。この有償支給という商習慣は支給元にとっても，支給先にとっても会計処理に留意が必要な取引といえます。

　ここで支給元・支給先に分け，有償支給に係る，不正会計と対峙する論点整理を行います。

【有償支給に係る支給元の論点整理】

支給元から見た場合，支給材は有償で支給先に引き渡しています。

通常であれば，有償＝販売ですので，次のような仕訳を想定するでしょう。

（借方）売掛金　　（貸方）売上高

しかし，有償支給の場合は違います。そもそも，収益認識要件の1つである「財貨の移転」が完了していませんので，収益認識ができないのです。

この点，『我が国の収益認識に関する研究報告（中間報告）―IAS第18号「収益」に照らした考察―』（日本公認会計士協会会計制度委員会研究報告第13号。以下，「研究報告」といいます）でも指摘があるように，「買戻条件付販売契約」である有償支給の場合，支給に伴い収益は発生しないことが明らかにされています。

つまり，有償であっても，売上高という収益を計上できないのです。

有償支給の場合，有償で支給した部品等の仕入のマイナスとして会計処理すべき，ということになります。

（借方）未収入金　　（貸方）仕入

なぜなら「買戻条件付販売契約」により，在庫所有に伴うリスクおよび経済価値を支給元である売手が保持しているので，たとえ法律上の所有権が移転していても，実質的には所有権が移転していないからです。こうした取引からは収益は生じない，販売取引として扱うべきではない，というのが根拠です。

そうすると，この有償支給という商習慣を悪用して，不正会計を行おうとする者も出てくることが考えられます。というのは「有償支給でない」と主張すれば，有償＝販売という前提のもと，一般的な販売取引として偽装できるからです。

知人がこの事例に直面したことがあります。その会社は，株式公開を控えた支給元に相当する会社で，有償支給を通常の販売取引と同様に，「（借方）売掛金（貸方）売上高」として経理処理していたといいます。これに知人が気づき，

上記のような研究報告もなかった時代ですが，有償支給は，「（借方）未収入金（貸方）仕入」のように経理処理するよう改めさせたのです。

　知人が気にしたのは，この有償取引により押込み販売や循環取引等の，通例ではない異常な売上計上が行われる可能性がある，という点です。

　1次から3次までのメーカーの間は，密接なつながりがあります。

　「ちょっと営業成績が振るわなくて」

　支給元の営業担当者からこういわれれば，「協力しましょうか」ということになりかねません。有償支給を通常の販売取引と同様に経理処理されてしまえば，押込み販売や循環取引等として成立する可能性もあるからです。

　こうしたことが起こらないようにするため，有償支給の対象となる部品等を特定するとともに，有償支給についてはそもそも売上高として計上せず，上記のように部品等の仕入のマイナスとして経理処理することにした，とのことでした。

　売上の上がらない有償支給の取引ということであれば，営業担当者には不正を行うインセンティブがなくなり，不正会計を防止できることになります。

　不正会計と対峙するには，このように取引実態を把握することが大事です。

【有償支給に係る支給先の論点整理】

　支給先も同様に考えます。

　つまり，買戻条件付販売契約による有償支給材の場合，支給先である部品メーカー等で加工した後に，すべての支給材を自動車メーカー等の支給元が買い上げてくれるのであれば，当該支給材の価格変動リスクも含め，支給先は在庫保有に伴うリスクを負っていません。

　リスク負担を考慮すれば，支給先である部品メーカーあるいは下請のメーカーでは，加工賃相当のみを収益として計上すべきである——こうしたことが研究報告でも指摘されています。

【有償支給に係るCAATの視点】

 こうした有償支給に係る経理処理が正しく行われているか否かを検証するために，CAATを想定してみようということになります。
 そもそも支給材に関しては，有償であれ，無償であれ，必ず支給に関する契約があるはずです。この支給材に関する契約データをもとにCAATを行うことができます。一部の大手企業では，すでにこうした支給契約の内容をマスタデータとして保有している場合もあると思いますが，大方の組織ではそもそも支給材に関する契約内容をマスタデータ化するところから始める必要があるかもしれません。
 支給元でのCAATを想定した場合，このマスタデータを基に，支給材をどの取引先に，実際にどれだけ支給しているかという観点から在庫データと支給契約のマスタデータをVLOOKUP関数で突合してみます。
 もしも，マスタデータに存在する取引先で，契約内容にない支給材の移動データがある場合，その理由を検証する必要があります。また，支給材コードをキーとして，マスタデータにない取引先に支給材が支給されている場合も同様に，理由を検証する必要があるでしょう。いずれも契約内容にない取引事実があるからです。
 マスタデータと販売データを突合し，マスタデータにある取引先（支給先）への売上計上がある場合，最終的にその売上は経理上取り消され，買い戻した際の加工賃のみが計上されているかを検証してみることも必要でしょう。
 また，本書でたびたび説いているように，数字を解きほぐす際「Price（単価）× Quantity（数量）」という視点を持つことも，不正会計と対峙する際のポイントです。
 支給材の取引額に関しても「P×Q」で考えることができますので，「P＝支給材の支給額」はいくらで仕切られているか，契約内容と比較して異常がないレベルかを検証することも必要でしょう。
 「Q＝支給材の数量」に関しては，いつ，どれだけ支給したか，現在の支給先にある支給材の残高はいくらかといった論点に留意しながら在庫データと突

合することで，異常値がないかを検討することもポイントとなるでしょう。

　例えば，加工に要する時間が1カ月ということであれば，支給してから3カ月経っても支給元が買戻しを行っていない支給材については，何か異常値があることになります。

　ある特定の取引先（支給先）に対する支給材の残高推移が増加傾向にある場合，どのような理由があるのかを検証することも必要でしょう。

　こうした点は，ピボットテーブルで容易に把握できます。在庫データや販売データなどを用い，さまざまな視点からデータ分析を行うことで，支給材を使った循環取引の実態を把握する突破口となる可能性があります。

　ちなみに，2012年9月，公益社団法人日本監査役協会のケース・スタディ委員会で，有償支給を利用した循環取引の不正会計事例を，監査役の視点から検討しています。検討内容の詳細は，以下をご参照ください。

　http://www.kansa.or.jp/support/el_csi120928-3.pdf

③ キャッシュとCAAT

現金預金は,不正,特に横領と隣り合わせの勘定科目です。

ここでは,横領の兆候把握やその手口など,CAATを行ううえで必要な知識について整理します。

(1) 横領の兆候

K鉄道の子会社で,ある従業員が上司により正規に承認された振込データを取り消し,別の振込データを作成し,この従業員名義の口座へ不正送金していたという横領事件がありました。隠蔽工作として,従業員が上司の承認なき架空経費の支払伝票を起票し,未収金の計上や前受金のマイナス計上などを繰り返すことで,会計データを登録処理していたのです。一連の行為は合計70回行われ,従業員は累計11億円を横領していた,と調査報告書にあります。

こうした事件の防止および早期発見にあたり,CAATによる一定の効果が期待できるでしょう。

一般的なITシステムにおいては,入力データを取り消すと取消履歴が残ります。そこで,通常の業務時間外の取消履歴に特に留意し,該当データを抽出してみるのです。

【取消履歴,通査の着眼点】

- そのデータ取消しは,誰によりなされたか
- 取消しと同じタイミングで入力されたデータはないか。あるとすれば,どのようなデータが入力されたか
- 預金出納があれば,どこの口座からどこの口座に振込みがされているか
- その振込口座は,会社が把握している正規の振込先か

こうした観点に留意し，CAATでデータを抽出して「記録と記録を照合」し「記録と事実を照合」することで内容を検証してみれば，不正会計の端緒を発見できる可能性が高まるでしょう。

　CAATのように"データ"に着目するだけではなく，不正の実行者あるいは予備軍の"行動"に注目してみるのも，不正を防止するうえで重要です。

　行動心理学の中に次のような指摘があります。

　「人間の行動を変えるものの1つに，監視することが有効である，見られていれば行動が変わる」

　そこで，次のように大々的にアナウンスしてみましょう。

　「私たちは，皆さんの行動を常にCAATで見張っていますよ」

　不正実行予備軍は，きっとためらうことでしょう。

　「見られているなら，やめておこう」

　不正実行者にこうした心理が働けば，不正を未然に防止できるかもしれませんし，実際に横領が激減した事例もあります。

　不正会計を生じさせないためには，CAATによる監視も含め，「仕組みづくり」，「環境整備」が大事です。これは経営者の大きな役割の1つです。

(2) 不可解な一致とカイティング

　横領という不正行為を隠す目的で「カイティング（kiting）」が行われることがあります。カイト，つまり凧の糸を操るように，他行小切手の振出しによる預金口座の資金移動を行い，預金残高の不足額を取り繕うという操作をいいます。

　例えば，本来あるべきA銀行の当座預金残高100に対して，20横領されていたとします。そうすると，この時点ではA銀行に80の預金残高しかないわけです。そこで，横領の隠蔽目的で，次のようにカイティングが行われることがあります。横領された20に見合う預金を，期末日3月31日にB銀行（3月31日残高100）から小切手を振り出すことで，A銀行に預け替えを行い，翌4月1日付でこの預け替えの仕訳を次のように行います。

(借方) A銀行預金 20 　（貸方) B銀行預金 20

　すると，A銀行ではこの小切手を受け入れ，他行振出しのB銀行小切手20も含めた残高証明書を発行してくれます。3月31日時点の残高証明書には，A銀行の預金残高は100と記載されるのです。
　一方，B銀行の預金口座は3月31日時点では20の預け替え，つまり資金移動に伴う預金のマイナスが反映されません。A銀行からB銀行へ呈示，交換されるのは翌4月1日になるからです。したがって，3月31日時点のB銀行の残高証明書には，資金移動前の状態100と記載されます。
　しかも，会計帳簿上は横領を隠しているので，A銀行の帳簿残高は100，預け替えの仕訳は4月1日に行われますから，B銀行のそれは預け替え前の残高100のままとなります。
　このようにカイティングを使えば，預金不足を隠蔽できるのです。
　そこで，こうしたカイティングを使った不正会計を，CAATで抽出してみることが考えられます。
　仕訳データから，4月1日に預け替えにより資金移動をしている，次のような預け替えの取引データを抽出します。

(借方) A銀行預金 20 　（貸方) B銀行預金 20

　このデータを対象に，預け替え先のA銀行に着目し，3月31日の残高証明書を確かめます。もしも，A銀行の残高証明書とA銀行の帳簿残高が3月31日時点で一致しているのであれば，カイティングされている可能性があると判断できます。
　このようにカイティングについては，「不可解な一致」という事実をもって異常点を把握する必要があります。
　カイティングは，本支店間での資金決済がある場合などにも散見されます。
　ここ数年，グローバル企業を中心に，キャッシュ・マネジメント・システム（CMS）と称する，グループ内での資金決済を集中管理しようという「グロー

バル・キャッシュ・マネジメント」の動きがありますが，こうした預金口座が多い会社ほど，カイティングに対処するCAATの効果は大きいのではないでしょうか。

コラム　ファスターペイメント

　2014年4月8日のヤフーニュースによると，自由民主党が邦銀サービスの24時間化，いわゆる「ファスターペイメント」を検討し始めたとのことです。

　英国では2008年から，シンガポールでは2014年から，24時間365日送金可能となっています。こうした国際的な流れから，わが国の金融市場が取り残される懸念もあり，現行では午後3時以降の銀行間送金が翌営業日となってしまう振込制度を成長戦略の一環として見直そう，ということのようです。

　ファスターペイメントが全面的に実現されれば，前述の資金移動による預金残高不足を取り繕うカイティングという不正会計は撲滅されることが期待され，不正会計と対峙している組織にとっては好ましい状況が1つ生まれることになります。

(3) 記帳されない着服とスキミング

　記帳前に現金を着服する「スキミング（skimming）」という手口で，不正が行われることもあります。

　"skim"，すなわち上澄みをすくって隠すという意味であるスキミングは，帳簿記録外の簿外取引です。つまり，現金着服の事実を帳簿から検証することは困難となるので，実行者にとって都合のよい不正の手口といえます。

　（注）　ATM自動預け払い機でクレジットカードの暗証番号を盗み見る，という意味でスキミングという単語が使われることもあります。

　例えば，従業員が数人しかいない，小さな営業所の窓口で現金収受が行われる場合，相互牽制がなされていなければスキミングは可能となってしまいます。

　窓口で現金収受がなされる場合，現金の支払者は，支払の事実を証明するために領収証を要求しますが，現金の受領者である不正実行者からすれば，この領収書の発行は，領収つまり窃盗の事実を自ら認めることになります。後々，領収証控えと出納帳のような記録を突き合わせれば，入金のないこと，横領の事実が判明してしまうからです。こうしたことを見据えて不正実行者は，あらかじめ横領が可能となるように領収証を用意していることがほとんどです。

　それゆえ，簡単に不正な領収証を発行できてしまう市販の領収証の利用の禁止や，先方から見れば支払の事実を証明する一種の金券と同じである「未発行領収証」の連番管理を伴う簿冊管理が，内部統制上不可欠なのです。

　実は，このスキミングは税務調査の現場でも注目されています。

　飲食店の外に出されたおしぼりや割り箸の数を数える，という話を聞いたことがあると思います。これはスキミングを把握する手段なのです。税務署の職員が，夜駆け朝駆けで飲食店の裏に出された，おしぼりや割り箸の数を数えるのは，1日の売上高を推計するために行っているのです。

　「食べログ」のような飲食店検索サイトを利用している読者も多いと思いますが，「昼¥800　夜¥3,000～¥4,000」という具合に，どの店も客単価が表示

されています。税務署も同様に、「焼肉屋ならばこのくらい、蕎麦屋ならばこのくらいの売上はあるはず」という客単価のデータを持っていると、知人の国税出身者に聞いたことがあります。

そもそも会計の数字は、そのほとんどが「単価（Price）×数量（Quantity）」で表現できます。売上高もP×Qです。客単価Pがわかり、おしぼりや割り箸の数で客数Qがわかれば、売上高を推計できるわけです。この推計売上と、実際に申告された売上高を比較し、明らかに過少申告となっている場合、重加算税という罰金が科されることになります。

このように、スキミングという記帳されない現金着服の手口も、調査手法を工夫すれば、その不正事実を明らかにできるのです。

そこで、CAATによりスキミングに対峙してみようという発想が出てきます。これはクライアントで実際に行われているCAAT手法ですが、一言でいえば"統計"を用いるのです。

診療所でも、一杯飲み屋でも、駄菓子屋でも、乗合バスでもそうですが、担当者が1人である、相互牽制がなされていない、比較的小さな組織・場所が危ないといえます。

ただ、どのようなところでも、1日当たりの客数はある範囲（レンジ）に収まるはずです。もちろん、時間帯や季節、天候やイベントの有無などの状況により客数は異なるでしょうが、同じような条件であれば、特別なことでもない限り、同じような客数になるはずです。

客単価が同じであれば、売上高は同じとなるはずです。

もしも、Aが店番のときは売上高10万円＝客単価1,000円×客数100人なのに、Bが店番のときは売上高8万円になっているとすれば、差引2万円がBによりスキミングされている可能性が高いと考えることができます。

こうした傾向がみられるならば、あとはBがスキミングしている実態を把握するため、スキミングの傾向があるデータを提示するなどして、自白に追い込むよう質問（ヒアリング）をすることになります。

まずは、客数の把握が必要です。可能な限りさまざまなデータ、例えば時間

帯や天候などのデータも入手できるように工夫すれば，AやBという担当者別の傾向値を知ることで，スキミングの実態に迫れる可能性が高まります。

その際，データをさまざまな条件で分析できるピボットテーブルが有効なCAAT手段となりえます。

なお，グラフ化することで明らかな傾向の違いを把握できることもあります。Excelにはピボットテーブルのグラフ版〔ピボットグラフ〕という機能（第7章3(8)参照）もあるので，こうした機能も上手に活用し，スキミングという不正会計に対峙してください。

(4) 行動分析とラーセニー

(3)のスキミングが帳簿記録外の現金を着服するのに対し，「ラーセニー」は帳簿記録済みの現金を着服することをいいます。両者の違いは，記録の有無です。そもそもlarceny（ラーセニー）という単語には，泥棒というラテン語から派生した窃盗罪という意味があります。ラーセニーはスキミングと違い，記録＝データがある分，CAATに馴染みやすい不正手口といえます。

例えば，スーパーマーケットやファストフード店，100円ショップやコンビニなどをイメージしてみてください。そこには必ず，売上金を保管し，釣銭を用意しておくレジがあります。不正実行者からすれば，このレジは打ち出の小づちに見えるかもしれません。すぐそこに現金があり，不正実行者がその気になれば着服も容易に行いうる環境があるからです。

経験からいうと，コンビニなどのレジでは，毎日のように少なからず現金過不足が発生します。レジの打ち間違いや，釣銭の渡し間違いなどが発生すれば，当然現金の実際残高が帳簿残高とズレるわけです。

こうしたことを防止するため，大手コンビニチェーンなどでは工夫もしています。レジを打たずに済むようにバーコードをスキャンするレジや，顧客から収受した紙幣をレジに入れなければ釣銭が出ない仕組みのレジ，現金を従業員に着服されないようにレジ上に監視カメラを設置するなど，ITを使ったさまざまな工夫がされているのを，皆さんもご存知かと思います。

それでも，現金過不足が発生します。

こうした工夫がされていない昔ながらのレジを使っているスーパーなどでは，毎日のように現金過不足が発生していても不思議ではありません。

現金過不足の発生は，店舗業績に大きく影響します。

会計上は，レジ内の現金が帳簿と比べて不足していれば「雑損失」，過剰であれば「雑収入」として経理処理することになります。ところが，毎日のように過不足があるものの，トータルでさほど業績に影響なしとして大目に見ることもしばしば見受けられます。これが危ないのです。

不正の実行予備軍である従業員は，こうした実態を鋭く把握しています。

「店長は，現金過不足に甘い」

こうなれば，不正実行者に付け入るスキを与えてしまうのです。

「このぐらいなら，バレない」

少しずつ，長期にわたって，レジ現金を着服する事例も散見されます。

しかし，このラーセニーは(3)のスキミングと異なります。レジの記録と実際の現金残高を突合してみれば，比較的単純に現金着服の実態を把握することが可能です。

レジを打つ前に，レジ担当者が必ず自分のコード番号をレジに入力しなければならないようにしておき，監査人は，担当者コード番号ごとにデータの傾向を分析すれば，ラーセニーのような不正は発見できるでしょう。コード番号でレジ担当者が誰であるのかがわかります。あとは，現金過不足の発生したレジはどの担当者コード番号のときに多いのか——こうした点に留意してデータの傾向を分析すれば，ラーセニーは把握できるでしょう。

ただ，敵もさるものです。「Aのレジから現金を抜いて，自分の悪事を隠蔽しよう」と考える不正実行者も出てきます。

レジ担当者は午前担当者・午後担当者という具合にパートタイムとなっていることがほとんどですが，こうしたレジ担当の交代時間（1時間につき5分など）がポイントです。

不正実行者は自分の悪事がバレないように，交代時間のようなタイミングを

見計らって、「両替」と称してAのレジを開け、Aのレジにあった現金を自分のレジに入れてしまうことがあります。

　これも、レジ担当者の行動データを分析すれば、真相を突き止めることができるでしょう。レジ現金の不足が発生している時間帯を調べ、Aがレジ担当を交代する時間帯に、誰が交代要員として配置されているかを調べてみる。この交代要員がBで、しかも「Bは怪しい」という悪い噂でもあれば間違いないはずです。そうでなくても、その後Bのレジでの行動、特にレジ交代時のBの行動に留意していれば、ラーセニー＝帳簿記録のある現金着服の真相をつかめる可能性が高まるわけです。

　不正の真相を突き止めるには、データ分析、質問、行動分析といった、通常の財務諸表監査とは違った感性が監査人に要求されます。

　そもそも「キャッシュのあるところ、不正あり」、これは、万国共通です。

　そこで、現金を社内に置かなくなった、という会社もあるくらいです。現金がなければ困るかといえばそうでもないようで、その会社では現金払いを振込にしたり、ちょっとした買い物はネットスーパーを使うなど、工夫すれば何不自由なくビジネスを行えるとのことでした。現金がなければ、スキミングやラーセニーといったキャッシュにまつわる不正とも関わることがなくなるといった発想の転換は、まさに目から鱗です。

　このように、現金の取扱いに係る職務分掌と管理徹底により、ラーセニーは防止可能でしょう。

(5)　キセルとオーバーオールテスト

　例えば借入金と支払利息の間には相関関係があり、支払利息÷借入金平均残高の計算結果は"利率"に連動するでしょう。

　こうした数値間、データ間の相関関係の有無を把握し、財務諸表計上額の合理性を検証しようというのが、オーバーオールテスト（合理性テスト）です。

　預金と受取利息のオーバーオールテストを実施すれば、「キセル」と呼ばれる不正会計が発覚することがあります。

キセルとは，期中に出金記帳せず預金を途中解約し，期末日直前に流用した預金を穴埋めすることで，監査で注目されやすい期末日残高の帳尻を合わせるという横領の手口です。多額のキセルがある場合，預金平均残高×利率≒受取利息とならず，異常点が把握されるでしょう。

このように，一定の関係を有する項目間でオーバーオールテストを行えば，相関関係の異常点から不正会計の端緒を得られることがあります。その際，財務データのみならず，気温や出向者数のような非財務データに着目してみる等，業界特性を踏まえることもポイントです。

【製造業におけるオーバーオールテスト】

製造業の場合，製造量と直接工の残業代の間に正の相関関係があることが一般的でしょう。そうだとすれば，製造ラインの故障があったにもかかわらず，製造量に変化がない，残業代が増加している——こうした傾向から異常点を把握できる可能性もあります。

機械運転時間数や原材料使用量，消費エネルギー量などと製造原価との相関関係を分析してみることで，興味深い結果を得られる可能性もあります。

【小売業におけるオーバーオールテスト】

小売業であれば，「フェイス」と呼ばれる商品展示の工夫が重視されている観点から棚数と売上高の相関分析をするとか，1人当たり売上高が重視されるという点から従業員数と売上高の相関分析をしてみるのも面白いかもしれません。

「坪効率」を経営指標としている会社がある点に着目し，床面積と売上高の相関分析をしてみる。「天候」が客足を左右するという点から，気温と売上高の相関分析を行ってみる——こうした関係のありそうなデータを分析してみると，これまでわからなかった新たな事実に直面することもあるでしょう。

図表7-8　オーバーオールテスト

分析すべき相関関係	分析の着眼点
売上高と運送費	未出荷売上の存在
在庫金額と倉庫保管料	預け在庫での売上計上
種類別の固定資産残高と減価償却費	償却計算ストップによる粉飾事実
親会社出向者数と親会社への支払管理料	架空経費の存在

　このように，オーバーオールテストあるいは相関分析は異常点を把握するツールとして活用できます。一般に監査の現場で実施されるであろう，次のような財務データ同士の相関に着目することも，もちろん有用です。

【財務データ同士のオーバーオールテスト例】

> - 預金や貸付金と受取利息
> - 売掛金等の受取勘定と売上高
> - 棚卸資産と売上高や売上原価
> - 固定資産と減価償却費・修繕費・賃借料
> - 有価証券と受取配当金
> - 受取手形と支払手形の各期日別残高

　相関関係は，財務データ間だけに存在するものではありません。
　「風が吹けば，桶屋が儲かる」というように，一見すると関係のなさそうなものでも，何らかの相関関係がある場合があります。
　財務データと人数・時間・気温などの非財務データとの相関，非財務データ同士の相関にも着目し，第6章2でご紹介した散布図を作成するなど，さまざまな工夫で異常点を探れば，不正会計の兆候把握の可能性はもっと広がるでしょう。

(6) 不正な手形取引

　広い意味で，手形はキャッシュと同類であるといえなくもないので，ここで手形の論点を取り上げます。

　子会社など比較的小さな組織では，人員配置の関係で，どうしても1人に権限が集中しがちです。その結果，不正のトライアングルの「機会」が醸成され，横領等の不正会計につながることがあります。

　現金と並び，横領されやすいのが手形です。受取手形を現金化する際に着服したり，支払手形を不正実行者自身のために発行したり，融通手形を振り出すことで相手先から不正なキックバックをもらうといった不正会計が後を絶ちません。

　そこで，こうした手形取引を通じた不正会計と対峙するために，どのような視点でCAATを活用すればよいかを考えてみましょう。大別すると2つの視点が必要です。

【着眼点①】手形の分類

　手形の分類として真っ先に思いつくのが，手形を受け取る側からみた「受取手形」と，手形を発行する側からみた「支払手形」という区分です。こうした区分も経理上はもちろん必要ですが，不正会計と対峙するという観点からすれば，どちらも手形であることに変わりありません。むしろ不正の観点からすれば，手形がどのような目的で用いられるのか，どのような機能が期待されて利用されるのかといった「手形の取引区分による分類」のほうが重要な視点といえるでしょう。

　このように，手形の取引区分に応じて分類した場合，営業取引に係る手形としての「営業取引手形」と，資金融通（融通手形）や借入時の担保（差入手形）など特殊な目的で用いられる「特殊取引手形」の2つに分類できます。このように分類することで，営業とは関連性が薄い取引先に対する手形は，不自然と感じることができるでしょう。当該取引と手形期間から判断して異常な期

間であったり，通常の取引に比べて巨額となっていれば，違和感を覚えることもあるはずです。こうした点から手形取引に係る異常点を把握することが可能となります。

【着眼点②】手形の決済

　手形は決済されなければ，ただの紙切れにすぎません。このような視点からすれば，手形期日と振出日が連続している受取手形は，いわゆる「ジャンプ手形」の存在が疑われ，決済可能性・回収可能性に疑問符がつきます。支払という観点からすれば，「現金買戻し手形」のようなものがあれば，なぜ手形を買い戻す必要があったのかを検証してみる価値は十分あります。

　こうした「手形の取引区分」，「手形の決済」という2点を考慮しつつ，手形取引に係るCAATプログラムを構築することが肝要です。具体的には，次のようなデータに着目してCAATを想定すると，不正会計に効果的に対峙できるでしょう。

【着眼点①】　マスタデータにない取引先データ

　受取手形であれば，販売管理システムの得意先マスタデータと受取手形管理台帳の手形受入先データについて，VLOOKUP関数を用いて突合し，齟齬があれば通常の取引先ではないことを検証できます。

　支払手形であれば，購買システムの仕入先マスタデータと支払手形管理台帳の受取人データをVLOOKUP関数で突合し，齟齬を検証します。

　いずれも齟齬があれば，マスタデータにない相手先と手形取引をした，つまり営業取引以外の特殊取引手形ということになるので，さらなる検証が必要です。固定資産の売買に伴う手形取引であるとか，資金を融通する取引であるとか，担保に伴うものであるなど，さまざまな理由があると思いますが，まずはそうした理由を把握することが大事です。

　こうした齟齬のあるデータの中には，問題のある手形取引データが含まれて

いる場合があります。そこで，齟齬のあるデータを対象にさらにCAATを行ってみていただきたいと思います。

例えば，齟齬があるデータを，人事システムにある役職員の住所データや電話番号データ，あるいは被監査組織の役職員が兼務している組織名の入ったデータなどと突合してみると，意外な結果に出くわすことがあるかもしれません。受取手形の齟齬データにこうした兆候があれば，当該組織が資金繰りに窮していることが判明するかもしれません。支払手形の齟齬データでこうした事実があれば，役職員が関与する取引先を通じてキックバック等の仕組みを通じ，私利私欲のために不正な取引をしている可能性もあるかもしれません。

【着眼点②】 期日が超長期となっているデータ

手形期日が超長期の受取手形の場合，不渡手形になる危険性もありますし，融通手形の可能性もあります。いずれにせよ，貸倒れの危険性が高いわけですから，このような超長期の手形をなぜ収受しているかを検証する必要があります。超長期の支払手形も同様に「なぜ振り出したのか」という視点がポイントになります。

中でも「融通手形」の存在には留意が必要です。

融通手形とは，通常の営業取引とは関係なく，資金を融通するために振り出す空手形(からてがた)のことです。手形の受取人が金融機関に手形を持ち込むことで，手形の割引を通じ資金化することができますが，通常この手形は営業取引を通じたものです。

しかし，融通手形は，営業取引に関係なく，信用のなくなった会社等が資金融通の目的で，取引先や友人・知人に手形を振り出してもらい，短期的な融資を受ける目的で行われる金融取引です。融通手形を応諾した組織は，資金繰りに窮している側から担保として手形を入手することがあり，これが受取手形として残置することになります。

中でも「馴合手形(なれあいてがた)」と呼ばれる，資金繰りに窮した者同士が互いに融通手形を振り出すという手形取引には留意が必要です。

馴合手形の場合，各々の信用力を利用して金融を行っていますので，一方が決済できなければ，もう一方も決済できない，最悪のケースでは連鎖倒産もありえます。ある種，手形取引を通じた循環取引ともいえます。

このような危険な手形取引がないことを検証するためにも，超長期の手形の存在に着目してCAATを行う必要があります。手形残高データを入手し，振出日と満期日にどれだけの日数があるかを計算し，この日数の大きいものから順に手形残高データを並べ替え（ソート），金額的重要性も加味すれば，異常点を把握することができるでしょう。

【着眼点③】　手形期日と振出日が連続したデータ

手形期日が連続（ロール）している手形は，「ジャンプ手形」の存在が疑われます。

ジャンプ手形とは，資金繰りに窮した企業等が泣きついて，手形の支払が延長された手形です。資金繰りに窮していますので，受取手形として収受している組織では貸倒れの危険性が高いことになり，支払手形を発行している組織では経営破たんの危険性が高いといえます。

このような取引をCAATで抽出するには，手形管理台帳データを基に，手形期日と振出日が連続する同一相手先のデータの中から，ほぼ同一金額のデータをピボットテーブル等を使って抽出すればよいでしょう。

ここで「ほぼ同一金額」としたのは，手形決済の延長に伴う金利相当分だけ元の手形金額と差が生じている場合，いわゆる「端数金付手形」という場合もあるからです。

また，元の手形は1枚（1つの手形取引データ）で，期限延長後は複数枚（複数の手形取引データ）という「分割手形」になっている場合もあるかもしれませんので，留意してください。

【着眼点④】　同一相手先で同一金額のデータ

上記【着眼点③】でも指摘したように，同一相手先に対する同一金額のデー

タには留意が必要です。【着眼点③】のように，手形勘定でロールする場合もありますが，手形以外の勘定科目を使う場合もあります。

受取手形については，次の点に留意してみましょう。手形受入日の同一相手先に対する同一金額の，受取手形の借方（受入）データと支払手形の貸方データがある場合，融通手形の存在が疑われます。場合によっては，融通手形の存在を隠すために，手形受入日近辺に同様の取引データがある場合や，支払手形勘定以外に買掛金・未払金・前受金・預り金・仮受金のような負債科目を用いている場合もあります。

支払手形についても同様で，相手勘定を受取手形としている場合もあれば，売掛金・未収入金・前払金・前渡金・預け金・仮払金などを用いて取引が記録されていることもあります。

いずれの場合も，ピボットテーブル等を使えば該当データを把握することは可能です。

このようにCAATを通じて発見された融通手形については，利息や担保といった融通の条件を把握する必要もあります。

【着眼点⑤】 常時発生する多額な手形取引の中に隠された異常データ

受取手形の場合，決済，つまり回収可能性が関心事の1つとなります。特に，多額の手形取引のある得意先が不渡りでも起こそうものなら，途端に皆さんの組織が資金繰りに窮してしまうこともあるので，手形の収受にあたっては得意先の信用力を調査する必要があります。

そこで，信用力に問題がないかを検証するという立場から，常時継続的に取引がある多額の手形取引の推移についてCAATを実施してみるということも，異常点を把握する視点として持ち合わせておく必要があるでしょう。

何を多額とするかは考え方次第ですが，例えば「顧客の上位2～3割程度が，売上高の7～8割を占める」という「パレート最適の法則」を用い，重点管理すべきものを峻別するという方法があります。受取手形の場合，手形残高の上位2～3割を占める得意先の手形取引を抽出し，手形残高の月次推移を把握，

その推移に異常がみられないかを検証してみることも，不正会計と対峙するために大事な視点です。

　手形金額が増加傾向にある場合は，その理由を把握する必要があるでしょう。月末締め翌月15日払の"売掛金"だった取引が，月末締め翌月15日の"受取手形"決済となり，しかもその手形が60日後決済ということになっていれば，得意先に対して60日分の信用を付与していることになります。そこで，決済条件変更の稟議があるのか，どのような理由で与信枠を決定したのか，そこに情実がないか，リスクがないかを検証してみる価値はあります。

　手形期日が60日だったものが120日に延長，あるいは30日に短縮されているといったように，手形の期間が一定でない場合も，資金繰りの変化が伴うことから留意が必要なデータといえます。こうした取引もピボットテーブル等で得意先別・期日別のデータを分析することで，異常なデータを検出することは可能です。

【着眼点⑥】　決済方法が変化した取引データ

　与信という観点からは，決済方法の変更にも留意が必要です。

　現金決済であったものが掛取引となり，手形取引となれば，その分だけ与信が発生しますので，適正な与信審査が行われているのかを検証する価値は大きいといえます。

　こうした点を明らかにするために，得意先への販売管理データをピボットテーブル等で分析し，得意先別・決済方法別に取引件数を集計して，複数の決済方法がとられている得意先のデータに，どのような取引データが含まれているかを把握します。そのうえで，決済方法の変更稟議があるかを検証すれば，与信の妥当性を検証でき，貸倒れ等を未然に防止することにもつながるでしょう。

　購買データの場合も同様です。仕入先別・決済方法別にピボットテーブルの〔データの個数〕を使って取引件数を集計し，複数の決済方法がある仕入先を抽出して取引内容を吟味すれば，資金繰りに窮している状況等を把握することが可能となるでしょう。

③ キャッシュとCAAT

【着眼点⑦】 決済が条件どおりに行われていないデータ

　手形の決済条件はそれぞれの手形に記載されていて、その内容は手形管理台帳等に入力されます。

　受取手形の場合、支払期日を迎えたにもかかわらず回収されないとなれば不渡りの可能性が疑われますので、事実を把握し、債権保全措置の有無などを検証してみる必要があります。こうした異常データは、手形管理台帳データと現金預金出納データを突合し、支払期日における入金状況を把握すればよいでしょう。

　このデータの中に貸倒処理しているものや、相殺処理されているものもあるかもしれません。それぞれ適正に処理されたものであるかについて、上長の承認行為の有無などにも留意しつつ検証する必要があります。

　支払手形の場合、支払期日前の支払があればその理由を把握し、上長承認のない資金融通等の越権行為がないかを検証する必要があります。支払期日になっても支払を行っていない場合、当該組織の資金繰りが窮している可能性を疑ってみる必要もあります。棚卸資産を仕入れたものの、手形決済までに当該資産に不具合が発見され支払をストップしているなど、何かトラブルに巻き込まれている場合もあるので、理由を把握する必要があります。

　このような決済が条件どおりに行われていないデータは、手形管理台帳の決済された日付データがない取引データを抽出することなどにより把握することが可能です。

【着眼点⑧】 通常の取引先金融機関を通じた手形取引ではないデータ

　受取手形を割り引くこともありますが、手形割引先が取引先金融機関でないデータに留意してみる必要もあるでしょう。ノンバンクや個人を相手に割引している場合には、資金繰りの悪化なども考慮する必要があります。

　支払手形の場合、決められた金融機関を支払先にすることが普通です。通常の取引先金融機関とは違う銀行や本支店を支払場所としている場合、融通手形の有無なども疑われますので、理由を確かめてみることが必要です。

【着眼点⑨】 摘要欄に不備があるデータ

　一般的な事項として手形管理台帳等の摘要欄に不備があるものなどに着目してみることも，不正会計と対峙するためには必要だと思います（摘要欄の不備は，第2章⑩【視点②】，第5章③などを参照）。

【着眼点⑩】 集中振出データ

　支払手形について，本社や統轄支店で集中して手形を振り出すことが未だにありますが，これは危険な行為であり即刻止めるべきです。

　例えば，本社で発行された手形を支店に郵送し，支店を通じて手形を仕入先に手渡す場合，仕入先から領収証を入手し，この仕入先からの領収証を支店が本社に送付することがありますが，この領収証が偽造されれば手形を横領することは簡単だからです。

　このように支店で手形振出ができない場合，本社がコントロールすることが不正防止のために必要です。

　こうしたデータはCAATする以前に，どのような業務フローになっているのかを担当者に質問してみることが大事でしょう。

　CAATよりも効率的に検証できるのであれば，CAATを無理に使う必要はありません。

(7) でんさいとCAAT

　「でんさい」という，電子記録債権が普及しつつあります。

　でんさいは，事業者の資金調達の円滑化を目的として2008年12月に電子記録債権法が施行されたことに伴い取引開始となり，これまでの紙による手形や売掛金の問題点を克服した，新たな金銭債権として注目されています。

　例えば，従来からある紙ベースの手形の場合，手形を発行し，郵送し，集金対応に時間がかかります。

これに対し、でんさいは、電子データ送受信等による発生・譲渡・支払等の記録が記録機関の記録原簿でデータとして管理されることから、手形の作成・交付・保管に係るコストを大幅に減らすことができ、手形の紛失や盗難といった現物管理に伴うリスクもなくなります。電子債権なので郵送料もかからず、印紙も不要でコスト削減・節税効果もあります。

加えて、事業者にとって最大のメリットといえるのが、手形の分割が可能になった点でしょう。例えば、額面100万円の手形があった場合、紙ベースの手形はこれをA社に70万円、B社に30万円というように額面を分割して裏書譲渡することはできませんでしたが、でんさいはこれが可能です。

このように、でんさいには多くのメリットがあるため、急速に普及が進んでいます。

このでんさいも、もとをただせば債権ですので、従来からある手形や売掛金と同様の視点でCAATを実施すればよいわけです。

ただ、でんさいは電子化されたデータですから、CAATを行ううえで少なくとも従来と違った2つの視点を持つ必要があります。

【留意点①】 CSVデータの入手可能性

1点目は、でんさいを導入するにあたり、取引データをCSV等のデータで入手可能な金融機関と取引する必要があるという点です。

でんさいネット（株式会社全銀電子債権ネットワーク、全国銀行協会の電子債権記録機関）の担当者に問い合わせたところ、でんさいの取引を行うWEBページは、各金融機関によって異なるとのことでした。例えば、三菱東京UFJ銀行の場合、CSV形式等ででんさいに係る取引データを入手することができることを次のWEBで確認済みです（http://www.bk.mufg.jp/houjin/dente/tour_saiken04.html）。

一方、でんさいネットの担当者の話では「各金融機関がWEBを作成しており、でんさいを使った取引記録をCSV等のデータで入手できるかどうかは、それぞれの金融機関に問い合わせてほしい」とのことで、留意が必要です。

したがって，でんさいを始めるにあたって，でんさいの取引記録をCSV等のデータで入手できる金融機関であるかどうかを確かめることが，でんさいにおけるCAAT実施の前提となります。

【留意点②】　マスタデータの維持管理

２点目として，でんさいに係るマスタデータの維持管理というIT業務処理統制の観点に留意する必要があります。

でんさいの導入・利用にあたって，９桁の利用者番号がでんさいネットから付与されます。この利用者番号と，すでに補助元帳等で利用している取引先番号や決済口座番号との関連づけが，でんさいを活用する際のポイントとなります。利用者番号・取引先番号・決済口座番号といったマスタデータが過不足なく関連づけられていることを，VLOOKUP関数等を用いて検証していただきたいと思います。

「過不足があれば理由を確かめる」，こうした姿勢を持つことが不正会計と対峙するポイントです。

(8) 異常な推移と曜日データ

図表7-9は野々川先生の著書で紹介されている昭和63年公認会計士第3次試験（第2回）第一問 問題1（一部加筆修正）です。先生が試験委員をしていた当時であることから，先生自身が出題されたものと思われます。

図表7-9 異常なキャッシュ推移の兆候把握

現金出納帳　　　　　　　　　　　　　　　　（単位：万円）

月日	相手科目	摘要	小切手番号	入金	出金	残高
11月1日		前月繰越				200
11月2日	当座預金	A銀行引出し	A1234	100		300
11月2日	経費	（少額費用支出が数件）			10	290
11月3日	売掛金	Z商店　10月請求締分 小切手入金		200		490
11月3日	当座預金	同上　A銀行に預け入れ			200	290
11月10日	経費	（少額費用支出が数件）			40	250
11月29日	買掛金	甲社支払			50	200
11月30日	当座預金	A銀行引出し	A5678	100		300
11月30日	本社	余裕資金送金			150	150
11月30日	社内預金	4口払出合計			60	90
11月30日	経費	（少額費用支出が数件）			30	60

条件1．この支店の現金手持必要額は，質問への回答と監査人推定の結果では，通常は50万円～70万円と判断される。

条件2．この支店の支払日は毎月10日であり，1件20万円以上の支払いは小切手又は銀行振込によるとの内規がある。

条件3．当座預金出納帳の11月10日に，買掛金・甲社・10月請求締支払・小切手番号A1250・200万円の記録がある。

条件4．「少額費用支出が数件」とした2日・10日・30日は，問題を簡易にする意図以外に他意はない。

条件5．10日以降29日まで取引記録がないが，問題を簡易にする意図以外に他意はない。

野々川先生の解答例は，**図表7-10**のとおりです。

図表7-10 図表7-9の解答例

解答例（調査内容の部分は省略）

着目すべき異常点は次のようになる。
1. 11/1の残高が200万円なのに，11/2に当座預金100万円を引出し，しかも11/2～28の間にこの引出しを必要とするような支出記録がない。
2. 11/3は祝休日で，通常では入出金取引がある筈がない。
3. 11/30の当座預金引出しは，社内預金払出しと少額取引の支出に充当する予定であったとも考えられるが，11/29の残高だけで十分に足りた筈である。
4. 11/30に当座預金を引出し，現金化しておいて，余裕資金として本社送金するのは不自然である。預金のまま送金するのが通常である。
5. 所定支払日である11/10に，当座預金出納帳上，甲社買掛金10月締分200万円の支払記録がある一方で，現金出納帳の11/29に，支払内規に反し，しかも請求締日の記録もない甲社買掛金支払50万円があるのは不自然である。
6. 11/2と11/30の当座預金引出小切手番号の飛び方が不自然である。

（出典）『勘定科目別 異常点監査の実務』より転載（一部加筆修正）。

このようなさまざまな視点で現金の不正取引と対峙しますが，CAATでは次のように実践してみるとよいでしょう。

【解答例1と解答例3】

解答例1と解答例3は「入・出・残」の関係に着目していますが，その基本は定額資金前渡制度（インプレストシステム）の運用にあります。

そこで，条件1の上限である70万円超の残高データに着目してみるとよいでしょう。本件のように，月末最後のデータのみが上限内で，月中ほとんど残高上限が守られていない場合，出納関係の統制不備の可能性があります。

つまり，横領等のリスクが高いといえます。

【解答例2】

解答例2は，入出金データの曜日をCAATで分析してみればよいでしょう。セルの書式を「aaa」とし，日付データを曜日データに変換すれば，イレギ

ュラーな曜日に入力されたデータを抽出できます。

　不正実行者の心理を垣間見れば「どうにかして不正を隠したい」と考えているはずです。一般的な組織を考えれば，土日や祝祭日，早朝や深夜など，他人の目に触れることが少ない日時でのデータ投入は"怪しい"と考えることができるでしょう。

　そこで，「2014/11/30」のような日付データを，「日」という曜日データに変換してみようという発想が出てきます。

図表7-11　日付データから曜日データに変換

　これは，**図表7-11**のように，日付データの入ったセルA1で左クリック，〔セルの書式設定（F）〕をクリック，表示される〔セルの書式設定〕で〔種類（T）〕に「aaa」と入力すれば，日付データを曜日データに変換できます。

　こうすることで，「日曜日に入力されたこのデータは？」というように，新たな異常点に対する視点を持てるようになります。

　ちなみに曜日データは，「日」→「aaa」，「日曜日」→「aaaaa」，「Sun」→「ddd」，「Sunday」→「ddddd」のように，〔セルの書式設定〕〔種類（T）〕で指定すれば，それぞれ表示できます。

一手間加え，ピボットグラフを活用してみるのもよいでしょう。データをビジュアル化することで土日データをあぶり出し，データの異常点を概観しやすくなります。

ピボットグラフは，〔挿入〕タブの〔テーブル〕グループの中に〔ピボットテーブル〕と示された▼をクリックすると選択できます。対象データの選択方法などはピボットテーブルと同じです。

図表7-12 ピボットグラフの選択画面

日付や曜日に関するCAATの論点として，次のようなこともあるでしょう。

財務会計システムからCSVファイルで仕訳データを抽出し仕訳テストというCAATを行いますが，実務上，日付列として存在するデータが日付データとしてうまく加工できない，取り込めない，ということがあります。

例えば，「2014年10月1日」を示すExcelデータが「1410 1」のように，年月日の間にスペース（空白の文字列）が入った形式で表されることがあります。このようなデータを用いてCAATを行おうとしても，Excel上日付データとして認識してくれません。2014年10月31日を表す「141031」というデータの後に，2014年10月1日を表すはずの「1410 1」のデータが来てしまうなど，データが正しく日付順に整列してくれないといった問題が生じてしまう場合があります。

こうしたデータを日付データとして取り扱うには，①〔置換〕機能で空白の文字列を「0（ゼロ）」に置き換える，②〔＆関数〕を使いデータの頭に「20」を加えて「2014」年であることを表す，という作業が必要になります。

【解答例4】

解答例4は，ピボットテーブルで〔列ラベル〕に「摘要」，〔行ラベル〕に「借方」，「貸方」をそれぞれ指定し，同日付で引出と送金が実施されている入出金データを抽出してみるとよいでしょう。

図表7-13　解答例4　同日の預金引出と本社送金のデータ抽出

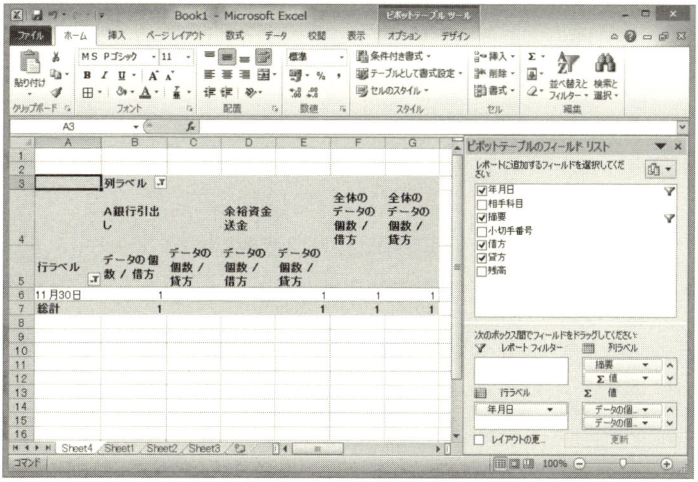

【解答例5】

解答例5は，出金日データをピボットテーブルで出金日別に件数や金額を集計すれば，異例な出金データを抽出できます。

【解答例6】

解答例6は，小切手番号列で番号が連続していないデータを抽出してみます。

ちなみに，**図表7-9**程度の取引データの量であれば，目視で十分です。入出金記録が多岐にわたる事業所でCAATを活用すると効果的です。

一方，地方の営業所等に伺うと，まだまだ手書きの出納帳が使われています。手書きの場合，残高が算出されていない日のデータに留意してみてください。

本来，出納帳は日々の取引記録とともに，残高が記入されます。不正実行者の立場で考えれば，不正の露見を恐れ，残高をあえて記入しないということもあります。残高未記入の箇所があり，そこに異常残高があれば不正な出納の可能性が高いといえますので，興味を持って見るようにしてください。

コラム　横領発生の3つのシグナル

次のような兆候がみられた場合，横領を疑ってみてください。
① カネにルーズ（金銭面で苦労していると，横領実行の動機につながる）
　博打好き，同僚から少額の金銭貸借を繰り返す，債権者へ支払延期の電話をしているなど
② 不誠実な態度（真実追求から逃れる傾向のある人物には要注意）
　自分への嫌疑をそらすため他人を批判する，つじつま合わせの安易なデータ書き換えを行う，超過勤務の常態化（隠蔽の可能性）など
③ 身分不相応な生活（常識外れのライフスタイルには要注意）
　多額の現金をいつも持ち歩いている，ギャンブルを頻繁に行う，高級レストランやバーなどに高頻度で出入りしているなど
資金源が明らかでないかぎり横領の可能性を疑ってみるべきです。こうした噂のある人物IDをキーにCAATしてみるとよいでしょう。

(9) フリー・キャッシュ・フロー

　キャッシュ・フロー指標の中で注目したいのは，FCFです。

　フリー・キャッシュ・フロー（FCF）には「経営の自由度を高めるキャッシュ・フロー」という意味があり，FCFがあればこそ投資ができ，配当還元することができます。

　このFCFが大きくプラスであれば経営に余裕が生まれている状態を示しますので，経営者不正に対してはひとまずは安心してもよいといえそうです。

　このように，FCFで経営の自由度を測ってみることも大事でしょう。

　「不正のトライアングル」からすれば，経営に余裕がない＝不正動機が存在するので，ビジネスが安定期であるにもかかわらず，FCFが少しだけプラス，あるいはマイナスということであれば，粉飾等の潜在的な発生可能性は高まります。

　一方，FCFがマイナスであっても問題ないと判断できる場合もあります。ビジネスが成長期にあれば当然投資も必要ですから，この場合FCFはマイナスとなるからです。

　このように，ビジネスがどのようなステージにあるのかを踏まえ，FCFで分析してみるということがポイントです。

　FCFは，キャッシュ・フロー計算書から，次のような算式で求めることができます（なお，"CF"はキャッシュ・フローの略称です）。

フリー・キャッシュ・フロー（FCF）＝営業CF＋投資CF

　現実には，FCFを算出するために必要なキャッシュ・フロー計算書がそもそも作成されていない，という場合もあります。貸借対照表と損益計算書の作成義務はすべての会社にありますが，キャッシュ・フロー計算書は上場企業などに作成が義務づけられているにすぎないからです。

　そこで，FCFを簡便的に算出することをご提案します。そもそもキャッシュ・フロー計算書の中で注目したい指標はFCF（フリー・キャッシュ・フロ

ー）なので，このFCFだけを算出できるように工夫してみようと思います。

公表用のキャッシュ・フロー計算書の構造を考えた場合，次のような算式が成り立ちます。

> 営業CF＋投資CF＋財務CF＝キャッシュ増減
> 　　　　　　　　　　　＝期末キャッシュ残高－期首キャッシュ残高

ここで，期首と期末のキャッシュ残高は現金と預金だとすれば，期首と期末の貸借対照表からキャッシュ増減は計算できます。

また，求めようとしているFCFは営業キャッシュ・フローと投資キャッシュ・フローの合計ですが，これはキャッシュ増減から財務キャッシュ・フローを差し引いた数値に等しいわけです。

> FCF＝キャッシュ増減－財務CF

つまり，財務キャッシュ・フローがわかれば，FCFは算定できます。

そもそも，財務キャッシュ・フローとは何かを考えてみれば，借入金や社債といった有利子負債の増減や，配当金の支払などです。こうした財務キャッシュ・フローは，小さな事業体であれば，ほぼ借入金の増減だけです。

ということは，キャッシュ増減から借入金の増減を差し引けば，簡易FCFを算出できるというわけです。

> 簡易FCF＝キャッシュ増減－借入金増減

このように算出した簡易FCFの数期間にわたる増減を把握すること，特に利益との関係に留意しつつその事業の置かれたビジネスステージと見比べることで，不正のトライアングルの1つである「動機」と対峙できる可能性が高まるでしょう。

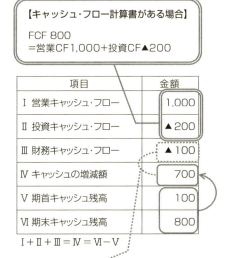

図表7-14　簡易FCFの算出法

(10) 経常収支額計算表

(9)でご紹介した簡易FCFに対し,「そこまで簡便的にFCFを求めなくても」という声もあると思います。

確かに,本書で扱うExcelを用いたCAATであれば,フォーマットを用意し財務諸表から数値を拾い上げさえすれば,経営分析は簡単に行えます。そこで,このようなご指摘に対し「経常収支額計算表」の作成をご提案します。

監査等の現場では,手続の一環としてこの経常収支額計算表を複数期間を対象に作成し,異常点の有無を把握します。経常収支という経常的に発生する収入と支出の差額を求め,不正会計の動機の有無を数値として把握しようという意図で用いる点では,(9)簡易FCFと同様の効果を期待できます。

図表 7-15 経常収支額計算表

単位（百万円・千円）

項　目　　（　）は参照資料	／	／	／	／	／
売上高　　　　　　　　　＋（P/L）					
営業外収益　　　　　　　＋（P/L）					
受取手形・売掛金（期首）＋（B/S）					
受取手形・売掛金（期末）－（B/S）					
未収金・未収収益（期首）＋（B/S）					
未収金・未収収益（期末）－（B/S）					
前受金・前受収益（期首）－（B/S）					
前受金・前受収益（期末）＋（B/S）					
①　　経常収入合計					
売上原価　　　　　　　　＋（P/L）					
販売費及び一般管理費　　＋（P/L）					
営業外費用　　　　　　　＋（P/L）					
減価償却費　　　　　　　－（P/L）					
引当金繰入　　　　　　　－（P/L）					
引当金目的支出　　　　　＋（支出額）					
棚卸資産（期首）　　　　－（B/S）					
棚卸資産（期末）　　　　＋（B/S）					
前渡金・前払費用（期首）－（B/S）					
前渡金・前払費用（期末）＋（B/S）					
買掛金・支払手形（期首）＋（B/S）					
買掛金・支払手形（期末）－（B/S）					
未払金・未払費用（期首）＋（B/S）					
未払金・未払費用（期末）－（B/S）					
②　　経常支出合計					
③＝①－②　経常収支過不足額					

4 経費とCAAT

「私たちは，どれだけ完璧とほど遠いか」

こうした人間行動の不合理性について研究するのが"行動経済学"と呼ばれる学問です。この行動経済学の研究テーマの1つに，「なぜ人間は不正を行うのか」というものがあり，その答えの1つに"代用貨幣"の存在があるといわれています。代用貨幣とは貨幣，つまり現金そのものではなく，現金の代わりをするものという意味です。

本章で取り上げる架空経費の類が，まさに代用貨幣による不正行為の例です。不正は現金から一歩離れたところで実行され，不正実行者は不正な経費を「正当な理由で使った」と自分自身を納得させることで不正に手を染める──行動経済学ではこのように解釈されています。

(1) 架空の従業員

「裏金は，架空の人件費を計上することで捻出した」というような報道を，目にすることもあります。こうした架空人件費の手口は，主に2つです。

【架空人件費の主な手口】

> ① 実際には勤務していない者を，正規の従業員とする「架空従業員」
> ② 賃率や勤務時間など，人件費計算で虚偽申告する「過大人件費」

① 「架空従業員」の検証にあたっては，従業員がいないことを立証する必要があります。そもそも，対象となる従業員が実在しないのですから，本来あるべき証跡がなければ「架空従業員」として疑ってみることができます。

【架空従業員の兆候】

- 源泉徴収されるべき報酬があるのに源泉徴収されていない人
- 昇給すべきときに昇給のない人
- 退職金をもらえるはずなのにもらっていない人

　このうち昇給に関してCAATを実施することを考えれば，昇給前後の給与データを入手し，VLOOKUP関数で各人の基本給を昇給前後で比較して，変動のない人物を特定したうえで，当該人物の履歴書などを入手，本人と面談するなどで本人の実在性を検証すれば，架空人件費と対峙することができるでしょう。このように，給与データの不整合に着目してみることも「架空従業員」への有効なアプローチ策です。

　一方，人間の心理の奥底には「面倒くさいことはやりたくない」という思いがあるものです。電子データを考えた場合，簡単にコピー＆ペースト（複写・貼付）して不正な給与データを作成する，ということもありえます。

　そこで，同一住所で重複しているデータや，同一振込口座となっている重複したデータを，給与データからCAATにより抽出してみると，意外な結果が得られるかもしれません。

　こうしたことは，ピボットテーブル等を用いれば簡単にできます。ピボットテーブルで，〔行ラベル〕に住所や振込口座のデータ，〔Σ値〕に従業員氏名のデータを指定したうえで左クリックし〔値フィールドの設定（N）〕の画面（ポップアップメニュー）から〔集計方法〕として〔データの個数〕を選択し，結果として「1」以外の複数のデータが表示されれば，異常点としてその内容を吟味してみることで，不正会計に対処できるでしょう。なお，ピボットテーブルの使い方については，第4章2，3を参照してください。

(2) 過大な人件費

　架空人件費の手口には，過大人件費の計上もあります。
　「過大人件費」は，賃率や勤務時間など人件費の計算過程で虚偽申告するこ

とにより，裏金づくりや不正受給などを目的に用いられ，「時間給」と「歩合給」の2つの要因に区別できます。

そもそも，会計で扱う数字の多くは「単価（Price）×数量（Quantity）」で表現できます。給料や賃金といった人件費の場合，年俸制という「固定給」の場合もありますが，いわゆる残業代など「賃率P×勤務時間Q」で表現できる「変動給」が支給されることもあるでしょう。

証券や保険の外交員のように，販売実績に応じ「歩合率P×販売実績Q」の計算式で，変動給の一種として歩合給が支給されることもあります。

不正実行者はこうした人件費の計算過程や支給過程を熟知していて，「P×Q」を操作することで，過大人件費の計上を行うのです。

CAATとの関連では，Pの異常値とQの異常値を把握することで，このような不正を予防・発見できるでしょう。

【歩合率Pの異常値把握】

歩合率Pの異常値は，売上高と歩合給の相関分析を行うことで把握できる可能性が高まります。

Excelで散布図を作り，近似曲線を描き出し，外れ値を見ることにより，不正の兆候を概観できることがあるでしょう。なお，Excelを用いた相関分析の具体的な手順等は，第6章②をご参照ください。

また，歩合給を得ている営業担当者別の歩合率（＝歩合給÷販売実績額）をExcelで算出し，特定の担当者の歩合率が，他の担当者に比べて相対的に高い場合，異常点として把握できます。販売実績Qをまとめた販売実績台帳のような証憑をもとに歩合給の正確性を検証してみれば，不正会計に有効に対処する手立てとなるでしょう。

【勤務時間Q等の異常値把握】

勤務時間Qを不正に多く申告し，過大人件費となる事例もあります。

例えば，深夜・早朝など誰もいない事務所で，あたかも時間外勤務をしたか

のように装う手口です。通常，このような不審な勤務時間は，上長の承認過程ではじかれるはずです。しかし，ここ数年の上長の承認行為は，J-SOX導入も相まって，増加の一途をたどっています。こうしたこともあり，上長が勤務データの内容をよく確認せず勤務実績を承認する——こうしたこともあります。

そこで，CAATを使ってみようという発想が生まれてきます。

例えば，定時である18時以降や休日の勤務データの中から，勤務時間の多い人物を特定するため，Excelで〔昇順〕に〔並べ替え〕してみれば，上長が安易に超過勤務を承認している実態が浮き彫りになる可能性があります。

歩合給では，他人の販売実績を自分のものにするという手口もありますので留意してください。これは，歩合給の計算対象期間が，その支給時期と不一致となっている場合に起こりえます。例えば，四半期ごとに販売実績を集計し，次の四半期で在職者に対し歩合給を支給するようなケースで，こうした不正が行われることがあります。販売実績Qは実際に存在しますが，支給対象となる販売員が退職するなどして支給対象時に在籍していない場合，販売実績Qが誰のものでもなく存在することがあります。この販売実績Qを横取りしようという発想が不正実行者に生まれることがあるのです。

CAATでは，こうした「歩合給の横取り行為」を発見するため，例えば販売実績データで担当者が変更されたデータを抽出してみることも，不正会計に対処する方策として有効でしょう。特に，退職者が担当していた案件などで担当者が変更になっている場合，現在登録の担当者が本来の販売実績担当か，契約書などの証憑にさかのぼり検証してみる必要もあるといえます。

そもそも，販売実績データをどのように取り扱うべきかについて，IT統制も勘案しておかなければなりません。こうした重要なデータにアクセスさせない，アクセスさせる場合には記録（ログ）をとる，といったことも不正防止には欠かせないといえるでしょう。

(3) **裏金・預け金・プール金**

不正会計という観点からは，裏金に注目する必要もあります。取引先に預け

られているので「預け金」，蓄財（プール）されているので「プール金」ともいわれますが，共謀の有無で2つの捻出方法があることを知られています。

　1つは共謀がある場合です。取引先に架空な取引を指示し，納品の事実がないにもかかわらず，納品されたなどとして取引先に代金を支払い，過大に支払った代金を当該取引先に管理させる手法により，裏金を捻出するというものです。

　もう1つは単独実行の場合です。出勤簿の改ざんによる架空人件費，カラ出張による旅費など，不正な請求を通じて裏金を捻出する方法です。

　こうした裏金は，どこの組織でも起こりえます。

　2013年，文部科学省が実施した『公的研究費の不適切な経理に関する調査』では，合計46機関で総額3億6千万円余りの不適切な経理の事案が報告されています。外務省でも，2000年『「プール金」問題に関する調査結果報告書』の中で，合計2億円余りの裏金の存在を公表しています。一般企業等でも裏金の存在が報道されることもあり，業種・業態を問わず，裏金の発生はありえます。

　こうした裏金の大半は，工期延長に伴う予算不足のように，経費の予算枠不足を補う目的で使用されるなど，理由のつく資金還流が多いようです。

　一方で裏金の一部は，その存在を知っている役職員の私利私欲のために私的流用されることもあります。この裏金の私消は，税務調査を通じて判明することが多いようです。税務調査には反面調査権がありますので，裏金の存在を暴くことが容易なのかもしれません。

　2014年に発覚した大手ゼネコンT建設の場合，税務当局から約2億円の申告漏れが指摘されました。このうち約6千万円は，高層ビルの建築プロジェクトリーダーが下請け会社に架空発注を繰り返す手口で裏金を捻出し，この裏金を私的なマンション建設資金に流用したもので，「悪質な所得隠しだ」として税務当局が申告漏れを認定したのです。T建設からすれば，会社のお金は盗まれ，そのうえ，税務当局からお咎めもあり，踏んだり蹴ったりです。

　こうした裏金による被害も，事前予防と事後発見，それぞれの局面でCAATを上手に使えば，効果的に対処できる可能性があります。

【事前予防の着眼点①】　予算制度

　裏金等の事前予防策として最も効果的なのが，予算制度の精緻化です。意外に予算が精緻化されていない組織が多いものです。

　例えば，工事代金が「一式〇〇万円」といったものでは，工事内容の詳細が見えず不正の温床につながりやすいといえます。不正防止の観点からは，「外構工事・P社製フェンス・1,000mm×10本，単価50,000円，小計500,000円」のように，工事内容を詳細に明記し予算承認する必要があります。

　こうした予算データと実績データをVLOOKUP関数などで突き合わせ，支払に異常がないかを検証すれば，裏金捻出に対する一定の歯止めになります。

【事前予防の着眼点②】　支払通知

　取引先の口座に振り込むにあたって，皆さんの組織の経理担当から取引先の経理部門に対し，振込の対象となった取引内容を通知する，いわゆる支払通知をする，という方法も効果があるでしょう。

　「すべての取引先を対象に，支払通知することはコスト面等から困難」というのであれば，第6章①でご紹介したサンプリング，あるいは第7章②でご紹介したABC分析の考えに従い，支払通知をする取引先を選定することも，裏金防止に役立つかもしれません。

　裏金等を事後的に発見することを考えた場合，①日付のバラツキ，②取引計上の異常値，③残高消込の異常値に注目してみるとよいでしょう。

【事後発見の着眼点①】　日付のバラツキ

　①日付のバラツキでは，以下の3点について留意してください。

　1つ目は，債務計上日のバラツキがあれば異常とみなすというものです。通常，債務計上には20日締めや月末締めといった「締日」がありますので，締日以外の債務計上は異常とみなすことができます。

　2つ目として，支払日のバラツキに留意してください。約定されたあるべき

支払日よりも前に支払を行っているような支出案件の中には、取引先に資金融通した見返りとして、のちに裏金を収受している事例もありますので、留意が必要です。

3つ目として、他の取引先と比較して、計上から支払までの決済期間が異常に長いものや短いものなどにも、留意が必要です。

こうした日付のバラツキを見るには、取引先ごとに支払条件（締日、支払日など）をマスタデータとして用意しておき、これと支払管理システムのデータを突き合わせることで異常点を把握できるといえます。過去に一度でも裏金の事実があった取引先について見てみることにより興味深い結果を得られる可能性が大きいと思います。

別法として、統計学を応用する方法もあります。

そもそもExcelには統計関数が豊富に揃っています。そこで、取引先ごとに債務計上日、支払日の日付データを抽出し、それぞれの日付が一定の範囲に収まっているかを統計関数でみるのです。最大値（MAX関数）、最小値（MIN関数）、平均値（AVERAGE関数）、標準偏差（STDEVP関数）、歪度（対象となるデータの分布が左右対称であるか、歪み＝スキューネスを判定する。SKEW関数）、尖度（対象となるデータの分布を標準分布と比較して、正なら鋭角、負なら平坦と判定する。尖がり＝クウォートシス、KURT関数）等で、検証するのも面白いでしょう。

多数の取引先が存在する場合、こうした統計機能を上手に活かしたCAATは、監査コストの低減につながる可能性もあります。

【事後発見の着眼点②】　取引計上の異常値

支払に関する内部統制が整備されている組織であれば、多額の取引は特定の取引先に限定されるはずです。

もしも、通常ではない取引先との間に多額の取引がなされているのであれば、興味を持ってみる必要があります。こうした取引もCAATを使えば比較的簡単に抽出できます。

取引先マスタデータと支払管理システムのデータを突合し，不一致となった支払管理データの中から，金額的に重要性があるものを〔並べ替え〕により抽出すれば，興味深い結果を得られる可能性があります。

一方，支払に関する内部統制が整備されていないような場合でも，異常点を探れる可能性は残っています。通常，特定の取引先との取引金額は大きくブレることはありません。もしもブレがあるならば，抽出してみる価値はあります。

中でも，決算月（四半期の場合は3カ月ごと，半期の場合は半年ごと）あるいはその1カ月前に，多額もしくは少額な取引がある場合，異常点として抽出してみる価値はあります。不正実行者の立場で考えれば，決算というイベントに備え，不正会計に手を染めることが想定できるからです。

こうした取引も，ピボットテーブルなどを使えば抽出できますが，【事後発見の着眼点①】で触れた統計関数を用いるのも面白いでしょう。取引先ごとに月次推移表を作成し，平均値（AVERAGE関数）等と毎月の取引計上額との乖離を見ることで，興味深い結果を得られる可能性もあります。

【事後発見の着眼点③】 残高消込の異常値

買掛金等に計上された債務は，通常毎月所定日に1回の支払で残高の消込みがなされるはずです。1カ月に2回以上の消込みが行われているというのであれば，異常点として抽出してみる価値はあります。取引先に資金融通した見返りとして，裏金を収受している可能性も否定できないからです。

このようなデータもCAATで分析することができます。ピボットテーブルを用い，取引先別に毎月の支払データ件数を〔データの個数〕でカウントするなどして，対応が可能でしょう。

支払ではなく，値引きや返品，相殺による多額の消込みについても留意が必要です。このような場合，対象となった品目と発注担当者にも注目してみると面白い結果が得られるかもしれません。これもピボットテーブルで集計するなどで，ヒントを得られる可能性があります。

支払条件が変更になっている取引に着目することも必要です。現金から手形

払い，振込みから小切手払いというように支払手段が変更になっているもの，本社から支店に支払場所が変更になっているものなどは，その妥当性を検証してみることもポイントです。これも，支払管理システムのデータと取引先の支払条件マスタデータをVLOOKUP関数で突合することなどにより，興味深い結果を得られる可能性があります。

　裏金・預け金・プール金と呼ばれる不正会計の発見は，昔から難題であるといわれています。
　この難題に効果的なアプローチとされるのが，人事異動（ジョブローテーション）と，職務分掌を通じた適切な予算制度・承認体制の整備であることは間違いありません。
　これにCAATの結果を組み合わせることで，難題に対する答えの端緒をつかめる可能性がさらに高まるのではないでしょうか。
　CAATを不正会計対峙ツールとして大いに活用していく，こうした姿勢が必要です。

(4) 不正支出とキックバック

　2004年，あの国民的番組を舞台にした不正支出問題が発覚しました。
　1997年から2001年までの4年間で合計88回，4,888万円もの不正支出が，N協会で繰り返されていたのです。
　「週に2～3回，仕事仲間や職場の若手を連れて，未明まで遊んだ」
　番組担当のチーフプロデューサーは，友人が経営する会社に番組制作費名目でN協会から支出させ，友人の会社から資金還流（キックバック）させる手口で，少なくとも937万円もの甘い汁をすすっていた，というのです。

　本件の手口は，古典的な手法の1つであり，検証ポイントは以下の2つです。

【着眼点①】 マスタ登録の検証

マスタデータの管理は特に留意が必要です。

本件では、"著作権データベース"というマスタデータを管理するシステムに、強大なプロデューサー権限を悪用し、放送作家としての実績がない友人を登録することが不正の手口となっています。

通常の組織であれば、取引先との支払条件、例えば月末締め・翌10日払いというような情報を支払管理システム等に入力・登録すると思います。

このマスタデータに触れる人物は、通常限定されるはずですが、本件では不正実行者のプロデューサーがマスタデータにアクセスできたというのです。強大な権限を持つチーフプロデューサーという立場を考えれば、彼がアクセスすれば何らかの異常点につながることを容易に想像できたはずです。

CAATでは、マスタデータへのアクセス履歴を、ピボットテーブル等でアクセス者別に集計し、どのような理由でアクセスする必要があったのかを検証すれば、不正の端緒に触れることができるでしょう。

【着眼点②】 経費支出承認履歴の検証

当時N協会では、番組制作費を企画会社に支出する際、番組担当デスクとチーフプロデューサーのダブルチェックが原則として必要でした。これ自体は問題ありませんが、例外適用があったという点が問題です。

番組制作という性格上、長期ロケなどもあり、その間に経理処理できなければ、取引先に制作費支払遅延で迷惑をかけてしまいます。

そこで、例外的に「代理請求」という手法がとられていたのです。代理請求とは、チーフプロデューサー特権で、支払管理システムに自らのIDで入り、番組担当デスクの名前で支払請求し、プロデューサー承認のもと番組制作費を支払うという仕組みです。つまり、番組担当デスクになりすまし、チーフプロデューサーが自己承認していたのです。

このようなデータについても、CAATを実施することにより検出可能です。支払管理システムの接続の記録（ログ）を見て、チーフプロデューサーがシ

ステムに接続（ログイン）した後，番組担当デスク名で支払請求しているデータをCAATで判別すれば，不正の端緒を早い時点で把握できた可能性はあります。

　通常の組織に置き換えてみれば，支払管理システムで代行入力できる場合，代行入力の履歴が残るような仕組みになっていると，上記のような代理請求をCAATで把握できるでしょう。

　IT統制を考えれば，そもそも代行入力ができないように，自己承認データを受けつけないシステムとすることも一考の価値があります。

　プロデューサーが番組担当デスクになりすましたという観点からは，本人のなりすましを防止するため，定期的なパスワード変更も必要でしょう。

(5) 異常な支払データ

　一般的な組織であれば，支払事務の効率化などの観点から，15日や月末日に支払う，というように支払日を特定することが多く，よほどの取引量でない限り，月１回の支払約定とすることが多いはずです。

　もしも，取引先との支払約定に反し，特定の日以外に支払がある，１カ月に複数回の支払がある，というのであれば留意が必要です。数カ月間の仕訳データや支払データを対象に，ピボットテーブルを使い，取引先ごとの毎月の支払日を時系列分析してみたり，〔データの個数〕で各月の支払日の件数を集計すれば，二重支払等の異常点を把握できることもあるでしょう。

　特定日以外に支払が行われているデータの中には，毎月の支払日が約定よりも徐々に早くなっているような支払データがあるかもしれません。こうした傾向については，取引先に弱みを握られている可能性も否定できませんので，詳細を検証してみる必要もあります。

　支払日という点では，休日の支払データにも着目していただきたいと思います。土日・祝祭日・年末年始等の支払は，他人の目がなく，不正のトライアングルの「機会」が与えられており，留意が必要だからです。この場合，本章③(8)でご紹介したように，支払日データの表示形式を「aaa」や「ddd」として，

曜日データに変換するとよいでしょう。

　支払の異常点を把握するには，日付データとともに振込口座にも着目していただきたいと思います。そもそも取引先との約定で，正規の振込口座番号は一定しているはずです。振込口座が変更になった場合，理由を検証してみると，不正支出等の興味深い結果を得られる可能性があります。これは，数カ月間の支払データから，取引先別に振込口座のデータを抽出すればわかるでしょう。

　金額の数字から，支払の異常を把握できる場合もあります。支払データの金額欄に着目し，末尾が010のように，０と０の間に０から９の数字が入っているものは，結果ありきの除算先行，との観点から留意する必要があります。この点は，〔RIGHT関数〕等を用いれば把握できるでしょう。

(6)　多重払いと消せるボールペン

　精算時に証憑の原本を要求しない組織では，原本とコピーで多重払いとなる事例に遭遇することがあります。納品書や請求書などを領収証の代用とし，さらに正規の領収証でも精算を受ける事例も，従来から横行しています。

　多重払いは，一件の経費精算に係る証憑を再利用し，複数回にわたり精算を受けるという特徴があり，横領行為が発覚しないよう経費精算の承認を別々の人物に依頼する等，小細工されることもありますので，留意が必要です。

　この多重払いは，支払データについてCAATを実施し，同一の支払依頼者，同一金額の支払データに着目すれば発見可能でしょう。

　これに関連して，最新技術の動向にも留意してください。

　従来から不正な経費精算の手口に，領収金額の「１」を「４」や「７」に書き換えるというものがありますが，この応用バージョンとして"消せるボールペン"が利用されているというのです。そもそも，公文書や稟議書などでは鉛筆書きは認められておらず，ボールペン等の消えない筆記具での記載が要求されますが，巷で話題の消せるボールペンを使うと普通のボールペンで書いたように見えることから，不正実行者の格好の手段となっています。

　Ｉ県Ｔ市消防本部では，消せるボールペンで勤務表を記載し，上長承認後，

記載した残業時間を修正する手口で不正に残業代を請求する事件が発覚しました。M県T市学校給食協会では，パン等の代金を業者へ支払う際，業者からの振込用紙に記載された請求金額を元職員が水増しして記入し，正規の金額との差額を横領していた事件がありました。

　不正の手口は，技術の進歩とともに日々進化しています。不正会計と対峙するには，最新技術の不正利用の可能性を検討することも欠かせません。

　ちなみに，消せるボールペンは，摂氏60度以上で文字が消える（ように見える），マイナス10度程度で消した（ように見える）文字が復活します。稟議書が正しいかどうか電子レンジで温める，不正会計の証跡を把握するため請求書を冷凍庫に入れる，こうした監査手続がマニュアル化されるかもしれません。

(7) パス・スルーとペイ＆リターン

　購買担当者の息のかかった業者から，通常よりも高い値段で物品購入をすれば，この業者に対し便益を付与できます。

　もしも，同一物品が想定している値段よりも高額で取引されていると感じるようであれば，CAATを実施していただければと思います。

　業者の住所や電話番号が登録されている取引先マスタデータと，皆さんの組織で給与計算に用いられる役職員マスタデータとを，VLOOKUP関数で突合すれば，興味深い結果を得られる可能性があります。購買権限を有する人物のこうしたデータに着目してみると，まったく同一のデータである，あるいは近所の事業所である証跡を発見でき，実は購買担当者自身あるいはその家族等が設立した会社との取引であった，こうした不正会計事例が公表されています。

　通常はAという仕入先から甲という物品を購入しているのに，Bという仕入先から甲という同一物品を高額購入しているような場合は，留意が必要です。購買担当者の息のかかるダミー会社Bを使った「パス・スルー」で，Bに便益を付与している可能性があるからです。

　ダミーではなく，実際の会社を使った「ペイ＆リターン」という横領事例もあります。小切手や手形を意図的に二重に振り出し（ペイ），1枚はそのまま，

もう1枚は返却（リターン）するように振出先に依頼し，戻ってきた小切手や手形を着服するという手口です。

故意に間違った支払先に送付し，意図的に過払いした後で「ごめんなさい，間違っていたので戻してください」と支払先に伝え，戻った手形・小切手を横領するという手口もありますので，留意が必要です。

こうした不正な取引の発見にも，CAATは有効です。

支払管理システムの支払データと当座預金の出納データを，小切手や手形の番号をキーにVLOOKUP関数で突合し，データ間に離齬が発生していれば，内容を把握してみることで，思わぬ結論を得られる可能性があります。

この手の不正は，領収証の受領を徹底する，現金や小切手・手形等の支払は取引先を限定する，可能な限り振込支払とする，こうした方法をとることにより，ある程度防止できるでしょう。

(8) 相関分析による異常値の抽出

管理会計に損益分岐点分析という論点があります。その中で，経費（コスト）は，売上高に連動して（より正確な表現をすれば「業務量や操業度に応じて」）増減するコスト＝変動費と，売上高に連動しないコスト＝固定費という2種類に大別できる，と説明されます。

こうした売上高と経費のような相関関係から，異常点を把握できる場合があります。

例えば，運輸業の場合，売上高と燃料使用量の間には相関関係があるはずです。

ホテル業であれば，売上高である宿泊収入は，P（売上単価）×Q（売上数量），つまり，P（宿泊料）×Q（客室数×客室稼働率）との連動性は明白です。

リース業であれば，売上高であるリース収益は，P（リース料）×Q（リース物件数）と一定の関係があるでしょう。

マスコミやインターネット業であれば，売上高である広告収入は，P（広告の募集単価）×Q（広告スペース）と連動するはずです。

不動産業の場合，空室率や不動産の投資利回りと，受取賃貸料や借入利率には相応の関係があるはずです。

農業や漁業などは，台風の発生数や日照時間と，生産高や漁獲高の間に相関関係があるでしょう。

こうしたデータ相互の関係を知る方法としては，本章③(5)で示したオーバーオールテストのほかに，『不正調査ガイドライン』が示す回帰分析があります。回帰分析の具体的な手法等については，第6章②をご参照ください。

(9) 非財務データとプロファイリング

非財務データにも注目していただきたいと思います。

『不正調査ガイドライン』にも示されているように，不正会計と対峙するには，売上高や利益といった「財務データ」だけではなく，数量・気温・頻度など，「非財務データ」を利用して分析することも有効策の1つとなります。

また，『上場会社の不正調査に関する公表事例の分析』（経営研究調査会研究報告第40号）の中で紹介されている「プロファイリング」という手法の活用も有効です。

プロファイリングとは，行動計量学の考えを犯罪捜査に活用する手法で，捜査を効率化する支援ツールのことです。このうち，データを時系列に並べたものを「時系列プロファイリング」といいます。これは，日ごろ目にする機会の多い，月次推移表のようなものです。

一方，データを地理的に並べたものが「地理的プロファイリング」です。これは，ピボットテーブルなどを使うことにより可能です。筆者の経験では，東北支店で計上された工事原価データの中に，沖縄で支出された，地理的に見て異常な工事原価データが含まれていたものを突き止めたことがあります。結果としてこのデータは，工事原価の付け替えであることが判明しました。

不正会計と対峙するには，「不正のトライアングル」の視点を意識する必要があります。その際，時間的な流れを考慮し"時系列"プロファイリングで月次推移分析を行うことも必要です。加えて，地理的な特性を加味し"地理的"

プロファイリングを実施すれば，不正会計の真相に迫ることができる可能性が高まるでしょう。そのために，データから「魚の目」で流れをつかみ，異常点を把握する必要があるので，ピボットテーブルやピボットグラフを活用することは有意義だといえます。

　従業員数・物量データのような非財務データにも注目していただきたいと思います。旅費交通費のように，一定程度従業員数に応じて発生すると考えられる経費項目の場合「従業員1人当たり経費」を分析することで，資産流用に関連する異常点を把握できる可能性があるということが『不正調査ガイドライン』で示されています。

　本書で何度か述べているように，財務データのほとんどは「単価（Price）×数量（Quantity）」として表現できるわけです。このように考えれば，財務データのみならず，従業員数などの「数量Q」に相当する非財務データも活用して分析する必要もあります。

　そこで，ピボットテーブル等を用いて分析してみるのも一考の余地があります。部門別・拠点別に旅費交通費のような経費等を集計し，このデータにVLOOKUP関数で部門別・拠点別の従業員数データを紐づけ，それぞれに所属する人数で除算するのです。そうすれば，従業員1人当たり旅費交通費のような指標を計算できます。こうした指標を，「部門間比較・月次推移比較等」を通じて分析すれば，異常点を把握できる可能性も高まるでしょう。こうした分析は，第6章でご紹介した回帰分析でも可能です。

　データ分析には財務分析と非財務分析がある——こうした点を理解しておいてください。

　とかく，財務データに目が行きがちですが，非財務データにも注目して，さまざまな視点でCAATを実施してみるという基本姿勢を持つことが，不正会計と対峙するうえで必要です。

(10) 税務とCAAT

CAATは税務でも活用されています。

1998年の『電子計算機を使用して作成する国税関係帳簿書類の保存方法などの特例に関する法律』、いわゆる"電子帳簿保存法"の制定により、総勘定元帳や仕訳伝票などの出力された紙ベースでの保存に代えて、経理システムなどに存在するデジタル形式のデータに基づく国税関係帳簿書類の保存が認められるようになりました。

損益計算書や貸借対照表、総勘定元帳や仕訳帳、棚卸表などの帳簿類のほか、取引証票である注文書・納品書・受領証・領収証・請求書・契約書等の国税関係帳簿書類は、所轄税務署長等の承認を受ければ、**図表7-16**のとおり、デジタル形式で電子帳簿として保存できます。

デジタルデータであればCAATができ、税務調査も進めやすいという当局側の背景もあるようです。

なお、電子データ等で保存する際、データの真実性や可視性の観点から、取引計上等の出来事が発生した日時を示す「タイムスタンプ」の付与など、電子データ特有の保存要件がある点には留意が必要です。

コラム 認定を受けたタイムスタンプ事業者

> タイムビジネスの信頼性向上を目的に、財団法人日本データ通信協会が定める基準を満たすものとして認定されたタイムスタンプ事業者には「タイムビジネス信頼・安心認定証」が交付されます。

図表7-16 国税関係帳簿書類の保存方法の可否

		紙保存		電子データ・COM保存 (一貫して電子作成)		スキャナ保存 (紙→スキャナ)	
帳簿		○	原則 所法148・法法126等	◎	特例 電帳法4①(承認制) 真実性・可視性の要件: 訂正削除履歴等	×	
書類	受領	○	原則 所法148・法法126等			◎	特例 電帳法4③(承認制) 真実性・可視性の要件: 電子署名等
	発行(控)	○	原則 所法148・法法126等	◎	特例 電帳法4②(承認制) 可視性の要件:検索機能等	◎	特例 電帳法4③(承認制) 真実性・可視性の要件: 電子署名等

○:所得税法,法人税法等で保存が義務付けられているもの
◎:電子帳簿保存法での保存が可能なもの
×:保存が認められないもの

(出典) 国税庁ホームページ,「電子帳簿保存法Q&A」 http://www.nta.go.jp/shiraberu/zeiho-kaishaku/joho-zeikaishaku/dennshichobo/jirei/pdf/denshihozon.pdf

[4] 経費とCAAT 255

図表7-17 電磁的記録等による保存等の要件の概要

要件			電子保存等(注1)(第3条)		スキャナ保存(注2)(第3条) 書類		COM保存等(注3)(第4条)	
			帳簿	書類	(注4)	(注5)	帳簿	書類
電子計算機処理関係	真実性	電磁的記録の訂正・削除・追加の事実及び内容を確認することができる電子計算機処理システムの使用（規3①一）	○				○	
		帳簿間での記録事項の相互追跡可能性の確保（規3①二）	○				○	
		電子計算機処理システムの開発関係書類等の備付け（規3①三、同3②）	○	○			○	○
	可視性	見読可能装置の備付け等（規3①四、同3②）	○	○			○	※
		検索機能の確保（規3①五、同3②）	○	○			○	※
スキャナ関係	真実性	入力期間の制限（規3⑤一イ、ロ）			○			
		一定水準以上の解像度及びカラー画像による読み取り（規3⑤二イ）			○	○		
		電子署名の実行（規3⑤二ロ）			○	○		
		タイムスタンプの付与（規3⑤二ハ）			○			
		読取情報の保存（規3⑤二ニ）			○	○		
		ヴァージョン管理（規3⑤二ホ）			○	○		
		帳簿との相互関連性の保持（規3⑤三）			○	○		
	可視性	見読可能装置の備付け等（規3⑤四）			○	○		
		電子計算機処理システムの開発関係書類等の備付け（規3⑤五、同3①三）			○	○		
		検索機能の確保（規3⑤五、同3①五）			○	○		
COM処理関係	真実性	COMの作成過程等に関する書類の備付け（規4①一）					○	○
		索引簿の備付け（規4①二）					○	○
	可視性	COMへのインデックスの出力（規4①三）					○	○
		見読可能装置の備付け等（規4①四）					○	○
		当初3年間における電磁的記録の並行保存又はCOMの記録事項の検索機能の確保（規4①五）					○	
共通		税務署長の承認（法4①②③、同5①②③）	○	○	○	○	○	○

(注) 1 「電子保存等」とは、①帳簿の電磁的記録による備付け及び保存又は②書類の電磁的記録による保存をいう。
    2 「スキャナ保存」とは、書類のスキャナで読み取った電磁的記録による保存をいう。
    3 「COM保存等」とは、①帳簿の電磁的記録による備付け及びCOMによる保存又は②書類のCOMによる保存をいう。
    4 決算関係書類、契約書・領収書（金額の記載のあるものでその金額が3万円未満のものを除く。）を除くすべての国税関係書類をいう。
    5 資金や物の流れに直結・連動しない書類として国税庁長官が定めるものをいう。
    6 「※」は、当初3年間の電磁的記録の並行保存を行う場合の要件である。
(出典) 国税庁ホームページ、「電子帳簿保存法Q&A」http://www.nta.go.jp/shiraberu/zeiho-kaishaku/joho-zeikaishaku/dennshichobo/jirei/pdf/denshihozon.pdf
    なお、平成27年9月30日以後の承認申請対応分については、https://www.nta.go.jp/shiraberu/zeiho-kaishaku/joho-zeikaishaku/dennshichobo/jirei/ans2/02.htm#a12を参照のこと。

第8章

財務報告とCAAT

　不正な財務報告の手口は,「売上・利益をどのタイミングで, どれだけ多く計上できるか」という点に集約されます。
　こうした点を意識してCAATを実施することがポイントです。

1 財務分析と異常点把握

不正会計と対峙し異常点を把握する際に，財務分析は不可欠です。

少なくとも2期間，できれば5期間，可能であれば10期間程度の財務諸表をもとに財務分析したうえで，監査チーム内で討議し，監査ポイントを共有し，往査します。財務分析は，監査等の事前準備，不正に関する「ブレーンストーミング」として不可欠な作業です。

本書の構成上，最後にご紹介することになりましたが，「鳥の目」で財務諸表を概観する——こうした点も念頭に置き従事していただきたいと思います。

財務分析では，大別して3点に留意する必要があります。

【財務分析の3つの視点】

- 構成比分析（垂直分析）
- 増減分析（水平分析）
- 比率分析

CAATを前提にした場合，これらの様式（フォーマット）をExcelで作成しておけば，財務諸表等から数値を転記するだけで，往査前に事前準備を完了できます。

具体的なフォーマットは**図表8-1**〜**図表8-3**を参考に，それぞれの組織の必要性に応じ，Excelのワークシートに各指標を組み込んでいただければと思います。

(1) 構成比分析（垂直分析）と増減分析（水平分析）

構成比分析は，貸借対照表（B/S）項目の場合，総資産・総資本を100％として，現金預金や買掛金，株主資本等の各項目の構成割合を算定します。

損益計算書（P/L）項目では原価率や利益率など，つまり売上高を100％として売上原価や各種利益などがどれだけの割合であるかを算定します。

イメージとして財務諸表を縦＝垂直にして分析することから，この構成比は「垂直分析」と呼ばれることもあります。

一方，増減分析は，ある会計期間と次の会計期間の数値，つまり複数期間の財務諸表を横＝水平に並べて数値を比較するので，「水平分析」と呼ばれることもあります。

これらを，B/Sは**図表8-1**，P/Lは**図表8-2**のように分析します。

図表8-1　B/Sの垂直分析・水平分析

	A	B	C	D	E	F	G	H	I
	B/S	期末残高		増減分析（水平分析）			構成比分析（垂直分析）		
		×1年度	×2年度	傾向	できれば5期間 最低でも前期比較を		×1年度	×2年度	傾向
		（金額）	（金額）		（金額増減）	（百分比）	（金額）	（金額）	
5	現預金	50,000	10,000		▲40,000	-80%	14%	2%	
6	売掛金	180,000	240,000		60,000	33%	49%	56%	
7	棚卸資産	80,000	120,000		40,000	50%	22%	28%	
8	固定資産	55,000	55,000		0	0%	15%	13%	
9	借方合計	365,000	425,000		60,000	16%	100%	100%	
10	買掛金	100,000	215,000		115,000	115%	27%	51%	
11	長期借入金	95,000	60,000		▲35,000	-37%	26%	14%	
12	資本金	30,000	30,000		0	0%	8%	7%	
13	資本剰余金	70,000	70,000		0	0%	19%	16%	
14	利益剰余金	70,000	50,000		▲20,000	-29%	19%	12%	
15	貸方合計	365,000	425,000		60,000	16%	100%	100%	
16									
17	売掛金平均残高	185,000	210,000	=(B6+C6)/2					
18	棚卸資産平均残高	85,000	100,000	=(B7+C7)/2					
19	総資産平均残高	320,000	395,000	=(B9+C9)/2					

図表8-2 P/Lの垂直分析・水平分析

P/L	期間損益		増減分析(水平分析)			構成比分析(垂直分析)		
	×1年度	×2年度	傾向	できれば5期間 最低でも前期比較を		×1年度	×2年度	傾向
	(金額)	(金額)		(金額増減)	(百分比)	(金額)	(金額)	
売上高	240,000	360,000	／	120,000	50%	100%	100%	―
売上原価	120,000	280,000	／	160,000	133%	50%	78%	／
売上総利益	120,000	80,000	＼	-40,000	-33%	50%	22%	＼
販売費・管理費	50,000	60,000	／	10,000	20%	21%	17%	＼
営業利益	70,000	20,000	＼	-50,000	-71%	29%	6%	＼
営業外費用	40,000	40,000	―	0	0%	17%	11%	＼
経常利益	30,000	-20,000	＼	-50,000	-167%	13%	-6%	＼
特別損益	0	0	―	0		0%	0%	―
当期純利益	30,000	-20,000	＼	-50,000	-167%	13%	-6%	＼

　なお，キャッシュ・フロー計算書（C/S）を作成している組織では，とりあえず営業活動・投資活動・財務活動の3区分と，期末キャッシュ（現金同等物）残高を分析しておけばよいでしょう。C/Sを作成していない組織では，フリー・キャッシュ・フローの算出，経常収支額計算表の作成を適宜考慮すればよいでしょう（詳しくは，第7章③(9)(10)を参照）。

　ただ，これで十分とはいえません。このような垂直分析や水平分析では，B/S，P/L，C/Sそれぞれを個別に分析しているにすぎないからです。

　不正会計と対峙するため，より深度ある分析，的確な事前準備をするには(2)比率分析も必要となります。

(2) 比率分析

　図表8-3のように，安全性・収益性・成長性などの観点から，いくつかの経営分析指標をあらかじめExcelで作成しておき，監査対象期間を含む複数年度のデータを入力し，往査の事前準備を行います。

　図表8-3で代表的な経営指標を紹介しますので，適宜工夫してください。

　こうした財務分析では，指標の推移傾向に留意します。不正会計が行われると，それまでの数値の傾向と明らかに違う傾向がみられることがあるので，特に大きな動きがあれば要注意です。

ただ，数字になった瞬間に細かい点が気になり，本質を見逃してしまう方も実際にいるようです。

「数字は，数字の形である必要がない」

そこで，数字ではない形で数字の本質を捉える工夫として，〔スパークライン〕や〔条件付き書式〕などを活用してみるのも一考です。

図表8-3　経営分析事例

分析指標	計算式	X1年度	X2年度	ヒント	コメント
流動比率(%)	流動資産÷流動負債	310%	172%		資産の横領は，流動比率を低める。負債の隠ぺいは比率を高め，財務健全性を装う。
当座比率・酸性試験比率(%)	当座資産÷流動負債	230%	116%	当座資産＝現預金＋有価証券＋売掛金	X1年度に架空売掛金計上，仕入債務計上せず，当座比率がX2年度より高，可能性あり。
固定比率(%)	固定資産÷自己資本	32%	37%	自己資本＝純資産の部−新株予約権−少数株主持分	固定資産は長期の資金で購入する必要がある。
売掛金回転率(回)	売上高÷売掛金平均残高	1.3	1.7	平均残高＝(期首残高＋期末残高)÷2	通常は比率安定。回収サイトの変更などで変動。
棚卸資産回転期間(月)	棚卸資産平均残高÷月次平均売上原価	8.5	4.3	月次平均＝年間÷12ヶ月	窃盗事件で在庫が減り，売上原価が増え(棚卸減耗損)，回転期間が短縮。
負債資本比率(%)	負債合計÷株主資本	115%	183%	株主資本＝資本金＋資本剰余金＋利益剰余金−自己株式	115%→183%に急上昇。買掛金も急増，異常値として抽出。
売上(当期)利益率(%)	当期利益÷売上高	13%	-6%		長期的にコーー貫した数値になるはずも。
D/Eレシオ(%)	有利子負債÷純資産	56%	40%	純資産＝資産−負債 有利子負債＝利払義務ある負債(借入金等)	有利子負債と資本のバランスを見る指標。100%以内が安全性の目安。
資産回転率(回)	売上高÷総資産平均残高	0.75	0.91		資産効率を見る指標。X2年度の方が資産効率が良い。
ROE(%)	当期純利益÷自己資本	18%	-13%		自己資本の活用を見る，自己資本当期純利益率。
ROA(%)	当期純利益÷総資本	8%	-5%		収益性の総合指標，総資本利益率。目安，[ROE≦ROA×2]。

【異常点の把握法①】　スパークライン

図表8-1，図表8-2では，「傾向」と表記したD列とI列に〔スパークライン〕が表されています。これは，Excel2010の新機能の1つで，セルの中にグラフを表示します。スパークラインを用いれば，各項目の傾向をビジュアル化でき，準備段階でのチーム討議をより深度あるものにしてくれるでしょう。

スパークラインは，〔挿入〕タブ→〔スパークライン〕グループから設定します。使い方は簡単で，**図表8-4**の下図のように，グラフ化したいデータ（セルB5:C15）を選択し，グラフを表示させたい場所（セル$D$5:$D$15）を指定するだけです。

なお，スパークラインとして用意されるグラフの形式は，**図表8-1**のD列で示される「折れ線グラフ」のほかに「棒グラフ」などもあります。データの頂点を表示させるということも簡単にできますので，工夫してみてください。

262 第8章 財務報告とCAAT

図表8-4 スパークラインの選択と設定画面

【異常点の把握法②】 条件付き書式

〔条件付き書式〕を用いるのも効果的です。条件付き書式とは，設定した条件に沿って，セルに色を付けたり，セルの変化を演出する機能で，異常点をビジュアルで把握するにはうってつけの機能です。

ここでは，**図表8-5**の①〔カラースケール〕という機能を選択しています。

図表8-5 条件付き書式の設定画面

①カラースケール　　　　　　　②重複する値

特に条件を設定しなくても，数値に相応しい色調で表現されますので，隣り合う数値の色調が大きく変化しているセルを中心に異常点を把握し，さらに詳細に「虫の目」で分析してみるといったことが可能となります。

こうしたCAATで，次のような兆候が検出されれば，粉飾に留意します。

【典型的な粉飾の兆候】

- 業績が，短期間で急上昇
- 損益項目の比率が，前期あるいは平均値（≒正常値）と比較して異常
- 同業他社と比較して，高い利益水準
- 毎期，ほぼ一定の利益水準
- 貸倒引当金など，会計上の見積りが多額
- 経営陣が刷新された直後の，多額な特別損益の計上

異常点がみられたならば，当該指標の計算式や該当する勘定科目をひもとき，「虫の目」で詳細を検証することで，興味深い結果が得られるでしょう。

2 カットオフとアンレコ

カットオフとアンレコは、取引の期間帰属の妥当性を検証するために必要な基本動作の１つです。

(1) カットオフ

締切日までに発生したすべての取引が正しく計上されているか、誤って締切日以降の取引が紛れ込んでいないか、こうした点を検証する作業を「cutoff（カットオフ）」といいます。

粉飾をしたい不正実行者の立場で考えれば、売上高は多いほうが業績を良く見せることができ、都合がよいはずです。そこで、本来計上すべきでない翌期の売上取引を当期の売上高として計上する、いわゆる「売上の前倒し計上」がされることもあるので、カットオフによってこうした異常な売上高データがないかを検証する必要があるわけです。特に金額的重要性のあるものは、財務諸表の訂正を伴うこともありますので留意が必要です。

手続としては、売上データを入手し、会社が採用する売上計上基準に照らし、当期の売上高とすることが妥当であるか否かを検証するのが一般的でしょう。従来型の手作業で行う場合、期末日直前の、例えば５営業日の売上データを対象にカットオフを行います。

出荷の事実をもって売上計上とする「出荷基準」を採用する会社であれば、出荷伝票にある出荷日付のようなデータと突合し、確かに期末日までに出荷されているという事実を把握し、売上計上の妥当性を検証します。

得意先に納品された事実をもって売上計上とする「納品基準」を採用している場合は、納品書の納品日付で売上計上されていることを検証します。

納品後、得意先が検収したことをもって売上計上とする「検収基準」を採用している場合は、得意先からの検収報告書を入手し、検収日付で売上計上されているかを検証します。

このように，出荷→納品→検収と，さまざまな売上計上タイミングがあるので，まずは皆さんの組織でどのような売上計上基準を採用しているのかを把握することがポイントです。採用している基準に照らし，売上計上が正しく行われているか否かを検証することがカットオフという検証手続です。

ここで，CAATによるカットオフの実施例をご紹介します。

業績を良く見せようと，「売上の前倒し計上」が行われることを想定すれば，売上高の計上に伴い売掛金も計上されます。前倒し分だけ売掛金の計上は早まる一方，決済日までの期間は通常よりも長くなれば，売掛金の滞留傾向として現れます。この点に着目し，売上債権の回転期間分析（＝売掛金のような資産の平均残高÷月次売上高）などを通じ，いわゆる年齢調べをCAATで実施すれば，どの得意先に対して，営業担当者が誰で，いくらの売上高を前倒し計上しているのか，という点を把握できるでしょう。

「不正の手口は，伝染する」という点も考慮する必要があります。把握した事実から，例えば営業担当者の所属部署で他の担当案件に滞留傾向がないかについて，ピボットテーブルで所属部署コードなどをもとに検証すれば，興味深い結果を得られるかもしれません。

(2) アンレコ

「アンレコ」とはUnrecorded liabilities，つまり記録されていない負債，記録されていない経費・損失がないかを検証する作業のことです。

アンレコは，期末日までに計上すべき買掛金や未払金・未払費用などが財務諸表に計上されず，翌期にズレ込む取引を把握するために行います。こうした負債の未計上は，経費・損失の過小計上につながり粉飾となることから，検証する必要があるのです。特に，金額的重要性のあるものは財務諸表の訂正を伴うこともあり，留意が必要です。

手続としては，翌期の請求書を入手したうえで，請求内容の日付をみて，本来当期中に計上すべき請求データがないかを検証することになります。膨大な請求書を1枚ずつ手でめくって検証しますので，大変難儀な作業です。

そこでCAATです。請求データの中には，請求書とともに取引先から電子データでメール等により連絡があるものもあるでしょう。特にEDI（electronic data interchange）と呼ばれる電子商取引システムを導入している会社では，こうした電子データを活用することで，アンレコを実施できる場合があります。

ファームバンキング（FB）やインターネットバンキングを利用している会社であれば，これらのデータを用いてCAATすることも考えられるでしょう。

翌期に支払われたFB等の支払データと，当期中に計上された買掛金等の負債データを，VLOOKUP関数や，**図表8-5**②で示した条件付き書式の〔重複する値〕という機能を使って，重複データをCAATで突合することにより，異常点把握の期待が高まります。FB等で翌期に支払われているが，取引日付から判断して当期中に負債計上すべき買掛金等として，未計上債務を把握できる場合もあるでしょう。

もっとも，このような作業は電子データがあって，はじめて成り立ちます。

実務的には，他のCAATで効率的に検証手続を進め，生じた余裕時間を活用し，請求書の束と格闘してアンレコを実施する——このほうが現実的かもしれません。

ちなみに，アンレコを実施していると，当然ですが疑問点も出てきます。これを「疑問点が生じた都度質問してはいけない」と先輩に教えられました。こうした疑問点は，不正実行者が不正事実の隠蔽に失敗したミスである可能性もあるからです。

疑問点をまとめて質問する——こうしたことも不正会計と対峙するための工夫です。

③ 子会社等不正の兆候把握

【不正会計の兆候を把握する３つのキーワード】

> ① 本体の目が届きにくい「ノンコア事業部」
> ② 長期にわたり「人事異動（ジョブローテーション）」が実施されず
> ③ 不景気やビジネスサイクルの成熟期を迎えつつも「増収増益」

　こうした兆候のある子会社等のビジネスユニットは，監査対象とすべきでしょう。①②に不正のトライアングルの「機会」が，③に不可解な業績傾向が示され「動機」があるからです。加えて，不正をしても構わないという"言い訳"＝「姿勢・正当化」があれば，完璧な「不正のトライアングル」が醸成されてしまうからです。

　そこで，具体的に"これは怪しい"という判断基準として，次のような財務分析の視点を持っておくとよいでしょう。

　子会社等で行われる不正の特徴の１つに，事業存続を目的に行われる点が挙げられます。「業績が悪ければ，自分たちの居場所がなくなる」。こうした危機感から，架空売上を計上するなどの手口で，業績を取り繕い，粉飾されることもしばしばあるので留意が必要です。この場合，次のような兆候が表れることがあります。

【粉飾の兆候例】

> ・架空売上であるため債権回収されず，売上債権回転分析で滞留傾向を示す
> ・未出荷売上であるため過大在庫となり，棚卸資産回転分析で滞留傾向を示す

　ただし留意も必要です。このような回転分析で不正の兆候を把握しているこ

とを，不正実行者が熟知している場合もあるからです。彼らは，分析結果に異常値が出ないよう調整していることもあるのです。

例えば，売掛金の回収偽装として仮払金や仮受金のような雑勘定，売上とは無関係な固定資産・買掛金等へ科目振替する場合もあります。そこで，こうしたB/S科目の残高推移を把握してみる必要もあります。

売上債権，特に売掛金の推移に着目し，仕訳データについてCAATを実施してみるのもよいでしょう。売掛金の回収を示す売掛金の貸方計上の仕訳データから，相手勘定科目に注目してピボットテーブルで集計し，

> （借方）現金または受取手形　　（貸方）売掛金

という仕訳以外のデータを抽出してみるという方法が考えられます。

売上債権は，「ジャンプ」にも留意が必要です。本件とは無関係に，不良債権の兆候の1つに「ジャンプ手形」があります（詳細は，第7章③(6)参照）。

同様に，子会社不正の隠蔽策の1つとして，売掛金のジャンプもあるので留意してください。この売掛金のジャンプは，既存取引の取消・戻入処理と同時に，新規取引として再計上する方法を通じ，滞留の兆候を隠蔽しようとする不正行為です。こうしたジャンプの兆候は，販売管理システムのデータを用い，第5章⑤でご紹介した「データ名寄せ」で，「得意先コード＆金額＆日付」として同一データがあれば，売掛金ジャンプの可能性があるデータを抽出できるでしょう。

同様のことは，在庫データにも起こりえます。不正実行者は，倉庫間移動などを通じ，在庫の滞留傾向を消すこともあります。そこで，出庫データから「棚卸資産コード＆出庫数量＆出庫日」，入庫データから「棚卸資産コード＆入庫数量＆入庫日」をそれぞれ「データ名寄せ」し，突合してみることもお勧めします。

子会社等による粉飾の可能性を突き止めるには，当然，売上高にも着目する必要があります。売上債権の滞留傾向の注目点は先に述べたとおりですが，この他，次のような得意先の兆候にも留意してください。

「売上高急増」,「与信限度超過」となっている得意先に注目してみれば,架空売上における協力業者の割り出しが可能となることもあるでしょう。場合によっては,与信限度額が超過しないように調整している場合もありますので,「与信限度額が急増」している得意先にも留意が必要です。こうした兆候は,販売管理システムの得意先マスタデータをCAATすれば把握できるでしょう。

このような兆候があると判断された得意先を対象に,取引の実態があるか否かを検証する必要もあります。

【架空売上等の実態把握例】

- 出荷の事実(未出荷売上における預り在庫の可能性)
- 預り在庫の実態(未出荷理由・出荷予定・入金条件・倉庫料収受等の検証)
- 売上代金の回収(債権回収条件と回収状況)
- 得意先の事業概況(経営実態の有無)
- 当社取引の割合(依存の程度)

こうした点について,出荷データを在庫管理システムから,回収データを販売管理システムから取得し,それぞれCAATを実施し,納品書等との証憑突合や,担当者への質問(ヒアリング)などでさらに検証すれば,架空売上等の実態把握ができるはずです。

このように,CAATを利用して異常点の実態把握を行えば,子会社等の不正事案に対して目星をつけることができ,効率的・効果的に不正会計に対峙できる可能性が高まります。

4 不正な財産評価

「B/Sは,"3つの箱"で理解する」というように,主要な財務諸表の1つである貸借対照表(B/S, Balance Sheet)は,左側(借方)に「資産」,右側(貸方)に「負債」と「純資産」として"3つの箱"で説明されることがあります。あるいは,資産を「積極財産」,負債を「消極財産」,両者の差引きとして「純資産」,として説明されることもありますが,IFRS(国際財務報告基準)の登場以来,この"3つの箱"に対する注目度は増すばかりです。

従来,収益と費用の差額で利益は計算される,として損益計算書(P/L, Profit & Loss statement)を中心にした「収益・費用アプローチ」で利益概念は説明されてきました。

対するIFRSでは,資産と負債の増減,つまり純資産の増減を企業価値の増減として捉える「資産・負債アプローチ」を採用しています。

このIFRSの思考回路は,わが国の会計にも影響を及ぼし,資産・負債=積極・消極財産の評価・把握が一段と重要になってきています。

例えば,2014年6月,金融庁が企業のM&A(合併・買収)の増加を受け,のれん代等の適正計上を重点審査する,との報道がありました。これは,光学機械メーカーO事件を受けてのことと思われますが,規制当局も企業が計上する資産・負債・純資産に関心を寄せている表れとみることもできます。

(1) 積極財産=資産の評価に係る論点

従来からある論点として,売掛金・棚卸資産・有価証券・固定資産など積極財産=資産の不正な評価に係るものがあります。

売掛金や棚卸資産は,これまで説明してきたとおり「P×Q」に分けて考えるのを基本とし,Price(価格)が妥当であるか,Quantity(数量)が正確であるか——こうした観点で資産評価の妥当性を検証する必要があります。

有価証券についても同様で,P(株価)×Q(株数)に分けて,妥当であるか

4 不正な財産評価　271

を検証します。

　資産の中には，本来費用や損失として計上すべきものが隠されている場合もあるので留意が必要です。いわゆる不良資産と呼ばれる，滞留傾向にある資産のほか，費用や損失から資産に付替えが行われるものもあります。世界を震撼させた米国ワールドコムの不正会計事例では，通信回線費用を資産に付け替えていたことが判明しました。

　こうした点は，**図表8-6**で示される財務諸表の基本的な構造を把握すれば簡単に理解できます。つまり，資産と費用・損失は一本の線(A)を挟んでいるにすぎず，この線をどちらにまたぐかで資産にも費用・損失にもなり，結果として利益計算にも影響があるのです。

　「B/SとP/Lは表裏一体である」という基本的な知識＝"会計直観力"を持ち合わせておくことが，不正会計と対峙するには不可欠です。

図表8-6　財務諸表の基本的な仕組み

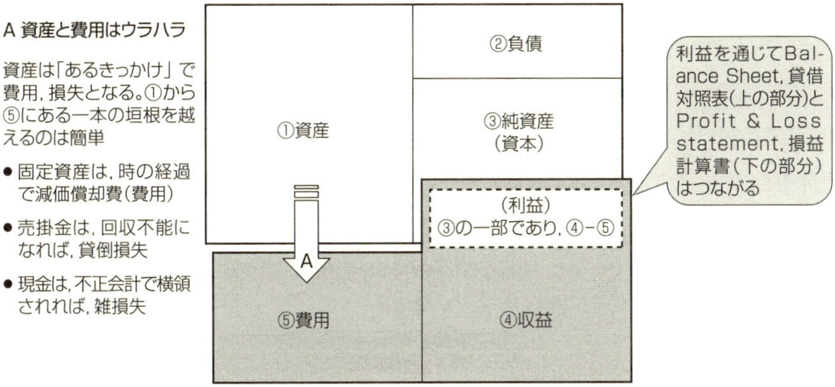

A 資産と費用はウラハラ

資産は「あるきっかけ」で費用，損失となる。①から⑤にある一本の垣根を越えるのは簡単

- 固定資産は，時の経過で減価償却費（費用）
- 売掛金は，回収不能になれば，貸倒損失
- 現金は，不正会計で横領されれば，雑損失

①資産　②負債　③純資産（資本）　（利益）③の一部であり，④－⑤　⑤費用　④収益

利益を通じてBalance Sheet, 貸借対照表（上の部分）とProfit & Loss statement, 損益計算書（下の部分）はつながる

　固定資産については，減価償却に関わる特有の論点があります。固定資産は通常，固定資産管理システムで管理されると思われますので取得価額・取得時期・償却開始時期・耐用年数・部門間での償却費配分割合などを中心に，妥当性を検証すればよいでしょう。また，棚卸資産同様，有形固定資産も実地棚卸することも不正会計と対峙するために必要でしょう。

ちなみに、IT6号の「付録1　ITに関連した監査手続の具体例」に、減価償却の妥当性を検証するため再計算の事例が示されていますが、これは第7章③(5)で述べたオーバーオールテストを実施し、理論値と比較し、差異がなく異常点なしと判断できれば十分であると思います。なぜなら、固定資産管理システムで管理されている限り、計算過程（ロジック）に誤りがあるとは考えにくく、上記論点を検証しておけば再計算は不要だからです。

　ルールに記されているからといって、不要な手続を踏む必要はありません。臨機応変に対応することが不正会計と対峙するポイントです。

(2) 消極財産＝負債の評価に係る論点

　消極財産である負債は、次のような点に留意してください。

　まず、負債の過小計上を通じ、費用を過小計上し、利益を過大に表示するという点があります。例えば、本章②(2)「アンレコ」で計上されていない負債の把握なども、不正会計と対峙する方策の1つです。このほか、財務分析との関連で考えた場合、負債・費用・損失の過小計上で利益が出ているのであれば、営業キャッシュ・フローがプラスになっていないかもしれませんし、売上総利益率等が同業他社と比較して過大かもしれないので、こうした点を分析してみるのもよいでしょう。

　本章①の財務分析で示したように、消極「財産」である負債についても、回転分析をしてみてください。買掛金等の回転期間（＝買掛金のような負債の平均残高÷月次ベースの売上高や仕入高）を計算できるよう、Excelのワークシートに組み込み、月次推移など数期間にわたり回転期間を算出し、異常な減少傾向に着目してみる、同業他社の指標と比較して異常の有無を把握する、もし異常点があれば詳細に「虫の目」で検証してみる——こうしたことも必要でしょう。

　負債の論点では、引当金等のいわゆる「会計上の見積り」の妥当性を検証する必要もあります。この会計上の見積りに関しては本章⑧で後述しますが、「鳥の目」からいえることは、引当率が下降傾向にあり同業他社と比較して乖

離しているような場合は引当金という負債の過小計上を疑ってみる必要があるという点です。こうした点を把握するため，Excelのワークシート上に引当率の推移や同業他社との比較をまとめておくことも有効です。

　ちなみに，引当率は（引当金繰入額÷引当金残高）として計算します。もしくは，返品調整引当金のような場合，売上高と相関関係があると考えられますので（引当金繰入額÷売上高）として計算してもよいでしょう。

　消極財産である負債に関する論点には，本章7のように，都合が良いときに利益を生み出す「クッキージャーリザーブ」という手法もあるので，留意が必要です。

　このように，積極財産たる「資産」と，消極財産たる「負債」の差引として「純資産」が計算され，この純資産の増減が企業価値の増減を表す，すなわち利益である，と近年は主張されるのです。こうした観点から，資産・負債という積極・消極財産が適正に評価され，妥当であるか否かを検証することも必要です。

5 決算整理仕訳の通査

　僧侶・会計士で，上場企業の社長経験もある谷慈義先生の講和『監査役の無私の哲学』を拝聴したことがあります。先生がいわれたのは，"感応道交（かんのうどうこう）"が大事であること，監査人は黄色信号の課題に無心で没入するため決算整理仕訳を必ず通査すること，などです。

　ここで感応道交とは，「仏の心と私たちの心が通い合う」という意味です。

　「売上や利益は結果である」，「会社と消費者が，相通じあえば売上は上がる」，「感応道交すれば，結果として利益を計上できる」，このように先生は強調されていました。一方，光学機械メーカーO社などは「感応道交」ができず不正会計に手を染めた，という趣旨でお話をされていたのを大変興味深く拝聴した次第です。

　強調されていたもう1つが，監査人は決算整理仕訳を通査せよ，という点です。ここで留意しなければならない論点として「諸口取引」の存在があります。借方と貸方が1対多，あるいは多対多の仕訳が切られ，（借方）売掛金（貸方）売上高，というように貸借が1対1になっていない仕訳，いわゆる諸口仕訳となっていることもあると思います。こうした複雑な仕訳の中に異常値が含まれていることもあるので留意が必要です。

　CAATでは，ピボットテーブルを使い，伝票番号をキーに〔データの個数〕で集計し仕訳行数に着目すれば，複雑な仕訳を抽出できるでしょう。経理システムの中には，そもそも仕訳行数を示す列をデータ項目としてもっているものもありますので，こちらを利用する方法もあると思います。

　決算整理仕訳にかかる，いわゆる決算整理データを入手し，金額的重要性のある取引に注目するのは当然です。このほか，仕訳行数から見て異常なデータ，複雑な仕訳データを抽出し，こうした仕訳が行われた経緯，取引内容などを把握するため，裏づけ資料を閲覧し，担当者やその上司へ質問し回答を得るなど，データと対峙してみることもポイントです。

6 ビッグバスとフォレンジック

　日産自動車の救世主，カルロス・ゴーン氏が社長に就任したあたりから"V字回復"という言葉が盛んに使われるようになりました。
　従前の経営陣が残した負の遺産を，新経営陣に交代するや一気に片づけ，急激な業績回復を意図する"V字回復"は，経営に携わる者からすると一種のあこがれに映ったりするようです。
　ただ，このV字回復の裏には不正会計が隠蔽されている可能性があることを，監査人は念頭に置く必要もあります。
　本来，負の遺産だけを処理すべきであるにもかかわらず，V字回復を演出する目的で損失計上すべきでないものまで処理してしまうことがあるからです。
　こうした不正な会計処理を「ビッグバス」といいます。
　新経営陣は，リストラ損失や構造改革費用と称し，過去に溜まった膿を損益計算書上で一括損失処理しますが，ビッグバスはこの膿の中に本来計上すべきではない通常の経費などを含め経理処理してしまうことで，V字回復を装うというものです。これから進行する年度の経費を先取りするので，ビッグバスを行った会計期間以降はその分だけ余裕が生まれ，会計上の利益を計上しやすくなり，見事にV字回復を演出できる，こうしたメリットが新経営陣に生じるのです。
　このように，ビッグバスは期間損益を大きく歪める原因となります。適正な期間損益計算を前提とする会計基準から考えれば逸脱した行為であり，不正会計なのです。
　では，CAATを使ってビッグバスの痕跡を探してみましょう。

【探索①】　デジタル・フォレンジック

　特別損失等に計上されたリストラ損失・構造改革費用等の内容を吟味し，妥当なものかを検証する際，仕訳データの摘要欄を「デジタル・フォレンジッ

ク」してみるのも面白いかもしれません。デジタル・フォレンジック（Digital Forensic，電子鑑識）とは，パソコン等に保管されたデジタルデータを解析する技術です。

『不正調査ガイドライン』が示すように，キーワード検索を利用すれば，ビッグデータから不正会計の証跡を効率的に収集できる可能性が高まります。"隠語"が使われる場合，一見するとわかりませんが，キーワード検索をすれば隠語も簡単に検出できます。「ごんべん」は詐欺，「さんずい」は汚職，「うかんむり」は窃盗，というような警察隠語がありますが，例えば「臨時」，「特別」，「一掃」などの単語を含んだ項目をキーワード検索すれば，不正会計の兆候に触れる可能性が高まります。

このデジタル・フォレンジックは，**図表8-7**で示したExcelの〔置換〕機能のオプションを活用すれば，簡易的に可能となります。

図表8-7 〔置換〕オプションによるデジタル・フォレンジック

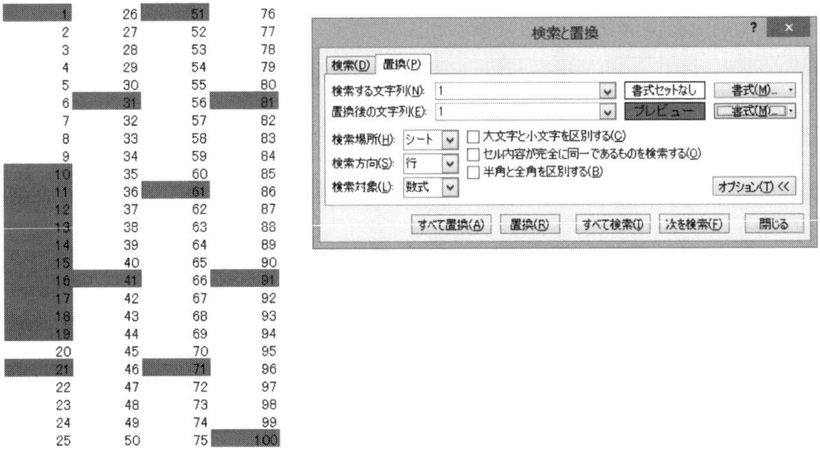

〔ホーム〕タブ→〔編集〕グループ→双眼鏡のマーク（アイコン）とともにある〔検索と選択〕→〔置換（P）〕→〔検索と置換〕ボックスが現れます。ここでは「1」という文字列を検索したいので〔検索する文字列（N）〕に

「1」と入力します。単に「1」という文字列を検索したいのであれば、〔すべて検索（I）〕あるいは〔次を検索（F）〕をクリックします。

キーワード検索の結果を明示したければ、右下の〔オプション（T）<<〕をクリックすることで**図表8-7**の画面になります。ここで〔置換後の文字列（E）〕に検索したい文字列「1」を入力、隣にある〔書式（M）〕→〔書式の変換〕ボックスで、適宜変換後の文字列を明示するように指定します。ここでは、〔塗りつぶし〕タブ→〔背景色〕選択し、文字列「1」が存在するセルに色を付しました。これでキーワード検索した結果を、鮮やかに浮かび上がらせることができます。

ちなみに『不正調査ガイドライン』では、復元したパソコン等の解析についても触れています。すでに削除済みのデータも、特殊なファイル復元ソフトを使えば復元できる可能性があり、不正会計の解明につながる証拠を入手できる可能性も高まります。

ただし留意も必要です。下手に復元を試みると、データを消失し、不正会計につながる証跡を自らの手で抹消してしまうリスクもあります。

したがって、デジタル・フォレンジックによる本格的なキーワード検索やデータ復元を行う場合は、専門家に依頼するほうが無難でしょう。Excelで行うデジタル・フォレンジックは、あくまで補助的に使うことをお勧めします。

【探索②】　トレンド分析

CAATが得意とする推移(トレンド)分析を活用しない手もありません。過去数期間のトレンドから大きく増減している項目に注目してみると、ビッグパス発見の手がかりになるかもしれません。グラフなどの「鳥の目」で、視覚的にトレンドを把握することもありますが、こうしたグラフ化の作業は、CAATが威力を発揮する局面の1つです。

もしも、大きく増減している項目があれば、これらの項目の補助科目などを対象に、VLOOKUP関数を用い前期（あるいはそれ以前の期）のデータと比較してみれば、過去に計上され、当期に計上のない項目が発見されたりするこ

ともあるでしょう。

　こうした裏に，損益計算書の構造が関係している場合もあります。

　P/Lは売上総利益・営業利益・経常利益・税引前当期純利益・当期純利益のような「段階利益」で表現されます。このようなP/Lの構造を背景に，一般的に粗利と呼ばれる売上総利益（＝売上高－売上原価）や，本業による損益を示す営業利益（＝売上総利益－販売費及び一般管理費）などを良く見せかけるため，損失をできるだけP/Lの後ろで表現したいという経営者の思いを反映し，リストラ損失として特別損失に計上する，こうした事実が隠されているかもしれません。

　ビッグバスの手口の1つとして，引当金を用いることもあります。過大に費用・損失を見込んで当期に引当計上を実施，翌期以降に引当金を戻し入れて会計上の利益を計上することで"V字回復"を演出することもあります。

　この点は本章7のクッキージャーリザーブと絡めて説明します。

7 クッキージャーリザーブ

　"カイティング"，"ラッピング"，"ビッグバス"，こうした不正会計用語は非常に興味をそそります。不正会計というと，きな臭さばかりが先行しますが，このような誰もが興味を持てる表現にすることも大事でしょう。
　「こういうものは不正につながるから，やってはいけない」
　「こういうものはCAATで発見できるし，実際にCAATを実施している」
　「下手なまねをしないほうが，君たちのためである」
　こうしたことを事あるごとに，わかりやすく上手に表現して，組織内にアピールすることも不正会計と対峙するためには重要であり，経営者の役割の1つといえるでしょう。
　興味をそそるといえば「クッキージャーリザーブ」という不正会計用語もあります。クッキージャーとは，おやつの入ったバケツのことです。
　利益というクッキーがバケツ（ジャー）に入っていて，いつでも取り出せるように保存（リザーブ）されているという点を捉え，利益制御が可能で，都合の良いこの手法は，経営者にとってまさにクッキージャーリザーブなのです。
　クッキージャーリザーブが行われる背景には，短期志向の市場（マーケット）の要求があります。経営者は短期的な業績を少しでも良く見せようと，利益の減少幅を小さく見せたり，最終損失を回避したり，投資アナリストの予想に合わせるために，さまざまな工夫により悪あがきをするものです。これらのインセンティブが誘因となって，経営者の思惑どおり利益を制御する方策がクッキージャーリザーブという手法です。
　例えば，引当金のような"会計上の見積り"を，経営者の都合に合わせ見積計算し，必要になったときに引当金の戻入処理を通じて利益計上し，損失の穴埋めをするといったことが行われることもあります。
　こうしたクッキージャーリザーブと対峙するCAATを考えてみましょう。

【CAAT適用案①】 KPIとKRIによる推計

引当金の計算過程(ロジック)で，利益制御を目的にして過大な引当計上が行われる局面では「推計」というCAATを用いて異常値を把握できることがあります。

経営者の引当計上が，予想される妥当な範囲内の金額であるかを推計するため，例えば過去の同様事例や他社事例などをもとに，最小二乗法の概念で相関分析を行い，近似曲線を描いてみてください。この近似曲線から明らかに離れた引当であれば，異常点といえるでしょう。

こうした相関分析では，「統合報告」で使われるデータを活用してみるのも面白いでしょう。統合報告とは，イギリスで「戦略報告書」といわれることもありますが，要するに経営者とさまざまな利害関係者をつなぐコミュニケーションツールです。この統合報告の中に，財務諸表と密接に関連する定量化された財務と非財務のデータが含まれているので，これをCAATに活用していただければと思います。例えば貸倒損失という財務リスクを考えた場合，次のような財務・非財務の指標があります。

- 主要業績評価指標（Key Performance Indicators，KPI。目標達成度の計測指標）
  ➡ 過去の貸倒実績率の推移
- 主要リスク評価指標（Key Risk Indicators，KRI。リスク発生要因の指標）
  ➡ 将来の貸倒可能性が高まるであろうことを示す業界の倒産件数

こうした財務・非財務のKPI・KRIと，実際の貸倒引当額を，回帰分析等で解釈すれば，クッキージャーリザーブのような不正会計とも対峙できる可能性が高まります（回帰分析等のExcelでの操作方法は，第6章**2**参照）。

【CAAT適用案②】 空白セルの検証

Excelのワークシートに本来あるべき計算式が入力されず，引当計算を誤れば，結果としてクッキージャーリザーブになってしまう場合もあるでしょう。

これを防ぐためには，Excelの計算シートの検証も必要です。

複雑な計算ワークシートであれば，目視だけではなかなか判然としない場合もありますが，第7章 **2**(9)で説明したように，Excelの空白セルを検証してみることで計算誤りを発見できることもあります。

【CAAT適用案③】〔参照元のトレース〕による検証

計算ロジックを検証する際，〔参照元のトレース〕という機能を用いるのもよいでしょう。これは，Excelの計算結果のもとになった，参照元のデータ項目が何であるかを矢印をつけて追跡(トレース)する，という機能です。

図表8-8　参照元のトレース

①参照元のトレースを使った検証例

②トレース矢印の削除

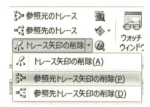

図表8-8の①のセルG3に「70」と入力されていますが，このセルG3には「=E1*E3」という計算式が入力され，「10×7＝70」を計算していることがわかります。このように，計算結果がどのセルを参照しているか，参照元のデータはどこかを矢印で跡をたどってみよう，これが〔参照元のトレース〕という機能です。使い方は難しくありません。

事例では，セルG3をクリックし数値等を入力できる状態，視覚的にはセルG3の枠が太線で囲まれた「アクティブセル」という状態にします。

このアクティブセルの状態から，〔数式〕タブ→〔ワークシート分析〕→〔参照元のトレース〕を1回クリックすると，セルG3に入力された「70」は，セルE1に入力された「10」と，セルE3に入力された「7」を掛け算（＝E1*E3）した結果が反映されていることを，矢印で表現できるようになります。

セルG3でもう1回〔参照元のトレース〕をクリックすると，今度はセルE1

から2つの矢印が現れます。これは，セルE1の「10」が，実はセルC1に入力された「2」と，セルC3に入力された「8」の足し算の結果であることを表しています。

このように，〔参照元のトレース〕を使い，Excelワークシートの計算ロジックを検証できるようになります。

ただ，矢印が入り乱れると見づらくなってしまうこともあります。その場合，適宜，参照元セル（セルG3）から矢印を削除しましょう。〔数式〕タブ→〔ワークシート分析〕→〔トレース矢印の削除〕をクリックすれば，すべての矢印が削除されます。

ここで便利な機能が，矢印を一段階ずつ削除する機能です。

図表8-8の①の事例では，セルG3は「=E1*E3」という計算の前に，セルE1で「=C1+C3」の計算をしています。このように，数段階に分けた計算ロジックをExcelで組むことがありますが，すべてに矢印で参照元と参照先の関係を表すと，非常に煩雑です。

そこで，**図表8-8**の②で示された〔トレース矢印の削除〕の右横にある▼をクリックし，出てきた〔参照元トレース矢印の削除〕をクリックすれば，アクティブセルから最もレベルの離れたトレース矢印を削除できるようになります。この事例では，セルG3で表されるアクティブセルから最もレベルの離れたトレース矢印，つまりセルE1が参照しているセルC1とセルC3から出ている矢印を削除できます。このボタンをもう一度クリックすれば，次のレベルのトレース矢印を削除できます。

また，〔参照先のトレース〕という機能も活用してみてください。あるデータ項目が，どこの参照先セルで使われているかを検証する際に便利な機能です。これは，〔参照元のトレース〕の，ちょうど反対の意味をもちあわせた機能です。適宜使い分けて活用していただければと思います。

8 会計上の見積りと感応度分析

会計上の見積りは,実に悩ましい論点を抱えています。

監基報540『会計上の見積りの監査』をひもとくと,財務諸表の一部項目に,仮定や予測に基づく,そもそも正確に測定できない見積りの要素が含まれている,と説明されています。

貸倒れや訴訟損失などに係る引当金,滞留傾向を示す棚卸資産,固定資産の償却方法や耐用年数,回復見込が不確実な投資の減損判定,長期工事契約における工事進行度合い,デリバティブやストック・オプション,複雑な金融商品の価値,企業結合(M&A)で生じるのれんの評価など,実にさまざまな"会計上の見積り"を財務諸表に反映する必要があります。

これらの見積りいかんによっては不正会計につながることもあるので,留意が必要です。それゆえ,経営者は慎重にこれらを見積もり,その結果を監査人は検証する必要があるのです。

(1) 感応度分析

会計上の見積りのような検証作業の1つに「感応度分析」があります。

感応度分析とは,異なる仮定(シナリオ)を置き,会計上の見積額がどの程度変化するのか,結果の範囲を想定(シミュレーション)することをいいます。

管理会計でよく知られる"損益分岐点分析"の概念も,この感応度分析の1つです。売上高から,これに連動する変動費を差し引き,売上高に連動して増減する限界利益を求め,ここから固定費を差し引くことで利益を把握する,そしてP(単価)×Q(数量),それぞれの要因に区分して数字を捉え,利益の増減を売上単価・売上数量・変動費・固定費に整理し,売上高に対する利益の「感応度」を分析することは,経営管理上重要です。

IFRS(国際財務報告基準)では,将来情報の1つとして,この感応度分析を開示することが義務づけらています。例えば,金利が1%上昇した場合,利

益にどれだけの影響があるかを示す「金利感応度分析」をはじめ，商品価格・株価・外貨・割引率・インフレ率などの影響を示す感応度分析の公表事例があります。

(2) データテーブル

この感応度分析をExcelの〔データテーブル〕という機能を使って計算している場合があります。〔データテーブル〕とは，1つまたは2つの数字（変数）を変化させシミュレーションし，その結果どのような変化が起きるのかを示す機能のことです。

例えば，多額の有利子負債（借入金）を抱える企業で，金利の上昇により利払いが増加すれば，当期純利益の減額につながります。融資の出し手である金融機関との取決め，いわゆる財務制限条項（コベナンツ）では，純資産維持条項，利益維持条項，自己資本比率維持条項のような制限が規定されていますが，金利上昇で利益減少となれば，こうした財務制限条項に抵触する影響もあります。

実際，財務制限条項の抵触を避けるかのように，決算発表してわずか44日後に倒産（民事再生法の適用申請）した，戦後最大級の倒産劇ともいわれた不動産開発業者A社（元東証1部）のような事例も発生しています。こうしたことからも，「感応度分析」で「金利感応度」を分析し，リスクを把握しておくことも必要なのです。

ここでは，〔データテーブル〕による感応度分析の基本を理解していただくため，簡単な事例を用いて説明します。

〔データテーブル〕の利用法には，変数が1つの「単入力テーブル」と，変数が2つの「複入力テーブル」があります。多額の有利子負債を抱えている企業を想定した場合，これ以上借入を行うことができないとすれば，借入金利と返済期間をどのように管理していくかがポイントとなるでしょう。この場合，金利と期間の2変数あるので，「複入力テーブル」によってシミュレーションすることになります。

単純化のため，借入金は一括返済すると仮定します。このような事例で〔データテーブル〕を扱うには，**図表8-9**のようなワークシートを作成します。

図表8-9 データテーブルのワークシート

	A	B	C	D	E	F
	B4		f_x	=B1*(1+B2)^B3		
1	元金	5,000,000				
2	金利	0.25%				
3	返済期間(年)	1				
4	返済額	5,012,500				
5						
6					金利	
7		5,012,500	0.25%	0.50%	0.75%	1.00%
8		1	5,012,500	5,025,000	5,037,500	5,050,000
9	返済期間(年)	3	5,037,594	5,075,376	5,113,346	5,151,505
10		5	5,062,813	5,126,256	5,190,334	5,255,050

金利は，複利で計算されることが一般的です。セルB4で示される"返済額"の複利による計算式は，次のようになります。

元金×(1＋金利)^(返済期間)

このとき，元金は「定数」（変化しない数値），金利と返済期間が「変数」（変化させる数値）です。なお，「^」は「べき乗」と読みます。例えば2の3乗であれば，2×2×2＝8となります。これをExcelでは＝2^3と表現します。

〔テーブルデータ〕というぐらいですので，テーブル上にデータを表現する必要があります。この事例では，セルB7からF10までを〔データテーブル〕として計算結果を表示したいので，これらのセルを選択します。その上で，**図表8-10**の上図のように，〔データ〕タブ→〔データツール〕グループ→〔What-If分析〕をクリック，〔データテーブル〕を実行します。

〔データテーブル〕を実行すると，**図表8-10**の下図のような〔データテーブル〕の設定画面（ダイアログボックス）が出現します。

事例では，金利が横の行にあるので〔行の代入セル〕には「金利」を変化させるセルB2，返済期間が縦の列にあるので〔列の代入セル〕に「返済期間」

を変化させるセルB3というようにそれぞれ設定します。

図表8-10 データテーブルの実行と設定画面

設定が終わったら〔OK〕をクリックします。すると，先ほどの**図表8-9**のようにデータテーブルの結果が表示されます。事例の場合，「金利と返済期間の感応度」は，返済期間が1年から5年に延びて，金利が0.25％から1％に上昇した場合，「返済額が242,550増加する」（＝セルF10 "5,255,050" －セルC8 "5,012,500"）となります。

ちなみに，データテーブルの設定画面で〔行の代入セル〕にB2を設定しようとクリックすると，「$B $2」のように「$」マークが付されます。これは，「絶対参照」と呼ぶ記号です。この事例では，常にセルB2を参照し続けることを意味します。

似たような概念の「相対参照」では，「$」マークがなく，単に「B2」のように表現されます。相対参照でセルを上から下にコピーした場合，B2の下のセルにはC2がきます。

Excelを使う際，こうした絶対参照と相対参照を適宜使い分ける必要がある点には，留意してください。

なお，ワークシートのセルに，{=TABLE(B2,B3)}のような数式が表現されていれば，〔データテーブル〕が使われているということがわかります。

9 重要な虚偽表示の兆候把握

監基報240の付録3に,「不正による重要な虚偽表示の兆候を示す状況の例示」が4つ示されています。こうした虚偽表示の兆候を捉えるために,CAATを使ってみる視点も必要でしょう。

【兆候①】会計記録の矛盾

未承認取引データや,期末日近くに行われた経営成績に重要な影響を与える通例でない修正データとして,会計記録の矛盾が現れることがあります。取引データからピボットテーブルを用い,こうしたデータを把握してみましょう。

また,アクセス記録(ログ)を入手しピボットテーブルで分析するのも有効です。従業員IDから判断し,業務遂行上必要のないシステムまたは記録にアクセスした痕跡がある場合,不正の兆候ありと判断できるでしょう。

【兆候②】証拠の矛盾または紛失

売上の増加と売上債権の増加が連動しないなど,勘定残高の通例でない変動や趨勢の変化,重要な財務比率や相関関係の変動がみられる場合,不正の兆候ありと判断できるでしょう。

このような状況を把握する手段として,Excelで散布図を描き,近似曲線との乖離具合を把握するという相関分析も不正と対峙する1つの方法です。

総勘定元帳・補助元帳・勘定明細等のデータを入手し,VLOOKUP関数でデータ間の整合性を検証すれば,矛盾を把握できる場合もあるでしょう。

【兆候③】経営者の監査への対応

経営者が監査に非協力的な場合,不正の兆候ありと判断できます。

CAAT実施局面で,重要な電子的ファイルへのアクセスを制限するようなことがある場合,細心の注意が必要です。

【兆候④】 留意すべき通例でない取引等

　留意すべき通例でない取引等はCAATで抽出可能であることをこれまで説明してきました。例えば，監基報240の付録3⑷が示す，次のような3つの状況でも，CAATは有効です。

　「1．不適切な売上計上の可能性を示唆する状況」では，通例でない重要な取引を把握することがポイントです。そこで，重要性の高い取引データを抽出し，これらの取引先が承認を受けた正規の取引先であるか，VLOOKUP関数で取引先マスタと突合等してみることもよいでしょう。

　「2．資金還流取引等のオフバランス取引の可能性を示唆する状況」では，重要な資産の取得，企業の買収，出資，多額の費用という取引データの有無などの把握がポイントです。これは，ピボットテーブルや〔並べ替えとフィルター〕等を使い取引データを分析，該当データについて担当者への質問や契約書類の査閲等を通じ，不正の兆候の有無を把握できることもあるでしょう。

　「3．その他」で例示される，D製紙で発生したような，事業上の合理性が不明瞭な重要な資金の貸付・借入契約に関する取引データについてもCAATを実施してみてください。摘要欄の不備のあるデータ等をCAATで抽出し，こうした取引の背後にある事情を，質問その他の手続も交え検証すれば，不正会計の実態に迫ることができるかもしれません。

　このように，不正による重要な虚偽表示の兆候を示すさまざまな状況に触れる際にも，CAATは有効です。

10 異常点監査とCAAT

　異常点の把握は、"B/Sアプローチ"が基本です。
　資産・負債、差額としての純資産を中心とした視点が欠かせないのは、今も昔も変わりません。これは、本章4で説明のとおり、IFRS（国際財務報告基準）が志向するように、利益の根源がP/LからB/Sにシフトしてきたこともそうですが、そもそも不正の痕跡は、最終的にB/Sに残置することがわかっているからです。

　「財務諸表監査は損益計算重視の監査であるといわれている。だからといって監査の重点を、損益計算項目を含めた取引記録の監査手続の実施に置くのは技術的に大きな誤りであると思う」

（『勘定科目別異常点監査の実務』、傍点筆者）

　野々川幸雄先生のこうした指摘からも明らかなように、B/Sの残高監査を基本とすべきなのです。
　これに対し、残高監査を基本とする異常点監査は無意味であるという誤った理解も一部にあるようです。循環取引のような複雑な粉飾手口が近年増加傾向にあることを踏まえれば、残高中心の監査等の手法では不十分——こうした点を論拠にしているようです。確かに一理あります。
　だから、「技術的」と指摘されているのです。
　従来から行われてきた紙ベースによる監査等の手法では、技術的に大きな制約がありました。それゆえ、効率的・効果的に検証するには、不正の痕跡が現れやすい残高項目、B/Sを中心に見ることも必要だったわけです。
　例えば、成長性を装う、次のような不正な仕訳があったとします。

> （借方）売掛金　　（貸方）売上高

　こうしたオーソドックスな仕訳であれば、金額的重要性を考慮することで、

B/Sアプローチで対処できます。

　一方，循環取引のような不正会計を考えれば複雑で，多数の，少額の取引が組み合わされることもあります。

> （借方）さまざまな資産あるいは経費　　（貸方）売上高

　不正の実行者が巧妙な手口で隠蔽しようとすれば，従来から行われてきた「目検」による監査等の手法では，こうした不正な仕訳を抽出できず，不正の兆候を見逃す可能性も大きくなってしまいます。

　ところが，監査の現場ではいまだに「サンプル100件やったので，問題なし」，こうした従前と変わらない状況が続いていることもあるようです。

　確かに，監基報530『監査サンプリング』の6．が規定しているように，「十分なサンプル数」が必要なのはわかります。しかし一方で「サンプリングリスクを許容可能な低い水準に抑える」必要性があることも規定しています。

　つまり，単純にサンプル数という"量"だけを増やせばよいというのではなく，サンプルの"質"にもこだわらなければならないのです。

　闇雲に試査や証憑突合等をしても間接証拠の積み上げにすぎない，こうした手法は「盲目的監査」である，このように野々川先生は戒めています。

　だからこそ，異常点の視点を持たなければ不正会計と対峙できないのです。

　異常点監査の手法で「有意抽出によるサンプル試査を実施」し，量・質ともに十分なサンプルを得て，グレーなデータを対象に検証しなければ，不正会計と対峙することはできないのです。

　これを成しうる技術が，CAATなのです。

　残高中心といいながら，損益も見る必要があることを考えれば，B/S項目もP/L項目も効率的・効果的に検証することができるCAATという技術を使う必要があるのです。

　異常点監査の視点をCAATに活かせば，これまで見逃しがちであった事象を捕捉し，効率的・効果的に不正会計と対峙できるようになるでしょう。

　しかも，ExcelでCAATできるとなれば，実行に制約はありません。誰でも

CAATを行える環境が整備されています。

　あとは条件設定（パラメータ）次第です。これは本書のアイデアが参考になると思いますので，皆さんの組織に置き換え，工夫していただきたいと思います。

　本書を通じ，異常点監査の視点を踏まえたCAATに対する理解を深め，不正会計と上手に対峙していただきたいと思います。

【主要参考文献】

- 『勘定科目別　異常点監査の実務』，野々川幸雄，中央経済社
- 『企業不正対策ハンドブック―防止と発見―』，ジョセフ・T・ウェルズ，（監訳）八田進二・藤沼亜起，（訳）ACFE JAPAN，第一法規
- 『強い会社を作る会計の教科書』，安本隆晴，ダイヤモンド社
- 『決定版　失敗学の法則』，畑村洋太郎，文芸春秋
- 『人を動かす』，D・カーネギー，（訳）山口博，創元社
- 『予想どおりに不合理「あなたがそれを選ぶわけ」』，ダン・アリエリー，（訳）熊谷淳子，早川書房
- 『交渉で負けない絶対セオリー＆パワーフレーズ70』，大橋弘昌，ダイヤモンド社
- 『高リスクのタイプ別にみる子会社不正の見極め方』，小川正人，旬刊経理情報，2012年12月1日号，No.1332，中央経済社
- 『統合報告の精度と実務』，小西範幸・神藤浩明，経済経営研究Vol.35No.1，2014年7月，日本政策投資銀行設備投資研究所
- 『GPPCペーパー「監査人の職業的懐疑心を高めること」の概要』，橋本尚，会計・監査ジャーナルVol. 26　No. 9，2014年9月号，第一法規
- 『「芸能番組制作費不正支出問題」等に関する調査と適正化の取り組みについて』，http://www.nhk.or.jp/pr/compliance/0907.html，2004年9月7日，日本放送協会，他各社の不正会計事例に係る調査報告書
- 『会計ドレッシング 10 episodes』，村井直志，東洋経済新報社

索　引

数字

2：8の原則 …………………… 193
2大CAATツール …………………… 66

欧文

#N/A …………………… 111
$ …………………… 286
&関数 …………………… 67, 103, 104, 230
aaa …………………… 163, 228, 229, 247
aaaaa …………………… 229
ABC分析 …………………… 193
AI …………………… 36
AVERAGE関数 …………………… 243, 244
B/Sアプローチ …………………… 289
B2B …………………… 172
B2C …………………… 172
Balance Sheet（B/S） …………… 259, 270
C/S …………………… 260
CAAT依頼書 …………………… 81
CAAT実施計画書 …………………… 59
CAATツール …………………… 10
CAAT手続書 …………………… 60
CMS …………………… 208
Computer Assisted Audit Techniques
　（CAAT） …………………… 6
Continuous Audit …………………… 10
COUNTIF関数 …………………… 67
COUNT関数 …………………… 113
CSV …………………… 80, 225
ddd …………………… 229
ddddd …………………… 229
DDL …………………… 9
Digital Forensic …………………… 276

EDI …………………… 266
ERP …………………… 46, 90
FALSE …………………… 75, 78
FB …………………… 266
FCF …………………… 233
HLOOKUP関数 …………………… 76
IFRS …………………… 270
IF関数 …………………… 67
IPO …………………… 165
kiting …………………… 207
KPI …………………… 280
KRI …………………… 280
KURT関数 …………………… 243
lapping …………………… 173
larceny …………………… 212
LEFT関数 …………………… 56, 67, 197
LEN関数 …………………… 42
MAX関数 …………………… 243
MIN関数 …………………… 243
P×Q …………………… 40, 41, 204, 211
PDCAサイクル …………………… 22, 185
Price …………………… 41
Profit & Loss statement（P/L） … 259, 270
Quantity …………………… 41
R^2 …………………… 139
RANDBETWEEN関数 …………………… 122
RIGHT関数 …………………… 56, 66, 116, 248
scanning …………………… 87
SEO …………………… 168
SKEW関数 …………………… 243
skimming …………………… 210
SQL …………………… 9
STDEVP関数 …………………… 243
SUMIF関数 …………………… 67

294　索　引

TEXT関数 ……………………… 67, 103, 104
TRIM関数 ………………… 42, 43, 67, 183
TRUE ……………………………………… 78
VLOOKUP関数 ……………… 56, 66, 75, 76
V字回復 ………………………………… 275
YMD ……………………………………… 84

　　　　　　　　あ　行

アイコン ………………………… 110, 171
アウトラインの自動生成 ……………… 132
アクセスログ …………………………… 169
アクティブウィンドウ …………………… 63
アクティブウィンドウのスクリーン
　ショット ……………………………… 63
アクティブセル ………………………… 281
預け金 …………………………………… 241
値フィールドの設定 ……………………… 73
アドイン ………………………………… 124
アンダースペース ……………………… 104
アンレコ …………………………… 265, 272
異常点をつかむ５つの視点 ……………… 40
異常なキャッシュ推移 ………………… 227
一様分布 ………………………………… 125
移動平均近似曲線 ……………………… 141
入情報 …………………………………… 190
入と出の相関関係 ……………………… 191
因果関係 ………………………………… 136
隠語 ……………………………………… 276
インサイダー情報 ………………………… 7
インターネットバンキング …………… 266
インプレストシステム ………………… 228
インポート ……………………………… 82
うそ ……………………………………… 1
ウソの数字を見破る ……………………… 93
裏金 ……………………………………… 240
売上原価率 ……………………………… 189
売上総利益率 …………………………… 177
売上高の相手勘定科目 …………………… 54

売上高予測 ……………………………… 149
売上の自動計上 ………………………… 180
売上の前倒し計上 ……………………… 264
営業取引手形 …………………………… 217
エディット・バリデーション・チェック
　……………………………………………… 49
横領 ……………………………… 1, 2, 3, 206, 215
横領発生の３つのシグナル …………… 232
オーバーオールテスト ………… 214, 216
押込み販売 ………………………… 174, 203
お化け在庫 ……………………………… 181

　　　　　　　　か　行

回帰式 …………………………… 138, 145
懐疑心 ………………………………… 14, 48
回帰分析 ………………………………… 138
会計上の見積り ………………… 272, 279
会社から入手したデータファイル …… 60
外挿 ……………………………………… 146
階層化 …………………………………… 131
カイティング …………………………… 207
回転期間分析 …………………………… 265
外部共謀 ………………………………… 4
買戻条件付販売契約 …………… 201, 202
架空売上 ……………… 53, 156, 176, 178, 269
架空在庫 ………………………………… 181
架空従業員 ……………………… 237, 238
貸方 ……………………………………… 270
仮説検証プログラム ……………………… 22
過大人件費 ……………………… 237, 238
カットオフ ……………………………… 264
カラースケール ………………………… 262
カラ検収 ………………………………… 20
空手形 …………………………………… 219
借方 ……………………………………… 270
簡易FCF ………………………………… 234
簡易営業キャッシュ・フロー ………… 177
監査（audit）の語源 …………………… 166

勘定科目に対する影響力··············89
間接証拠···························170
完全一致························75, 78
感応度····························283
感応道交··························274
感応度分析························283
キーワード検索·····················276
機会···························2, 3
既出の不正事例···················40, 41
季節指数······················148, 149
季節的変動························150
キセル····························214
キックバック····················20, 245
キャッシュ・フロー計算書·············260
キャッシュ・マネジメント・システム
 ································208
業者別発注状況·····················190
共謀································4
寄与率····························139
記録と記録の照合··············116, 162
記録と事実の照合··············116, 162
均一······························125
金額単位抽出法·····················129
金額的重要性······················129
近似一致···························78
近似曲線···················136, 138, 141
金利感応度分析····················284
空白セル···························199
クッキージャーリザーブ··············279
組込みモジュール監査技法··············9
グラフ化··························212
グラフツール·······················134
グループ化····················74, 131
グレーなデータ·················14, 16
グローバル・キャッシュ・マネジメント
 ································208
経営者不正························163
経営分析···························261

経常収支額計算表···················235
継続的監査·························10
系統的抽出法······················129
経理・会計の6Ｓ··················196
消せるボールペン···················248
下代··························172, 185
結果ありきの除算先行················248
結果ファイル························60
結合·························67, 104
決済条件変更······················222
決定係数···························139
現金買戻し手形····················218
現金過不足····················212, 213
検索条件····························14
検索の型····························75
検収基準···························264
高額商品···························183
工事別原価率······················171
構成比分析·························259
行動経済学························237
行動心理学························207
合理性テスト······················214
国際財務報告基準··················270
国税関係帳簿書類··············253, 254
誤差···························137, 139
固定費·························250, 283
コピー＆ペースト（コピペ）·····123, 238
誤謬·································1
コベナンツ·························284
コンサル売上······················166
コントロール・トータル・チェック
 ································172
コンピュータ利用監査技法·············6

さ 行

在庫回転率························189
在庫は罪庫····················188, 190
最小値····························243

索引

最小二乗法（最小自乗法）……… 137, 139
最初の桁の法則………………………… 93
最大値……………………………… 88, 243
サイト………………………………… 161
財務制限条項………………………… 284
財務データ……………………… 43, 216
財務分析……………………………… 258
魚の目…………………………… 46, 86
作業用ファイル……………………… 60
差入手形……………………………… 217
サブシステム………………………… 90
三現主義…………………………… 182, 195
残情報………………………………… 192
参照元のトレース……………… 281, 282
散布図…………………………… 134, 143
サンプリング………………… 40, 122, 127
サンプル……………………………… 122
三様監査…………………………… 6, 186
仕入単価……………………………… 185
仕入割戻金…………………………… 186
閾値………………………… 6, 100, 157
資金還流…………………………… 20, 245
軸の書式設定………………………… 153
時系列プロファイリング…………… 251
時系列分析…………………………… 145
試行テスト………………………… 21, 57
自己承認………………………… 20, 101, 247
仕事と作業……………………………… 17
試査…………………………………… 40
資産…………………………………… 270
資産の流用………………………… 1, 2
資産・負債アプローチ……………… 270
指数近似曲線………………………… 141
システムベンダ……………………… 37
姿勢・正当化……………………… 2, 3
実施結果の文書ファイル……………… 60
実態の把握…………………………… 162
実地棚卸……………………………… 184

自動仕訳…………………………… 46, 91
シナリオ……………………………… 283
支払通知……………………………… 242
ジャンプ………………………… 107, 200, 268
ジャンプ手形………………… 218, 220, 268
収益・費用アプローチ……………… 270
重回帰分析…………………………… 138
従業員1人当たり経費……………… 252
従属変数……………………………… 138
集中振出……………………………… 224
出荷基準……………………………… 264
出現確率……………………………… 95
主要業績評価指標…………………… 280
主要リスク評価指標………………… 280
循環取引………………… 159, 160, 162, 201, 203
純資産………………………………… 270
少額多量の取引データ……………… 158
消極財産………………………… 270, 272
条件設定……………………………… 291
条件付き書式………………… 34, 35, 262
昇順…………………………………… 77
上代…………………………… 172, 185
承認…………………………………… 99
証憑突合……………………………… 166
将来情報……………………………… 283
商流取引……………………………… 159
ショートカット……………………… 199
諸口取引………………………… 36, 274
職務分掌……………………………… 20
職務分掌規程………………………… 87
ジョブローテーション……………… 31
仕訳通査…………………… 52, 87, 163
仕訳テスト………………… 52, 53, 80
仕訳入力を見直し…………………… 40, 43
人事異動……………………………… 31
推計…………………………………… 133
垂直分析……………………………… 259
水平分析……………………………… 259

数字の際立たせ方	152
スキーム	4
スキミング	210
スキャニング	87
スクリーニング	33
スクリーンキャプチャ	62
スクリーンショット	62
スクリプト	56
スコープ	157
スコープアウト	157
スパークライン	261
スプレッドシート	198
スペース	42, 183, 230
スライサー	117, 164
正規分布	125
セグメント別業績	70
積極財産	270
絶対参照	286
説明変数	138
線形近似曲線	141
先行売上	158
潜在的リスク	34
尖度	243
前方補外	146
戦略報告書	280
相関・回帰分析	133
相関関係	133
相関分析	133, 250
増減分析	259
倉庫間移動	192
相対誤差	150
相対参照	286
損益計算書	259, 270
損益分岐点分析	250, 283

た 行

代行入力	100, 247
貸借対照表	259, 270
対数近似曲線	141
タイムスタンプ	253
代用貨幣	237
代理請求	246
滞留傾向	188
滞留在庫	37
多項式近似曲線	141
棚卸差異	184
棚卸立会	195
単価（Price）×数量（Quantity）	211
単回帰分析	138
段階利益	278
段取り8割，実行2割	45
単入力テーブル	284
置換	230, 276
着眼大局，着手小局	40, 44
着服	210
調書	59
帳簿価額	188
帳簿棚卸	184
直接証拠	170
地理的プロファイリング	251
通査	87
坪効率	215
定額資金前渡制度	228
定数	285
訂正記録	198
データ依頼書	59
データ項目	36, 47, 69, 80
データ受領書	59
データダウンロード（DDL）監査技法	9
データテーブル	284
データ取扱いのポイント	64
データ名寄せ	103, 104
データの個数	73, 90, 92
データの網羅性	25
データの連携	103

データベース利用監査技法⋯⋯⋯⋯⋯⋯9
データをスライスする⋯⋯⋯⋯⋯12, 56
手形の決済⋯⋯⋯⋯⋯⋯⋯⋯⋯⋯⋯218
手形の取引区分⋯⋯⋯⋯⋯⋯217, 218
テキストファイルウィザード⋯⋯⋯⋯82
テキストファイルのインポート⋯⋯⋯82
デジタル・フォレンジック⋯⋯⋯⋯275
出情報⋯⋯⋯⋯⋯⋯⋯⋯⋯⋯⋯⋯⋯191
手入力⋯⋯⋯⋯⋯⋯⋯⋯⋯⋯⋯46, 91
でんさい⋯⋯⋯⋯⋯⋯⋯⋯⋯⋯⋯⋯224
電子鑑識⋯⋯⋯⋯⋯⋯⋯⋯⋯⋯6, 276
電子記録債権⋯⋯⋯⋯⋯⋯⋯⋯⋯⋯224
電子商取引システム⋯⋯⋯⋯⋯⋯⋯266
電子承認⋯⋯⋯⋯⋯⋯⋯⋯⋯⋯⋯⋯99
電子帳簿保存法⋯⋯⋯⋯⋯⋯⋯⋯⋯253
動機・プレッシャー⋯⋯⋯⋯⋯⋯2, 3
統合報告⋯⋯⋯⋯⋯⋯⋯⋯⋯⋯⋯⋯280
特殊取引手形⋯⋯⋯⋯⋯⋯⋯⋯⋯⋯217
独特の商習慣⋯⋯⋯⋯⋯⋯⋯⋯⋯⋯201
独立変数⋯⋯⋯⋯⋯⋯⋯⋯⋯⋯⋯⋯138
特権ID⋯⋯⋯⋯⋯⋯⋯⋯⋯⋯⋯⋯⋯88
特検リスク⋯⋯⋯⋯⋯⋯⋯⋯⋯⋯⋯165
飛番⋯⋯⋯⋯⋯⋯⋯⋯⋯⋯⋯⋯⋯⋯110
ドラッグ＆ドロップ⋯⋯⋯⋯⋯⋯⋯70
取消履歴⋯⋯⋯⋯⋯⋯⋯⋯⋯⋯⋯⋯206
鳥の目⋯⋯⋯⋯⋯⋯⋯⋯⋯⋯⋯46, 86
取引先データ⋯⋯⋯⋯⋯⋯⋯⋯⋯⋯218
取引等の実態把握⋯⋯⋯⋯⋯⋯⋯⋯162
ドリルダウン⋯⋯⋯⋯⋯⋯⋯⋯72, 90
トレンド分析⋯⋯⋯⋯⋯⋯⋯⋯⋯⋯277
ドロップダウンリスト⋯⋯⋯⋯⋯⋯117
「度を過ぎた」状態⋯⋯⋯⋯⋯⋯⋯175

な 行

内部監査⋯⋯⋯⋯⋯⋯⋯⋯⋯⋯⋯⋯⋯3
内部共謀⋯⋯⋯⋯⋯⋯⋯⋯⋯⋯⋯⋯⋯4
内部牽制⋯⋯⋯⋯⋯⋯⋯⋯⋯⋯⋯⋯⋯3
内部証拠に準じた資料⋯⋯⋯⋯⋯⋯170

内部で作成できる内部証拠⋯⋯⋯⋯170
内部統制⋯⋯⋯⋯⋯⋯⋯⋯⋯⋯⋯⋯⋯3
並べ替え⋯⋯⋯⋯⋯⋯⋯⋯⋯⋯⋯⋯77
馴合手形⋯⋯⋯⋯⋯⋯⋯⋯⋯⋯⋯⋯219
二重支払⋯⋯⋯⋯⋯⋯⋯⋯⋯⋯⋯⋯104
二重受注入力⋯⋯⋯⋯⋯⋯⋯⋯⋯⋯103
二乗和⋯⋯⋯⋯⋯⋯⋯⋯⋯⋯⋯⋯⋯137
入・出・残⋯⋯⋯⋯⋯⋯⋯⋯190, 228
入力件数⋯⋯⋯⋯⋯⋯⋯⋯⋯⋯⋯⋯88
認定を受けたタイムスタンプ事業者
⋯⋯⋯⋯⋯⋯⋯⋯⋯⋯⋯⋯⋯⋯⋯253
納品基準⋯⋯⋯⋯⋯⋯⋯⋯⋯⋯⋯⋯264

は 行

廃棄⋯⋯⋯⋯⋯⋯⋯⋯⋯⋯⋯⋯⋯⋯191
バイナリ⋯⋯⋯⋯⋯⋯⋯⋯⋯⋯⋯⋯33
端数金付手形⋯⋯⋯⋯⋯⋯⋯⋯⋯⋯220
パス・スルー⋯⋯⋯⋯⋯⋯⋯⋯⋯⋯249
外れ値⋯⋯⋯⋯⋯⋯⋯⋯⋯143, 146, 150
バックマージン⋯⋯⋯⋯⋯⋯⋯⋯⋯174
発注点⋯⋯⋯⋯⋯⋯⋯⋯⋯⋯⋯⋯⋯190
バラツキの中央⋯⋯⋯⋯⋯⋯⋯⋯⋯137
パラメータ⋯⋯⋯⋯⋯⋯⋯14, 28, 291
パレート最適の法則⋯⋯⋯131, 193, 221
販売単価⋯⋯⋯⋯⋯⋯⋯⋯⋯⋯⋯⋯185
ヒートマップ⋯⋯⋯⋯⋯⋯⋯⋯⋯⋯33
引当率⋯⋯⋯⋯⋯⋯⋯⋯⋯⋯⋯⋯⋯272
引数⋯⋯⋯⋯⋯⋯⋯⋯⋯⋯75, 78, 108
非財務データ⋯⋯⋯⋯⋯40, 43, 215, 251
被説明変数⋯⋯⋯⋯⋯⋯⋯⋯⋯⋯⋯138
ビッグデータ⋯⋯⋯⋯⋯⋯⋯⋯⋯⋯122
ビッグパス⋯⋯⋯⋯⋯⋯⋯⋯275, 277
日付のバラツキ⋯⋯⋯⋯⋯⋯⋯⋯⋯242
ピボット⋯⋯⋯⋯⋯⋯⋯⋯⋯⋯⋯⋯68
ピボットグラフ⋯⋯⋯⋯⋯⋯212, 230
ピボットテーブル⋯⋯⋯12, 56, 66, 68
ピボットテーブルの作成⋯⋯⋯⋯⋯69
標準単価マスタ⋯⋯⋯⋯⋯⋯⋯⋯⋯156

標準偏差	243	プログラム	56
標本	122	プロファイリング	251
標本抽出	122	分割手形	220
比率分析	260	粉飾	1, 2, 3, 263
品目別在庫金額対日数チャート	193	粉飾発生の3つのシグナル	27
ファームバンキング	266	分析ツール	124
歩合給の横取り行為	240	ペイ＆リターン	249
歩合率	239	平均値	243, 244
ファスターペイメント	209	べき乗	285
ファンクションキー	63, 199	変化させる数値	285
フィールドリスト	68	変化しない数値	285
フィルタリング	117	変数	285
プール金	241	変動費	250, 283
フェイス	215	返品リスク	175
不可解な一致	208	ベンフォードの法則	46, 93, 95
復元	277	ベンフォード分析	47, 93, 95
複合散布図	143	簿価	188
複雑な仕訳	178	簿外取引	210
複入力テーブル	284	簿冊管理	210
負債	270	母集団	37, 122
不正	1, 2	ポワソン分布	125
不正会計の9類型	5	本支店勘定	194
不正会計の兆候を把握する3つのキーワード	267		

ま 行

不正行動の予防	162	マスタデータ	246
不正支出	245	まねぶ	58
不正実行者	4	見返り	174
不正な財務報告	1, 2	未出荷売上	158
不正の8つの手口	24	未出荷売上データ	171
不正のトライアングル	3	未発行領収証	210
不正発生のメカニズム	2	無作為抽出法	122
不正リスク	33	虫の目	46, 86
不適切な仕訳	27	無償支給	201
歩留率	192	目検	182
「フニャフニャした」売上	170	「目に見えない」売上取引	169
フラグ	46	目に見えない取引	166
フリー・キャッシュ・フロー	233	「目に見えにくい」業務	168
不良資産	271	盲目的監査	290

目的変数……………………………138

や 行

有意抽出によるサンプル試査………290
有効期限……………………………195
ユーザID……………………………164
有償支給……………………………201, 203
融通手形……………………217, 219, 221, 223
優先順位の付与………………………33
曜日データ……………………………163
予算制度……………………………242
与信………………………………100, 222
予測…………………………………145
予測値……………………………95, 149
予測モデル…………………………148

ら 行

ラーセニー………………………212, 214

ラウンド数字…………………………20
ラッピング…………………………173
乱数発生……………………………124
ランダムサンプリング………………122
ランダムシード……………………126
リベート…………………………174, 186
累乗近似曲線………………………141
レイアウト……………………………62
レコード……………………………69
レコードタイプ………………………62
連続データの入力方法……………111, 112
連番管理…………………………110, 210
ロール………………………………220
論理システム……………………46, 91

わ 行

歪度…………………………………243

おわりに

　これまで30年近く監査の現場に携わり，少なからず不正会計に遭遇することもありました。それでも現在があるのは，私の中に監査基盤を作ってくださった沢山の先輩や，一緒に悩んでくれた同僚，友人のお蔭だと思っています。

　遡れば，中央大学時代の恩師，監査論の檜田信男先生には，監査の本質や制度，「三様監査」という監査のあり方をわかりやすく教えていただきました。

　本書の核"異常点監査技法"の提唱者である野々川幸雄先生からは，監査法人に入ると直々に「これを読んでおきなさい」と先生の著書を手渡され，ここで得た知識が今でも監査や調査の基本的な拠り所になっています。

　監査法人の先輩，WK先生には，本書の技術的側面を支えるExcel技法を懇切丁寧に教えていただきました。以前先生にお礼を申し上げると「そんなしょぼいこと，どうでもいいよ」とおっしゃっていましたが，これこそが監査の現場に不足していると痛感することが度々あります。

　本書の執筆にあたり快くご推薦をいただきました，IFRS（国際財務報告基準）の日本への導入に尽力された西川郁生先生には，監査法人時代に野々川幸雄先生とご一緒に監査や会計の考え方をご教示いただきました。

　この他，沢山の方々から公私にわたりご支援を賜っています。

　本書では，先達の知恵も活かし，監査や調査の現場でどのように異常点の視点を持てばよいか，不正会計と対峙するためのCAAT事例を，現場力の向上も期待しつつ，私なりに表現させていただきました。

　この場を借りて，私の監査基盤を作っていただいております皆様にお礼を申し上げます。ありがとうございます。

2014年12月

村井　直志

【著者紹介】

村井　直志（むらい　ただし）

公認会計士村井直志事務所代表（経済産業省・中小企業庁認定経営革新等支援機関），一般社団法人価値創造機構理事長。
中央大学商学部会計学科卒。税務事務所，大手監査法人，コンサルファーム，東証上場会社役員などを経て，公認会計士村井直志事務所を開設。日本公認会計士協会東京会コンピュータ委員長，経営・税務・業務各委員会委員など歴任。2013年日本公認会計士協会研究大会に，研究テーマ『CAAT（コンピュータ利用監査技法）で不正会計に対処する，エクセルを用いた異常点監査技法』で選抜。監査・不正調査・経営コンサルティングのほか，セミナー・執筆などを行う。
著書に『強い会社の「儲けの公式」』，『経営を強くする会計７つのルール』（ダイヤモンド社），『会社四季報から始める企業分析　決定版　最強の会計力』，『会計ドレッシング10 episodes』，『会計直観力を鍛える』（以上，東洋経済新報社），『経理に配属されたら読む本』，『よくわかる「自治体監査」の実務入門』（以上，日本実業出版社）などがある。

『知的訓練の場』　価値創造機構　value.or.jp
連絡メール　ck@value.or.jp

Excelによる不正発見法
CAATで粉飾・横領はこう見抜く

2015年2月10日　第1版第1刷発行
2023年1月10日　第1版第10刷発行

著　者　村　井　直　志
発行者　山　本　　継
発行所　㈱中央経済社
発売元　㈱中央経済グループ
　　　　パブリッシング

〒101-0051　東京都千代田区神田神保町1-31-2
電話　03（3293）3371（編集代表）
　　　03（3293）3381（営業代表）
https://www.chuokeizai.co.jp
印刷／㈱堀内印刷所
製本／誠製本㈱

© 2015
Printed in Japan

※頁の「欠落」や「順序違い」などがありましたらお取り替えいたしますので発売元までご送付ください。（送料小社負担）
ISBN978-4-502-12941-4　C3034

JCOPY〈出版者著作権管理機構委託出版物〉本書を無断で複写複製（コピー）することは，著作権法上の例外を除き，禁じられています。本書をコピーされる場合は事前に出版者著作権管理機構（JCOPY）の許諾を受けてください。
JCOPY〈https://www.jcopy.or.jp　eメール：info@jcopy.or.jp〉

■最新の監査諸基準・報告書・法令を収録■

監査法規集

中央経済社編

本法規集は，企業会計審議会より公表された監査基準をはじめとする諸基準，日本公認会計士協会より公表された各種監査基準委員会報告書・実務指針等，および関係法令等を体系的に整理して編集したものである。監査論の学習・研究用に，また公認会計士や企業等の監査実務に役立つ1冊。

《主要内容》

企業会計審議会編＝監査基準／不正リスク対応基準／中間監査基準／四半期レビュー基準／品質管理基準／保証業務の枠組みに関する意見書／内部統制基準・実施基準

会計士協会委員会報告編＝会則／倫理規則／監査事務所における品質管理　**《監査基準委員会報告書》**　監査報告書の体系・用語／総括的な目的／監査業務の品質管理／監査調書／監査における不正／監査における法令の検討／監査役等とのコミュニケーション／監査計画／重要な虚偽表示リスク／監査計画・実施の重要性／評価リスクに対する監査手続／虚偽表示の評価／監査証拠／特定項目の監査証拠／確認／分析的手続／監査サンプリング／見積りの監査／後発事象／継続企業／経営者確認書／専門家の利用／意見の形成と監査報告／除外事項付意見　他**《監査・保証実務委員会報告》**継続企業の開示／後発事象／追加情報／会計方針の変更／内部統制監査／四半期レビュー実務指針／監査報告書の文例

関係法令編＝会社法・同施行規則・同計算規則／金商法・同施行令／監査証明府令・同ガイドライン／内部統制府令・同ガイドライン／公認会計士法・同施行令・同施行規則

法改正解釈指針編＝大会社等監査における単独監査の禁止／非監査証明業務／規制対象範囲／ローテーション／就職制限又は公認会計士・監査法人の業務制限